성경강해시리즈

고린도후서

2Corinthians

유동근

IMC

BIBLE EXPOSITION SERIES

Study on 2 Corinthians

Yu Dong Keun (Th. M., D. D)

Korean Edition

151-808, Bongcheon 3 Dong 16-41, Seoul, Korea

고린도 후서 강해

2 Corinthians

차 례

서 문

우리가 다 알듯이 고린도 후서는 사도 바울의 자서전이라고 부를 수 있을 만큼 바울 자신의 체험과 사상과 인품을 많이 담고 있는 책입니다. 우리는 이 책에 기술된 바울의 이야기를 통해서 새 언약의 사역자들이 어떠해야 하는지를 잘 배울 수 있습니다. 성경에는 이와같이 교리적인 것만이 아니라 사역자 자신의 됨됨이와 인격을 살펴볼 수 있는 귀한 말씀이 있습니다.

이 책은 그 동안 한 무리의 성도들과 성경 강해 집회를 해온 것들을 녹취하여 편집한 것입니다. 본인은 1990년에 처음으로 고린도 전서와 후서를 강해할 기회를 가졌고 그때 성도들과 함께 하나님의 말씀의 풍성을 감사함으로 누렸습니다. 그 후 몇 번 더 강해할 기회를 가졌는데 이는 2000년 강해한 것을 기초로 하였고, 2006년 다시 한 번 국제 선교 신학원(IMC)학생들과 공부하면서 보완을 거쳤습니다. 그러니 재판이 되는 셈이며 자연 내용에 있어서 초판과 차이가 있습니다. 근본적인 차이는 없으나 다소 수정 보완하였습니다. 저는 이 성경을 강해하기 위해서 국내외의 정통적이며 널리 알려진, 건전한 성경 주석서들과 강해자들의 서적을 두루 참고하였습니다만 세세한 문장과 단어에 대한 해설보다는 주로 성경 한 장 한 장에 담긴 기자의 심정과 그가 전달하고자 하는 내용의 중점을 파악하는 데 역점을 두었습니다.

혹 잘못된 문장이나 해석이 있더라도 너그러이 양해하며 읽어주시길 바라며 다만 이 책을 통해 성경을 사랑하는 성도들 간에 자연스런 말씀 안에서의 교통이 이루어지기를 바라고 또한 이 책이 말씀의 영을 깨닫는 데 도움이 되었으면 합니다.

저의 간절한 원함은 이 부족한 책자를 통하여 성도들이 성경을 말씀 그대로 이해하고 순종하며 말씀을 더욱더 사랑하게 되는 것입니다. 하나님께서 이 책을 읽는 분들을 축복해주시기를!

2000년 5월 초판
2006년 5월 재판
저자 유 동 근

고린도후서 1장

2corinthians

하나님의 뜻으로 말미암아 그리스도 예수의 사도 된 바울

고린도 후서는 사도 바울의 자서전이라 할 수 있는 책입니다. 고린도 후서는 로마서가 씌어지기 전 주후 60년경에 에베소에서 3년 정도 머물고, 끝 무렵에 고린도 전서를 쓴 바울이 에베소를 떠나 마게도냐에 왔을 때 고린도 교회에게 다시 쓴 편지입니다. 바울의 자서전과 같은 고린도 후서에서 한 사람 바울을 살펴봄으로써 우리는 바울이 어떻게 하나님을 섬겼으며 어떻게 교회를 봉사했는지, 성도들을 어떻게 사랑했는지, 그의 사역은 어떠한 것인지 등 많은 방면을 볼 수 있습니다. 바울은 고린도 전서에서 마게도냐를 지나는 길에 고린도를 방문할 의향을 밝혔습니다(16:5). 그러나 하나님의 섭리로 고린도에 가지 못했습니다(고후 1:15-17, 23). 고린도 후서는 바울이 고린도 전서를 쓴 후 일 년 쯤 후에 쓰여 진 것입니다. 이 책에서 바울은 자신의 사도직을 강하게 변명했습니다. 교회를 망치려는 자들의 일은 사도들의 권위를 흔드는 일과 관련됩니다.

1절, 하나님의 뜻으로 말미암아 그리스도 예수의 사도 된 바울과 및 형제 디모데는 고린도에 있는 하나님의 교회와 또 온 아가야에 있는 모든 성도에게

고린도 교회는 사도 바울에 의해 세워진 교회입니다. 바울은 고린도 교회를 세웠을 뿐 아니라 교회가 세워진 후에도 교회를 양육하는 일을 계속 했습니다. 자신이 방문하기도 하고 그의 동역자를 보내기도 하고 필요할 때에 서신을 보내기도 했습니다. 바울은 혼자 서신을 써서 고린도 교회에 보내지 않고 그의 젊은 동역자 디모데와 함께 서신을 쓰면서 인사를 했습니다. 바울은 영적이고 훌륭한 사도임에도 교회에 편지를 쓸 때 형제와 더불어 썼습니다. 우리는 오늘날 하나님을 섬기는 사람들로서 바울의 본을 잘 배워야 할 것입니다. 부족함 없는 훌륭한 사도일지라도 교회에 안부를 전하고 서신을 보낼 때 '나는 형제와 함께 서신을 보낸다. 나는 형제와 함께 일하고 있다. 나는 형제와 함께 서 있다.' 는 입장을 보여 주었습니다.

이것은 몸의 원칙에 입각한 것으로 한 사람이 모든 것을 하지 않고 형제들과 함께 한다는 귀한 원칙을 보여주고 있습니다. 사도이든 성도이든 그리스도 안에 있는 사람들이 개인적으로 어떤 일을 하는 것은 좋은 것이 아닙니다. 믿는이들은 함께하는 것을 좋아해야 합니다. 인간은 타락한 후에 매우 독립적으로 되었습니다. 어려서부터 어떤 일을 할 때 독립적으로 하길 좋아하고 둘이서 하는 것을 싫어합니다. 혼자 하는 것에는 힘이 나지만 둘이 함께 할 때 복잡해하고 어려워합니다. 그러나 주님을 섬기는 사람들은 반드시 단체적으로 성도들과 함께 일하는 것을 배울 수 있기 바랍니다.

"하나님의 교회와 또 온 아가야에 있는 모든 성도에게". 사도는 하나님이 보내신 사람입니다. 하나님의 종이며 하나님의 뜻으로 말미암아 그리스도 예수의 사도 된 사람입니다. 하나님의 뜻은 교회에 있습니다. 하나님은 뜻을 가지고 계시기 때문에 사도들을 세우셔서 그들로 하여금 교회를 섬기게 하십니다. 오늘날 하나님이 이 우주 가운데서 가장 관심하시는 것은 하나님의 교회입니다. 그분은 그분의 자녀들을 관심하십니다.

은혜와 평강

2절, 하나님 우리 아버지와 주 예수 그리스도로 좇아 은혜와 평강이 있기를 원하노라

바울 사도의 인사말은 항상 비슷합니다. 어디서든 "하나님 우리 아버지로 좇아 은혜와 평강이 있기를 원하노라"고 인사했습니다. 교회에 필요한 것은 은혜와 평강입니다. 이 은혜와 평강은 하나님 아버지와 주 예수 그리스도로부터 오는 것입니다. 은혜가 없으면 개인적인 신앙생활이든, 단체적인 교회 생활이든 힘이 듭니다. 은혜가 없으면 서로에게 어려움이 생길 때 해결하기도 어렵고 서로 대하기도 쉽지 않습니다. 서로 함께할 때에도 기쁨이 적습니다. 그러므로 교회에 필요한 것은 은혜입니다. 하나님의 은혜가 있을 때 기쁨이 많고 교회 생활이 달콤하며 가볍게 느껴집니다. 혹 어려움이 임하더라도 해결될 수 있고 넘어갈 수 있습니다. 그러므로 성도들에게 필요한 것은 은혜입니다. 은혜는 주님으로부터 얻을 수 있으니 힘들고 어렵다면 주님을 앙망하고 은혜주시기를 구해야 합니다.

사도행전 11장에서 예루살렘 교회는 안디옥의 많은 사람들 가운데 유대인만이 아니라 심지어 이방인도 주 예수를 믿었다는 이야기를 들었습니다. 이 소문을 듣고 예루살렘 교회는 바나바를 안디옥에 보냈습니다. 바나바가 안디옥에 갔을 때 그는 거기서 하나님의 은혜를 보았다고 했습니다. 물론 은혜는 무형의 것이지만 또한 은혜는 볼 수 있는 어떤 것입니다. 영적인 것이지만 그것은 실제로 체험될 수 있는 것이기 때문입니다. 그러므로 우리는 어느 곳에 갈 때 그곳에 은혜가 있는지 없는지를 볼 수 있습니다. 다시 한 번 말하거니와 은혜는 하나님 아버지와 주 예수 그리스도로부터 온 것입니다. 오늘 우리에게 진정으로 필요한 것은 은혜입니다. 은혜가 있을 때 용서하지 못할 사람이 없습니다. 은혜가 있을 때 사랑하지 못할 사람이 없습니다. 은혜가 있을 때 덮어주지 못할 허물이 없습니다. 은혜가 있을 때 형제들을 돌볼 수 있고 형제들을 위해서 눈물을 흘릴 수도 있고 형제들을 위해 아픔도 감당할 수 있습니다. 우리는 다른 것, 돈이나 명예가 필요한 것이 아닙니다. 우리에게 필요한 것은 은혜입니다.

은혜는 또한 주님 자신입니다. 주님이 성령으로 우리에게 임재하실 때 우리에게 은혜가 있게 됩니다. 그러므로 우리는 은혜가 있기를 구해야 합니다. 이러한 은혜는 낮은 곳으로 임합니다. 마음이 높아질 때 은혜가 없게 됩니다. 겸손해지고 마음이 낮아질 때 은혜가 있습니다. 때로는 실패하여 눈물을 흘리지만 거기에 은혜가 있습니다. 그러나 성공하여 마음이 높아질 때 기묘하게도 마음이 메마릅니다. 은혜가 임하는 원칙은 마음이 낮아지는 것입니다. 은혜가 있을 때 모든 사람이 사랑스럽게 보입니다. 은혜가 있을 때 모든 사람을 용서할 수 있게 됩니다. 은혜는 사람들을 섬길 수 있게 하는 능력입니다. 은혜는 사람을 사랑할 수 있는 능력입니다. 은혜는 주님을 위하여 고난도 받을 수 있게 하는 능력입니다. 그러므로 오늘 우리에게는 진정으로 은혜가 필요합니다. 하나님 아버지와 주 예수 그리스도로부터 은혜가 있어야 하고 그 결과로 평강이 있어야 합니다. 은혜가 많으면 평강이 많게 됩니다. 서로 불화가 있다면 이것은 은혜가 없는 것입니다. 은혜가 많이 있을 때 넘치는 평강이 있게 됩니다.

주 예수 그리스도의 하나님, 자비의 아버지, 위로의 하나님

3절, 찬송하리로다 그는 우리 주 예수 그리스도의 하나님이시요 자비의

아버지시요 모든 위로의 하나님이시며

편지를 쓸 때 바울은 먼저 하나님을 찬송했습니다. 주 예수 그리스도는 이 땅에 오신, 나타나신 하나님이십니다. 그분은 우리를 위해 육신을 입고 오사 인생을 사시고 죽음과 부활을 거쳐 우리의 구주가 되신 분이십니다. 우리 하나님 아버지는 우리 주 예수 그리스도의 하나님이십니다. 하나님은 우주를 창조하신 보이지 않는 분이십니다. 그분은 모든 만물을 지으시고 모든 일들을 경영하시는 분이십니다. 우주는 하나님의 뜻대로 움직입니다. 그 하나님이 우리 주 예수 그리스도의 하나님이십니다. 우리는 주 예수 그리스도를 통해서 하나님을 알 수 있습니다.

또 그분은 자비의 아버지이십니다. 자비라는 말은 긍휼이라는 말입니다. 그분은 긍휼이 풍성하신 긍휼의 아버지이십니다. 모든 사람에게 긍휼을 베푸시는 분입니다. 오늘 우리 또한 하나님 아버지로부터 긍휼을 얻습니다.

긍휼이란 받을 자격이 없는데 하나님께서 주시는 것입니다. 자격이 있는 사람에게 주는 것은 호의일 수는 있지만 긍휼은 아닙니다. 긍휼은 호의보다 더 멀리까지 미치는 것입니다. 아무 자격이 없는 사람에게 넘치는 은혜로 베풀어줄 때 그것은 다만 은혜가 아니라 긍휼입니다. 우리는 구원받을 자격도, 하나님의 자녀가 될 자격도 없습니다. 그런데 어떻게 우리가 구원을 받을 수 있었습니까? 하나님의 긍휼로 인한 것입니다. 그분의 긍휼이 크기 때문입니다.

구원받은 후에도 우리는 많은 잘못을 하고 주님의 마음을 아프게도 했습니다. 사람이라면 실망해서 다시 보려고 하지도 않을 잘못도 많이 했습니다. 그런데도 주님은 우리를 버리지 않으셨습니다. 지금까지 저도 주님을 섬기면서 많은 실수로 인하여 버림받지는 않을까하고 생각했던 때가 많았습니다. 실수가 많고 잘못도 많았습니다. 형제자매들을 섬긴다고 하면서 상처를 입히고 제대로 돌보지 못해 넘어지게 할 때도 있었던 모든 상황들을 생각하면서 주님이 다시는 저를 쓰시지 않을까 걱정하기도 했습니다. 그러나 우리가 오늘까지 이 자리에 있을 수 있는 것은 전적으로 긍휼입니다. 하나님이 긍휼의 아버지이시므로 우리가 아직도 망하지 않고 이 자리에 서 있을 수 있는 것입니다. 실수로 본다면, 우리는 망할지라도 아무 할 말이 없습니다. 그러나 여기에 하나님의 긍휼이 있어 우리가 아직도 있습니다. 주님께서 우리를 더욱 긍휼히 여겨주시기를 바랍니다.

적지 않은 사람들이 젊어서 중한 병에 걸려 다시는 회복되지 않고 먼저 세상을 떠나기도 합니다. 그러나 그보다 죄가 적지 않은 우리는 아직도 이 땅에 살아남아 주님을 섬길 기회를 갖게 되었습니다. 이 모든 것이 다 긍휼입니다. 우리에게 있는 것은 긍휼뿐입니다. 그분은 긍휼의 아버지이십니다. 어떤 이가 질병에 걸린 것도 하나님의 긍휼로 인한 것입니다. 하나님은 이런 아픔을 통해서 더 큰 선물을 주시려고 하실 것입니다. 그러므로 응당 우리는 이렇게 말해야 합니다. "하나님, 당신은 저에게 자비를 베풀고 계십니다. 저는 이런 것을 받을 자격이 없는 사람입니다."

고린도 후서는 바울이 전도 여행 중 마게도냐에서 쓴 책입니다. 그는 사역을 하면서 많은 고생을 했습니다. 맞기도 하고 소요 가운데 있었으며 핍박을 당하고 많은 어려움을 겪었습니다. 4장에서 우리는 그가 어떠한 어려움을 겪었는지 알 수 있습니다. 그러한 어려움 속에서 그는 편지를 쓰고 있었습니다. 바울은 자신이 당한 환난과 어려움들을 생각하면서 '이것은 나에게 주신 긍휼이 아닌가' 라는 생각을 했을 것입니다. 그것을 슬픔으로 여겼다면 그는 긍휼의 아버지라는 말을 쓰지 않았을 것입니다. 주님을 위한 고난과 핍박은 누구나 받을 수 있는 것이 아닙니다. 사도 바울은 그러한 고난을 당하면서 '이것은 아버지께서 나에게 주신 긍휼이다.' 라고 생각했습니다. 그는 하나님을 우리 주 예수 그리스도의 하나님, 긍휼의 아버지, 모든 위로의 하나님이라고 했습니다. 고난과 핍박을 받고 어려운 상황을 견디며 깊은 마음의 고통 가운데 있으면서 그는 위로의 하나님을 체험했습니다.

저는 여기에서 사도 바울이 하나님에 대해 말한 세 가지 칭호, '주 예수 그리스도의 하나님', '자비의 아버지', '위로의 하나님' 은 모두 체험에서 나온 것이라고 믿습니다. 아마 사도 바울은 주 예수 그리스도께서 인생을 사신 것을 생각해 보았을 것입니다. 그는 고난과 핍박을 받는 어렵고 외로운 길을 걸어가며 사역하는 중에 주 예수 그리스도를 생각해 보았을 것입니다. 그럴 때 그분이 바로 주 예수 그리스도의 하나님이시요 긍휼의 아버지이시요 모든 위로의 하나님이심을 체험한 것입니다.

우리는 슬픈 일과 고통을 당하면 너무 답답하고 마음에 상처를 받아 때로는 죽을 것 같습니다. 그런데 그리스도인에게는 아버지가 있습니다. 그 아버지는 우리를 언제나 긍휼로 대하심으로 위로해 주십니다. 그분은 인생을 거치시고 십자가에서 죽으시기 전에 제자들에게 성령을 보내주겠다고 하셨습니다. 그 성령은 보혜사로서 '위로자' 라는 뜻을 지니고 있습니다. 마음이 답답하고 아플 때 주님이 찾아오시는데 그것이 바로 위로입니다. 이를 인해 우리가 살 수 있습니다. 그럴 때 다시 한 번 우리는 하나님을 찬송할 수 있습니다. 우리도 바울과 같이 "찬송하리로다 그는 우리 주 예수 그리스도의 하나님이시요 자비의 아버지이시요 모든 위로의 하나님이시며" 라고 말할 수 있습니다.

사도들이 환난 받는 것은 성도들의 위로와 구원을 위함이요

4절, 우리의 모든 환난 중에서 우리를 위로하사 우리로 하여금 하나님께 받는 위로로써 모든 환난 중에 있는 자들을 능히 위로하게 하시는 이시로다

이제 사역의 문제를 제기하겠습니다. 저는 고린도 후서가 바울의 사역을 설명한 책이라고 말했습니다. 사역자는 환난을 받는 사람입니다. 모든 사역자들은 환난 받을 준비를 해야 합니다. 하나님은 환난을 주실 뿐 아니라 위로도 주십니다. 하나님께 받는 위로가 있습니다. 어려운 일이 닥칠 때 환난 중에서 어떤 문이 열리고 있습니다. 이 문은 위로가 들어오는 문입니다. 그리스도인의 환난은 의미가 있습니다. 어떤 환난이든지 그 뒤에는 위로가 옵니다. 저는 어떤 이들이 십자가를 자신에게 잘 맞는 옷처럼 입고 견디고 체험하는 것을 보면 부럽습니다. 우리는 이방인의 대표 같습니다. 주님을 믿는 것은 원래 유대인의 몫입니다. 그들은 참감람나무입니다. 그러나 우리는 돌감람나무이므로 주님의 길을 가려 할 때 십자가가 오면 맞지 않는 것을 느끼게 됩니다. 우리에게 멍에가 오고 십자가가 오면 심한 반항을 합니다. 그러나 하나님이 긍휼의 하나님이심을 느끼는 것은 우리가 때로 십자가를 잘 못 지더라도 위로가 오기 때문입니다.

"우리로 하여금 하나님께 받는 위로로써 모든 환난 중에 있는 자들을 능히 위로하게 하시는 이시로다". 사도의 일은 위로하는 것입니다. 이를 위해서는 자신이 먼저 환난을 받아야 합니다. 환난을 받는 많은 사람들에게 필요한 것은 위로입니다. 사도는 먼저 환난을 받고 하나님 아버지로부터 위로를 받아서 환난 받는 사람들을 위로해주고 만져줄 수 있어야 합니다. 이런 이가 바로 사도 바울입니다. 하나님께 받는 위로가 있어야 많은 환난 중에 있는 자들을 위로할 수 있습니다.

5절, 그리스도의 고난이 우리에게 넘친 것같이 우리의 위로도 그리스도로 말미암아 넘치는도다

바울은 자신이 받은 고난이 그리스도의 고난이라고 말합니다. 어떤 사람들은 이 말씀이 단순히 그리스도를 위하여 받는 고난이라고 해석합니다. 그러나 바울은 자신이 받는 고난과 그리스도의 고난을 일치시켜서 말했습니다. 그는 그리스도의 남은 고난(lacking in Christ's afflictions)을 그의 육체에 채운다고도 말했습니다(골 1:24). 그는 그가 받는 고난을 그리스도의 남은 고난(채워야 할 부족한 부분)이라고 생각했습니다. 그는 자신의 일이 그리스도의 일의 연속이라고 인식하고 있습니다. 그는 그가 받는 고난을 그리스도와 분리시켜서 생각한 것이 아니라 그리스도의 일부로 고난 받는 것으로 여겼습니다. 그가 실제로 다메섹 도상에서 주님을 만났을 때 그분의 믿는이들과 그분 자신은 분리할 수 없다는 것을 알았습니다. 그가 이 땅에서 믿는이들을 핍박한 것에 대하여 주님은 '네가 왜 나를 핍박하느냐'고 하셨습니다. 사울이 예수 믿는 자들을 핍박한 것이 그분 자신을 핍박한 것입니다.

우리가 주님을 섬기면서 넘치기까지 고난을 받는 것은 매우 좋은 것입니다. 어떤 사람은 지금까지도 받은 고난이 많은데 이번에 받은 고난은 너무 심하다하면서 원망하고 피하려 합니다. 그렇게 만만하고 어쩌다 받는 약간의 고난과 위로는 모든 사람을 위로하기에 부족합니다. 바울은 고난을 넘치게 받았으므로 그에게는 넘치는 위로가 있었습니다. 받기에 힘에 겨워야 위로도 또한 넘치는 것입니다. 넘치는 고난이 있다면 넘치는 위로가 기다리고 있다는 것을 아시기 바랍니다. 더 많은 위로가 있을 때 더 많은 사람을 공급할 수 있는 자본을 갖게 됩니다.

6절, 우리가 환난 받는 것도 너희의 위로와 구원을 위함이요 혹 위로받는 것도 너희의 위로를 위함이니 이 위로가 너희 속에 역사하여 우리가 받는 것 같은 고난을 너희도 견디게 하느니라

이것이 사역의 원칙입니다. 사도들이 환난 받는 것은 사도들 자신을 위한 것이 아니라 성도들의 위로와 구원을 위한 것입니다. 그러므로 사도들이 환난을 받을 때 그것은 성도들을 공급할 수 있는 자본을 적립하고 있는 것입니다. 우리가 만일 더 많은 오해와 비방과 핍박을 당할 수 있고 이로 말미암아 그리스도의 고난이 우리에게 넘친다면 위로 또한 넘쳐서 성도들을 공급할 수 있는 자본이 더욱 많이 생기게 됩니다. 사도들의 모든 것은 다 성도들을 위한 것이었습니다.

"이 위로가 너희 속에 역사하여 우리가 받는 것 같은 고난을 너희도 견디게 하느니라". 여기에 사도의 위로가 분명히 드러나 있습니다. 이 땅에 있는 성도들에게는 고난이 있습니다. 사도들은 마땅히 고난 받는 성도들을 세워서 그들이 넘어지거나 실족하지 않고 전진하도록 도와주어야 합니다. 이를 위해서는 사도들에게 위로하는 자본이 있어야 합니다. 이 위로가 성도들 속에 역사해서 사도들이 받는 것 같은 고난을 성도들도 받고 견디게 합니다. 그리스도인에게 필수적인 체험 과목이 있다면 그것은 고난입니다.

고난이 우리에게 가져다주는 것은 무엇입니까? 우리는 고난을 통해서 그리스도를 얻게 됩니다. 고난을 통해서 은혜를 더 얻게 됩니다. 고난을 통해서 주님 안에 더 깊이 들어가고 고난을 통해서 십자가를 더 체험합니다. 고난을 통해서 그리스도를 더 깊이 체험하고, 고난을 통해서 우리 자신이 파쇄 되어 그리스도의 형상이 우리 안에 더 이루어질 수 있습니다. 그러므로 하나님은 우리에게 고난을 허락하십니다. 그러나 이 고난을 통해서 유익을 받을 수도 있고 받지 못할 수도 있습니다. 고난 안에서 주님과 교통하는 것을 배우고 그분의 은혜의 손에 의지해야 하는데 원망하고 회피하려고만 한다면 아무런 유익이 없습니다.

사도들의 봉사가 무엇입니까? 사도들은 다만 교리로, 지식으로 봉사하는 것이 아닙니다. 사도들은 먼저 고난 속에 뛰어들었습니다. 그리고 그 고난을 통과할 때 사도들이 얻은 위로가 있고 사도들의 눈물이 있습니다. 사도들이 먼저 얻은 은혜가 있습니다. 이것을 성도들에게 공급할 때 성도들 속에 사도들이 받은 위로가 역사해서 성도들로 능히 고난을 통과할 수 있게 합니다. 우리는 앞서 길을 간 선진들을 생각할 때 부끄러움이 있습니다. 그들은 더러는 순교를 당하고 더러는 감옥에 갇히고 모든 비방과 오해에도 잠잠히 어린 양과 같이 있으면서 십자가를 짐으로 얻은 위로와 향기를 사람들에게 공급했습니다. 우리는 매우 부족하고 빈약하지만 앞선 선진들의 고난과 위로와 향기를 다만 감상하고 흠모하고 동경합니다. 그럴 때 우리도 조금씩 그 안으로 들어가게 됩니다. 십자가를 지는 것이 우리가 가는 길입니다. 오해를 당하는 것은 좋은 것입니다. 자신에게 아무 것도 없으며 주위의 모든 것이 흔들려 자신에게 어떤 보장도 없어지는 이것이 좋은 것임을 저는 깨달았습니다. 앞선 선진들의 십자가의 길을 걸어간 향기로운 냄새가 우리로 하여금 사모함을 갖고 그 길로 가게 합니다.

7절, 너희를 위한 우리의 소망이 견고함은 너희가 고난에 참예하는 자가 된 것같이 위로에도 그러할 줄을 앎이라

사도들이 밤낮으로 생각하는 것은 성도들입니다. 성도들이 잘 서서 전진하는 것이 사도들의 소망입니다. 어떠한 고난이나 환경에도 낙심하거나 좌절하거나 넘어지지 않고 고난에 참예하고 고난에서 유익을 얻는 것입니다. 여기에서 사도 바울은 고난을 모든 성도들이 맛보아야 하는 것으로 서술하고 있습니다. 바울은 고난이라는 음식을 성도들이 맛보고 함께 참여해야 할 것으로 여긴 것입니다. 그것은 작은 것이 아니므로 바울은 여기에서 고난에 대한 이야기를 계속 하고 있습니다. 고난은 구원으로 이끌려져야 합니다. 고난이 구원으로 이끌려지기 위해 필요한 요소는 바로 위로입니다. 그 위로를 공급하는 사람들은 사도들입니다. 그러므로 사도가 되려면 그에게는 성도들을 위로할 수 있는 위로가 많아야 합니다. 사도들에게 위로의 자본이 많기 위해서는 사도 자신이 고난의 길을 가는 것이 필요합니다.

고난은 복음과 관계가 있습니다. "복음과 함께 고난을 받으라". 사도들은 복음을 전하러 갔습니다. 바울은 복음을 위해서 계속 가고 또 갔으므로 복음을 전하는 과정 중에 받은 고난이 많았습니다. 복음을 전하러 가는 과정 중에 그는 한 면으로는 영혼을 구원하고 교회를 건축하는 일을 했으며 또 한 면으로는 그 속에 위로를 저축했습니다. 그는 고난을 받는 방식으로 위로를 저축했습니다. 고난 받음을 통해서 위로를 축적하고 있었습니다. 그러므로 바울 속에는 '너희를 위한 우리의 소망이 견고하다' 라는 인식이 있었습니다. 사도 바울 속에는 하나의 확신이 있었는데 그것은 성도들을 향한 소망입니다. 그들이 고난을 통해 구원받을 것, 즉 사도들과 같이 고난도 받고 위로에도 참여할 줄을 알았기 때문입니다.

사도들의 고난의 체험

8절, 형제들아 우리가 아시아에서 당한 환난을 너희가 알지 못하기를 원치 아니하노니 힘에 지나도록 심한 고생을 받아 살 소망까지 끊어지고

이제 바울은 자신이 고난당한 한 가지 사례를 구체적으로 성도들에게 제시하고 있습니다. 그것은 아시아에서 당했던 일인데 어떤 일인지에 대해서는 알기 어렵습니다. 여러분들은 '힘에 지나도록' 심한 고생을 겪어보신 적이 있습니까? 외국에 나가면 때로 '이것은 나의 힘의 한계를 넘어선 것이다' 라는 느낌을 가질 때가 있습니다. 그때 한계의 문제에 부딪치게 됩니다. 컴퓨터에도 용량이 있어 그 용량 이상은 사용할 수 없습니다. 저도 제 자신의 용량이 어느 정도밖에 되지 않는다는 것을 깨달은 것은 외국에 나가 있을 때였습니다. 더 이상 견딜 수 없는 상태가 되었을 때 죽게 될 것만 같이 느껴졌습니다. 힘에 지난다는 것은 있을 수 있는 일입니다. 바울이 이런 상황을 당했습니다. 그는 힘에 지나도록 심한 고생을 받아 살 소망이 끊어졌다고 했습니다.

9절, 우리 마음에 사형선고를 받은 줄 알았으니 이는 우리로 자기를 의뢰하지 말고 오직 죽은 자를 다시 살리시는 하나님만 의뢰하게 하심이라

그는 마음에 사형선고를 받았습니다. 선고라는 말은 헬라어로 대답(answer)이라는 뜻입니다(ASV 1901년판 각주). 바울은 아시아에서 큰 환난을 당했고 그때 그는 자신에게 물어보았습니다. 그 마음의 대답은 '죽음이다' 라는 것이었습니다. '이제는 죽는 거다, 살 소망이 끊어졌다' 는 상태입니다. 그가 이러한 말을 성도들에게 해주는 이유는 성도들을 위로하기 위해서입니다. 나는 한 때 좋은 의사를 만난 때가 있었습니다. 그는 내가 나의 건강 상태에 대하여 걱정하는 것을 알고 '나도 때로는 그렇습니다' 라고 하면서 나를 안위하여 주었습니다. 나는 그 의사의 말이 매우 친절하고 고맙게 느껴졌습니다. 바울은 현재 고난 속에 있는 고린도 성도들을 어떻게 위로할 줄을 아는 사람이었습니다. 그는 그가 받은 고난과 위로를 가지고 그들을 위로하고 있습니다. 저도 지난 날 매우 힘들 때가 있었고 살 소망이 끊어지고 너무 힘들다고 느껴질 때 주님을 의뢰하기조차 힘들었습니다. 그런 상황 중에서 내 마음은 깨지고 깊은 속에서 눈물이 흘렀습니다. 내가 그런 체험이 있기에 그러한 처지에 있는 성도들을 보면 위로할 수 있습니다.

10절, 그가 이같이 큰 사망에서 우리를 건지셨고 또 건지시리라 또한 이후에라도 건지시기를 그를 의지하여 바라노라

하나님은 사망에서 우리를 건지시는 분이십니다. 바울은 하나님이 건지실 것을 믿었습니다. 또한 이후에라도 건지시기를 바랐습니다. 과거에 어떻게 건지심을 받았으면 장래에도 그와 같이 건져질 것을 믿게 됩니다. 그러므로 점점 더 큰 환난 속으로 갈 수 있는 용기가 생겨나게 됩니다. 지난날의 구원의 체험은 미래에 대한 문제를 비관하지 않게 합니다. 지난 날 가장 어려울 때 도와주신 하나님의 손길을 믿는 것입니다. 우리를 과거 가장 큰 빈곤과 질병에서 구해주셨다면 이후에 발생할 어려움에 대하여도 염려하지 않는 것입니다. "이후라도 그를 의지하여 바라노라".

많은 사람의 기도로 얻은 은사

11절, 너희도 우리를 위하여 간구함으로 도우라 이는 우리가 많은 사람의 기도로 얻은 은사를 인하여 많은 사람도 우리를 위하여 감사하게 하려 함이라

사도 바울은 성도들에게 사도들을 위하여 기도해 달라고 부탁했습니다. 여기의 은사는 무엇을 말하며 바울은 무엇을 위해 간구해 달라고 했습니까? 사도 바울은 그가 사역하는 은사가 많은 사람의 간구를 통해서 얻어질 수 있다는 표현을 썼습니다. 그의 은사는 그가 받은 많은 고난을 통해 나옵니다. 고난을 통해 받은 위로가 결국 사람들에게 나누어주는 은사가 됩니다. 사람들을 일으키고 구원하는 일을 하는 은사가 됩니다. 그 은사는 성도들의 기도를 필요로 합니다. 우리가 충분히 겸손해지지 않았다면 진정으로 성도들의 기도를 필요로 하지 않을 것입니다. 그러나 자신의 약함과 하나님의 긍휼과 자비가 없이는 설 수 없는 것을 아는 바울은 성도들의 기도를 필요로 했던 것이고 그를 통하여 설 수 있고 섬길 수 있음을 알았던 것입니다.

여러분들도 저를 위해서 기도해 주셔야 합니다. 제가 고난을 받을 때 여러분의 기도가 없다면 은사가 산출되지 않습니다. "주여, 고난을 통해 유익을 얻을 수 있도록 주님의 종들에게 은혜를 주옵소서" 이런 기도가 필요합니다. 이러한 기도로 사도들은 은사를 얻습니다. 사도들이 그런 은사를 통해 사람들을 돕게 되므로 사람들은 또한 사도들을 위하여 감사하게 됩니다. 여기에 기도가 있고 또한 감사가 있습니다. 기도를 통해서 사도들이 은사를 얻은 후 은사를 발휘함을 통해 많은 사람이 유익과 공급을 얻고 구원을 받으며 또한 그로 말미암은 감사가 있습니다. 여기에 먼저 고난을 받는 사도들이 있습니다. 그들은 고난을 통해 또한 위로를 받습니다. 그런 다음에 그 위로는 사람들을 공급하고 세우고 구원에 이르게 합니다. 이런 과정이 사도들이 성도들에게 사역하는 은사입니다. 이 은사를 위해서는 많은 성도들의 기도가 필요합니다.

하나님의 거룩함과 진실함으로써 행함

12절, 우리가 세상에서 특별히 너희에게 대하여 하나님의 거룩함과 진실함으로써 하되 육체의 지혜로 하지 아니하고 하나님의 은혜로 행함은 우리 양심의 증거하는 바니 이것이 우리의 자랑이라

사도 바울은 여기서 양심의 증거를 말했습니다. 바울은 신약성경에서 22번이나 양심이란 말을 사용했습니다. 그만큼 바울은 사람의 양심을 중요시한 사역자입니다. 다른 저자들의 성경은 다만 4번만 양심을 사용했습니다. "세상에서 특별히 너희에게 대하여". 바울은 세상에서 살았지만 특별히 교회 성도들을 향해서 살았습니다. 세상에서 살기 때문에 세상 사람들도 상대를 해야 하지만 특별히 교회 성도들을 대하는 것은 매우 중요한 것입니다.

'특별히 너희에게 대하여 하나님의 거룩함과 진실함으로써 행했다'고 말하고 있습니다. 사도 바울은 그들을 대하여 행할 때에 두 가지를 주의했는데, 하나는 거룩함이고 다른 하나는 진실함입니다. '거룩함'은 속된 것과 구분되는 말입니다. 세상 사람들의 방식이나 일반적인 방식으로 행하지 않고 온전히 분별되는 방식으로 살았다는 것입니다. 거룩함은 하나님 자신의 속성입니다. 그러므로 사도 바울이 분별된 것은 다른 사람과 색다르게 되기 위한 것이 아니며, 그 행함 속에 하나님의 속성이 들어 있으며 성령의 속성이 들어 있음을 말합니다. 다시 말해서 모든 것이 다 영적이라는 것입니다. 그 행함이 영에 속하고 성령의 성분이 그 속에 들어 있습니다. 모든 일을 주님께 속하여서, 주님과 하나 되어서 행했기 때문에 다른 속된 것들과 분별되었던 것입니다.

그리고 그는 '진실함으로써 행했다'고 말합니다. 거짓된 것이나 위선이 없이 참되게 행한 것입니다. 사도 바울의 행함은 한 면으로 이 세상의 속된 것, 일반적인 것과 분별된 것이었으며, 또한 그의 모든 것이 다 진실 되었습니다. 사실 '진실함'도 역시 하나님의 속성입니다.

오늘날 세상 사람들은 너무나 위선적으로 행합니다. 속에 있는 참된 마음을 털어놓지 않습니다. 그러나 그리스도인의 행함은 마땅히 진실 되어야 합니다. 가장 깊은 속에 있는 것들, 사람의 가장 깊은 속에 있는 것은 영인데, 바로 영에 있는 것들을 따라 행해야 합니다. 가장 깊은 곳에 있는 느낌을 만지는 방식으로 행해야 합니다. 그것이 곧 진실하게 행하는 것입니다. 사람의 체면을 세워주기 위해 행하는 것이 아니며 또 사람들의 오해를 피하기 위해 행하는 것도 아닙니다. 또 잘 처신하기 위해 행하는 것도 아닙니다.

우리 그리스도인의 행함은 마땅히 가장 깊은 속에 있는 주님의 성령의 느낌을 따라서 행하는 것입니다. 참된 느낌입니다. 요한 일서 5장 마지막 구절을 보면 우리 안에 사시는 하나님의 아들은 참된 분이라고 말하고 있습니다. 진실하신 분입니다. 그러므로 그리스도인은 무엇을 할 때 진실 되어야 하는 것이 마땅합니다. 말 한 마디를 하더라도 진실 되어야 합니다. 호의를 베풀 때에도 진실 되어야 합니다. 때로 어떤 사람에 대해 책망을 할지라도 진실한 마음의 표현이 있어야 합니다. 이것이 사도 바울의 행함의 비결이었습니다.

그는 또 '육체의 지혜'로 하지 않았다고 했습니다. 오늘날 사람들이 왜 거룩하게 행하지 못합니까? 왜 진실 되지 않습니까? 그것은 그들이 다 육체의 지혜로 행하기 때문입니다. 머리를 쓰는 것입니다. 그리스도인이 되어서도 육체의 지혜를 사용할 수 있습니다. 고린도 교회 성도들이 육체의 지혜를 사용했습니다. 자신의 머리를 써서 궁리하고 갈 길을 찾는 자들이 있습니다. 그러한 사람들의 행함은 육체의 지혜에 따른 것입니다. '어떻게 해야 길이 나올까? 어떻게 해야 이 상황을 잘 모면할 수 있을까? 어떻게 해야 사람들을 기쁘게 할 수 있을까? 어떻게 해야 일이 더 잘 될까?' 하는 것이 곧 머리를 쓰는 것이며 육체의 지혜를 사용하는 것입니다. 그러면 사도 바울은 어떻게 거룩함과 진실함으로 행할 수 있었습니까? 그것은 그가 육체의 지혜가 아닌 하나님의 은혜로 행했기 때문입니다. 은혜란 무엇입니까? 은혜는 바로 주님 자신입니다. 은혜로 행하는 사람들은 하나님께서 그 안에서 행하심으로, 그분의 능력 주심으로, 그분의 공급하심으로, 그분의 부축하심으로, 그분의 인도하심으로 행하는 사람들입니다. 우리 자신을 의지하지 않고 육체의 지혜를 의지하지 않고 스스로 상황과 사태를 파악해서 머리를 써서 행하지 않는 것입니다. 상황을 모면하기 위해 행동하지 않는 것입니다. 사도 바울은 그런 식으로 행하지 않았습니다. 그는 오직 하나님의 은혜로 행했습니다.

은혜라는 것은 '내가 아니라 그리스도'입니다. 그리스도께서 내 안에서 행하시는 것이 바로 은혜입니다. 이것이 그리스도인의 단순한 삶입니다. 진실함(sincerity)이라는 말은 단순함(simplicity)이라고도 번역할 수 있습니다. 하나님의 은혜로 사는 사람들은 단순합니다. 왜 그렇습니까? 하나님께서 말씀하시면 다만 순종하기 때문입니다. 하나님께서 길을 제시하시면 다만 따르기 때문입니다. 그렇기 때문에 매우 단순합니다. 그러나 육체의 지혜를 쓰는 사람은 매우 복잡합니다. 하나님이 기뻐하시는 어린 아이같이 되는 것이 단순한 것과 관련이 있을 것입니다. 주님은 어린 아이 같지 아니하면 천국에 들어가지 못한다고 하셨습니다(마 18:3).

사도 바울은 하나님의 은혜로 행했다고 했습니다. 그가 육체의 지혜로 행하지 않고 하나님의 은혜로 행하였다는 것은 그의 순수성을 의미합니다. 그는 모든 일을 주님께 순종함 가운데 행한 것입니다. 은혜로 행한다는 것은 자신의 힘과 노력으로 행하는 것과 대조되는 말입니다. 은혜는 주님이 행하여 주시는 것이고 그분의 인도와 함께 하심으로 역사하는 것입니다. 그분을 떠나서는 아무 것도 하지 않고 시작하려 하지 않는 것입니다. 그리고 그는 그것이 그의 양심이 증거하는 바이며 그의 자랑이라고 했습니다. 바울은 누가 뭐라고 해도 그 속에 자랑이 있었습니다. 무엇이 바울의 자랑이었습니까? 그것은 하나님의 뜻대로, 그분이 인도하시는 대로 순종하면서 살았다는 양심의 증거입니다. 사람들이 평가하는 것은 정확하지 않습니다. 사람들이 당신을 칭찬해도 그것은 정확하지 않을 수 있습니다.

많은 때 사람들의 말은 정확하지 않은데, 정확하게 말할 수 있는 기관이 하나 있습니다. 그것은 바로 양심이며, 양심의 증거는 정확합니다. 다른 사람은 정확하게 알지 못할지라도 우리의 양심은 진상을 압니다. 내가 어떤 사람인지를 우리 속에 있는 양심이 증거 해줍니다. 내가 지금까지 길을 걸어올 때, 사람들의 말을 두려워해서가 아니라 양심의 증거를 따라서 행하려고 노력해 왔습니다. 양심상 부끄럽지 않게 행하려고 애써 왔습니다. 사람을 대하든 물질을 다루든 많은 일들에서 양심의 증거를 갖기를 힘썼습니다. 남이 나를 욕하기 전에, 남이 나를 책망하기 전에 나의 속에서 양심이 먼저 증거 하도록 하기를 힘썼습니다. '이것은 잘한 것이다. 이것은 잘못한 것이다.' 이러한 양심의 증거를 따라서 우리는 조절하고 교정하고 회개해야 합니다. 최소한도 우리 그리스도인은 이러한 양심의 증거를 가지고 있어야 합니다. 우리는 언젠가 우리 양심이 우리의 전 존재를 조사하게 하여 조금의 거리낌도 없는 상태에 이르도록 해야 합니다. 즉 양심이 우리를 철저히 점검하게 하여 '하나님, 나는 나의 양심이 당신 앞에 부끄러움이 없습니다' 라고 말할 수 있어야 합니다. 보혈로 씻음 받은 양심뿐 아니라 우리의 행함 가운데 거리낌이 있는 것들을 하나님 앞에서 철저히 처리하고 맑게 하여 두려움 없는 양심, 왜곡되지 않은 양심을 가지고 산다면 그것은 우리의 담대함이 될 수 있습니다.

너희가 끝까지 알기를 내가 바라는 것은

13절, 오직 너희가 읽고 아는 것 외에 우리가 다른 것을 쓰지 아니하노니 너희가 끝까지 알기를 내가 바라는 것은

여기서 사도 바울의 사역을 조금 볼 수 있습니다. "너희가 읽고 아는 것 외에". 사도 바울은 계시가 많은 사람입니다. 계시가 충만한 사람입니다. 하나님의 사도입니다. 그러나 그의 사역조차도 고린도 성도들이 읽고 아는 것(그것은 아마 구약 성경이었을 것이며, 거기에다 사도들의 서신이 더해진 정도였을 것입니다.)을 지나쳐서 새로운 것, 이상한 것, 듣지도 보지도 못한 것, 읽어보지도 못한 것을 가지고 말한 것이 아니었습니다. 그는 다만 "너희가 읽고 아는 것"을 가르쳤습니다.

"읽고 아는 것"을 말하는 사역이 안전한 사역입니다. 제가 십자가를 말하든, 성령을 말하든, 이기는 생활을 말하든, 또는 순종하는 생활을 말하든, 믿음을 말하든, 그리스도의 몸을 말하든 다 여러분이 이미 읽고 아는 것들입니다. 다만 저는 그것을 일깨워주고 밝게 빛나게 해주는 것입니다. 여러분이 그 진리 위에 설 수 있도록, 그 진리 위에서 걸어갈 수 있도록 도와주는 것입니다.

14절, 너희가 대강 우리를 아는 것 같이 우리 주 예수의 날에 너희가 우리의 자랑이 되고 우리가 너희의 자랑이 되는 것이라

일생토록 끝까지 사도가 알기를 바라는 것은 무엇일까요? 바로 "우리 주 예수의 날에 너희가 우리의 자랑이 되고 우리가 너희의 자랑이 되는 것"입니다. 이 구절에서는 "너희가 대강 우리를 아는 것같이"라고 말했습니다. 사실 성도들은 사도들을 다는 모릅니다. 대강(partially) 알 뿐입니다. 고린도 성도들이 사도를 알기는 압니다. 결코 모르지는 않습니다. 그러나 대강, 부분적으로 알기 때문에 오해의 말이 들릴 때, 사탄이 그들 사이에 오해를 집어넣을 때, 또는 사도를 판단하는 말이 들어올 때, 문이 열리게 됩니다. 그러나 또 성도들이 사도들을 대강은 알고 있습니다. 무엇을 압니까? 그것은 "우리 주 예수의 날에 너희가 우리의 자랑이 되고 우리가 너희의 자랑이 되는 것"입니다. 이것은 하나의 동기의 문제입니다. 사도의 동기가 깨끗하고 순수하다는 것입니다. 그러면 무엇이 사도 바울의 동기입니까? 이 땅에서 그의 사역이 잘되고 성공하고 그런 것이 아닙니다. 주 예수님이 다시 오실 때 사도도 성도들도 다 주님을 만날 것인데, 그때에 성도들은 사도를 자랑하게 될 것입니다. 그리고 사도는 성도들을 자랑하게 될 것입니다.

그러면 무엇이 있길래 사도와 성도들이 서로 자랑하게 될까요? 정말 깨끗한 동기로 다만 성도들을 주 앞에 세우기 위해서, 흠도 티도 없이 거룩하게 하나님의 기뻐하심이 되도록 세우기 위해서 양심껏 수고했다는 것입니다. 그 도움을 받은 성도들은 그날 사도 바울이 그들의 자랑이 될 것입니다. 또 사도는 그의 수고를 통해서 성도들이 주님 앞에 아름답게 세워지는 것을 볼 때 그들이 그의 자랑이 되는 것입니다. 이것이 그의 목표라는 것입니다. 성도들도 이것을 모르지 않지만 대강 알 뿐입니다. 그래서 사도 바울은 이런 말씀을 통해서 성도들의 아는 영을 일깨워주고 더 분명하게 해주고 싶어하는 것 같습니다.

고린도 교회 방문의 연기

15절, 내가 이 확신을 가지고 너희로 두 번 은혜를 얻게 하기 위하여 먼

저 너희에게 이르렀다가

"내가 이 확신을 가지고". 어떤 확신입니까? 아마도 사도 바울이 그들에게 가면 그들이 더욱더 자라서, 세워져서 그날 주님 앞에 더욱 자랑이 될 수 있을 거라는 확신일 것입니다. '바울 자신이 고린도에 가는 것이 성도들을 주님 앞에 잘 세울 수 있는 기회가 될 것이다. 그들에게 유익이 될 것이다' 라는 확신입니다.

그러한 확신을 가지고 바울은 그들로 두 번 은혜를 얻게 하기 위하여, 다시 말해서 그들에게 두 번 가고자 했다는 것입니다. 사도의 감은 은혜입니다. 사도가 그곳을 방문할 때 그곳에 은혜가 있게 됩니다. 그러므로 바울은 고린도인들로 두 번 은혜를 얻게 하기 위하여 두 번 가고자 했습니다.

16절, 너희를 지나 마게도냐에 갔다가 다시 마게도냐에서 너희에게 가서 너희가 보내줌으로 유대로 가기를 경영하였으니

원래 바울은 먼저 고린도에 가려고 했었습니다. 그런 다음 거기서 마게도냐에 갔다가 다시 고린도에 가서 그들의 보내줌으로 유대로 가려고 의도했습니다. 그러나 이번에 그는 일정을 바꾸어서 고린도에 들르지 않고 다음에 오는 것으로 일정을 바꾼 것입니다. 그러므로 고린도인들 중에서 바울에 대하여 문제가 생긴 것입니다.

17절, 이렇게 경영할 때에 어찌 경홀히 하였으리요 혹 경영하기를 육체를 좇아 경영하여 예, 예 하고 아니, 아니라 하는 일이 내게 있었겠느냐

이 서신에서 설명하는 것을 읽어볼 때 고린도 성도들이 바울에 대해 뭔가 오해를 하고 있었음을 볼 수 있습니다. 그것은 뒤에 나오지만 사도 바울이 온다고 하더니 오지 않았다는 것입니다. 즉 고린도에 오기로 한 그의 일정을 변경했다는 것입니다. 그럴 때 매우 철학적이고 천연적인 지혜를 사용하여 생각하길 즐겨하던 고린도인들은 '아, 사도 바울은 이랬다저랬다 하는 사람이구나. 믿을 수 없는 사람이구나' 하는 오해를 하게 됩니다. '온다고 할 때 좀 더 신중하게 생각하지 않고 왜 온다고 하더니 지금은 오지 않느냐. 그것은 너무 경솔한 것이다' 라는 말을 했던 것 같습니다. 이런 말을 들은 사람들은 바울에 대한 신뢰를 많이 잃어버렸을 것입니다.

대적은 여러 가지 방법으로 하나님의 종들에 대한 신뢰를 떨어뜨립니다. 앞서 말했듯이 성도들은 사도들에 대해 대강 알기 때문에 '아마 그들은 틀림없이 깨끗할 거야.' 라고 생각합니다. 그러나 대충 알기 때문에 그런 악한 말들이 퍼지면 '정말 그랬을까? 그랬을지도 몰라' 하고 생각하면서 마음이 닫히게 되고 그때부터 말씀이 잘 들어오지 않습니다. 어떤 사람이 '그가 이번에 온다고 했다가 안 왔잖아. 틀림없이 그는 이랬다저랬다 하는 사람일 거야. 그런 사람은 믿을 수 없어' 하고 말하면 '아닌데, 이제까지 그가 말하고 행하는 것을 보면 신실한 사람이었는데' 하다가도 '아마 그럴지도 몰라. 어쨌든 이번에 그가 행한 일은 이랬다저랬다 한 것이잖아' 하고 생각하게 됩니다. 대충 알기 때문에 그런 오해를 받아들이게 됩니다. 그 결과 하나님의 종들의 말씀을 신뢰하는 것이 떨어지게 됩니다.

'나는 육체의 지혜로 행하는 사람이 아니다. 오직 거룩함과 진실함으로써 행한다. 이것이 내 양심의 증거하는 바요 또 내 자랑이다.' 사실상 말씀이 그 답변입니다. 그래서 '내가 너희로 두 번 은혜를 얻게 하려고 가고자 했을 때 경솔하게 의도한 것이 아니다.' 라고 말한 것입니다. 결코 그는 가볍게 '그래, 그래, 갈 게' 하고서 속으로는 '뭐, 안 갈 수도 있지' 라고 생각하지 않았다는 것입니다.

정치를 하는 사람들은 그렇게 합니다. 상대편의 마음을 상하게 하고 싶지 않을 때에는 긍정적인 답변을 해줍니다. 그러나 그 속에는 이미 '아니오' 라는 답변이 들어 있습니다. 그러나 그 자리에서 그렇게 정직하게 답변을 하면 상대편이 속상해 할까봐 아니라고 말하지 않고 '예, 예' 하며 빈 말로 대답하는 것입니다. 그래서 사람들은 정치를 할 때 상대편의 표면적인 이야기를 듣지 않고 그 속에 있는 말을 듣기를 배우는 것입니다. 그래서 서로 속이고 속는 것입니다. 육체의 지혜를 사용했던 고린도인들은 사도 바울을 그런 종류의 사람으로 오해했습니다. 그럴 때 바울은 '나는 육체를 좇아 경솔하게 예, 예 하고 아니, 아니라 하지 않았다.' 고 말했습니다. 우리는 사람들과 서로 그저 화평을 유지하기 위해서, 또는 사람들의 기분을 좋게 하기 위해서, 심지어 실족하지 않게 하기 위해서 겉으로만 '예, 예' 라고 말해서는 안 됩니다.

18절, 하나님은 미쁘시니라 우리가 너희에게 한 말은 예 하고 아니라 함이 없노라

사도 바울이 한 모든 말, 그의 결정과 의도는 '예' 였다는 것입니다. 만일 여기 있는 제가 여러분들을 상대할 때 이중적으로 행동한다면 여러분은 저를 신뢰할 수 있겠습니까? 아마 신뢰할 수 없을 것입니다. '저분이 저렇게 말은 하지만 속은 다를 거야' 그렇다면 저는 그리스도인이라고 할 수 없을 것입니다. 저는 하나님을 섬기는 사람으로서 하나님은 신실하신데 어찌 이중적으로 행할 수 있겠습니까? 하나님의 종들은 하나님의 신실하심같이 신실하게 섬겨야 하는 것입니다. 그래서 바울은 자신이 신실하게 행하려고 했다는 말을 하기 전에 하나님은 미쁘시다는 말을 먼저 하고 있습니다. 그것은 하나님의 종들은 신실하신 하나님을 따라서 섬기는 자들이기 때문에 그렇습니다.

아멘하여 하나님께 영광을 돌리게 되느니라

19절, 우리 곧 나와 실루아노와 디모데로 말미암아 너희 가운데 전파된 하나님의 아들 예수 그리스도는 예 하고 아니라 함이 되지 아니하였으니 저에게는 예만 되었느니라

바울과 실루아노와 디모데는 함께 고린도에서 복음을 전했습니다. 고린도인들은 이러한 사도들의 전파를 듣고 예수 그리스도를 구주로 받아들였습니다. 그런데 그들 가운데 전파된 그리스도는 예만 되실 뿐 아니라 함이 되지 않는 분이십니다. 그분은 하나님께 대해서 무엇이든지 '예' 이셨습니다. 그리스도는 구약에서 하나님이 예언하시고 약속하신 대로 이 세상에 오셨습니다. 그 모든 구약의 말씀이 예수님 한 분에게 집중되어 있습니다. 그리고 그분은 그 모든 약속에 '예' 가 되신 분입니다.

20절, 하나님의 약속은 얼마든지 그리스도 안에서 예가 되니 그런즉 그로 말미암아 우리가 아멘 하여 하나님께 영광을 돌리게 되느니라

하나님은 약속을 세우신 분이십니다. 구약에 많은 약속이 있습니다. 타락한 인간을 구속하고 구원하시기 위한 큰 약속들이 있습니다. 그 약속들은 너무나 귀한 약속들입니다. 우리의 소망이 되는 약속들입니다. 그런데 그 모든 약속들이 무엇이든지 얼마든지 그리스도 안에서 '예' 가 되었습니다. 그분의 성육신은 하나님의 약속에 대한 '예' 였습니다. 그분의 가난한 인간 생활, 나사렛에서 목수의 아들로서 양친을 섬기면서 사신 생활 또한 하나님의 약속에 대한 '예' 였습니다.

그분은 삼십 세까지 작은 걸음을 한 걸음 한 걸음 걸으시면서 사셨습니다. 우리는 삼십 세까지의 그분의 삶을 성경에서 찾아볼 수 없습니다. 다만 누가복음 2장에서 그분이 열두 살 때 성전에 가서 그곳에 있는 많은 선생들과 대화하고 계셨는데 그 어머니 마리아와 요셉이 예수를 잃어버리고서 사흘 길쯤 갔다가 돌아와서 성전에서 예수께서 사람들과 대화하고 있는 것을 보고 '네가 어찌 우리에게 이렇게 하였느냐?' 고 하자 그분이 '내가 아버지 집에 있어야 할 줄을 알지 못하셨나이까?' 라고 말씀하신 기록을 볼 수 있을 뿐입니다. 그렇게 말씀하셨지만 그분은 여전히 양친과 함께 나사렛으로 내려가서 그들을 순종하여 받드셨습니다. 이 기록을 볼 때 그분은 우리와 똑같은 인생을 사셨고 육신의 부모를 순종하고 받드셨음을 볼 수 있습니다. 또 그분은 하나님에게나 사람에게 아주 사랑스런 분이셨다고 말하고 있습니다. 그분은 그렇게 자라시고 사셨습니다. 그 모든 삶이 구약에 있는 하나님의 모든 약속들에 대해서 '예' 하신 것입니다.

그분이 삼십 세 때 요단강에 나아와서 침례를 받으시고 성령으로 충만 되신 후에 사탄에게 시험을 받으셨습니다. 그리고서 갈릴리로부터 사역을 시작하셨습니다. 또 한 사람 한 사람 불러 그분의 제자를 삼으셨으며 사람들에게 복음을 전파하시고 회개하라고 하셨습니다. 이러한 그분의 모든 사역도 하나님의 약속에 대한 '예' 였습니다. 그 모든 것이 자신의 임의로 하신 것이 아니라 다만 하나님의 약속에 대해 '예' 하신 것이었습니다.

그분의 십자가에 죽으심도 하나님의 약속에 대한 '예' 입니다. 모든 그분의 발걸음이 하나님의 약속에 대한 '예' 입니다. "그런즉 그로 말미암아 우리가 아멘 하여". 우리는 무엇을 하는 사람들입니까? 그러한 '예' 되신 그리스도께 '아멘' 하는 사람들입니다. 주 예수님은 하나님의 약속에 대한 '예' 이시며, 그 '예' 이신 주님에 대해, 그러한 복음을 들을 때 우리는 '아멘' 하는 것입니다. 하나님은 약속하시고 예수는 '예' 로 응답하시며 우리는 하나님의 약속과 그 성취에 대해 '아멘' 하는 것입니다.

믿는이는 누구입니까? 바로 '아멘' 하는 사람들입니다. 하나님은 약속하시고 아들은 성취하시고 믿는이들은 '아멘' 하는 것입니다. 아멘 한다는 것은 그리스도를 믿는다는 말입니다. 그리스도를 참되시다하여 믿은 자들은 하나님의 참되심을 인치는 것입니다(롬 3:4). 이렇게 우리가 예이신 그리스도를 아멘으로 받을 때 하나님께 영광을 돌리게 됩니다. 하나님의 약속과 그리스도 안에서 이루어진 일들을 대할 때 '아멘' 하지 않을 수 없습니다. 하나님의 약속이 너무나 보배롭고 그리스도의 성취하심이 너무나 귀합니다. 그분의 '예' 가 되는 모든 삶, 그분의 구속을 이루기 위한 죽음, 이 모든 것이 하나님의 약속을 성취하시기 위한 '예' 입니다. 그 '예' 를 대할 때 우리 속에서부터 진실로 '아멘' 이 터져 나와야 하며 이러한 '아멘' 을 할 때 하나님 아버지께 영광을 돌려드리게 됩니다.

21절, 우리를 너희와 함께 그리스도 안에서 견고케 하시고 우리에게 기름을 부으신 이는 하나님이시니

여기서 '우리' 는 사도들이고 '너희' 는 성도들입니다. '우리를 너희와 함께 그리스도 안에서 견고케 하시고' . 견고케 하다(establish)라는 말은 견고하게 붙이다(attach)는 뜻입니다. 하나님은 사도들과 성도들을 그리스도 안에서 하나가 되게 하시고, 견고하게 접붙이시고, 조금도 나뉠 수 없게 하셨습니다. 사도 바울에 대한 오해의 말들, 불신, 이러한 것들은 사도와 성도들 사이를 이간시킵니다. 나뉘어지게 합니다. 그러나 여기서 바울은 이렇게 말합니다. '아니다. 우리는 나뉘어지지 않았다. 여러분과 우리는 그렇게 나뉘어질 수 있는 사람들이 아니다. 우리는 그리스도 안에서 하나로 붙여진 자들이다.' 결국 그들이 사도들을 평가한다는 말 자체가 그들과 사도들을 분리하여 보는 견해에서 나온 것입니다. 그에 대하여 바울은 우리는 여러분과 나누어지지 않았다고 하는 것입니다.

"우리를 너희와 함께 그리스도 안에서 견고케 하시고 우리에게 기름을 부으신 이는 하나님이시니". 하나님께서는 그리스도 안에서 우리에게 기름을 부으셨으며 그 안에서 우리는 하나 되었습니다. 우리는 기름부음 안에서 하나 된 사람들입니다. 이는 우리가 구약의 성막의 예표를 통해서도 볼 수 있으며 시편 133편에서도 볼 수 있습니다. 성막의 모든 기구들은 하나의 기름부음을 받았습니다. 하나님이 우리를 한 몸으로 기름부어 주셨다는 것을 알 때 우리는 더 이상 나뉘어질 수 없음을 깨닫게 됩니다.

22절, 저가 또한 우리에게 인치시고 보증으로 성령을 우리 마음에 주셨느니라

'우리에게 인치셨다'는 것은 도장을 찍었다는 것입니다. 우리 속에 인을 치시고 보증으로 성령을 우리 마음에 주셨습니다. 인치는 것은 소유권을 확실하게 하는 행위입니다. 성령의 인은 우리가 하나님의 소유임을 분명하게 합니다. 우리가 책을 사게 되면 사자마자 책에 도장을 찍습니다. '이 책은 내 것이다'라는 뜻입니다. 하나님께서는 우리를 구속하셨습니다. 우리를 찾으셨습니다. 그리고 도장을 찍으셨습니다. 그 도장이 바로 성령입니다. 보증이란 고대에 땅을 살 때에 계약금과 같은 뜻이 있는데 이는 미리 맛본다는 뜻입니다. 우리는 성령을 통하여 장래 누릴 천국을 미리 맛보는 것입니다. 여기서 바울은 삼위일체 하나님(Triune God)에 대하여 말합니다. 우리를 그리스도 안에서 하나 되게 하시고 우리를 그분의 소유 삼으시고 천국의 미리 맛봄을 주신 것이 삼위일체 하나님의 역사입니다.

다시 고린도에 가지 아니한 것은 너희를 아끼려 함이라

23절, 내가 내 영혼(혼)을 두고 하나님을 불러 증거 하시게 하노니 다시 고린도에 가지 아니한 것은 너희를 아끼려 함이라

바울은 결국 자신이 고린도에 가지 않으려 한 이유를 설명합니다. 그는 그 변호을 하지 않을 수 없게 된 것입니다. 그러한 말(나의 혼을 두고 하나님을 불러 증거 하시게 하노니)은 사소한 일에는 할 수 없는 말입니다. 그는 이 말을 하면서 매우 진지하고 엄숙하게 말한 것입니다. 바울은 마치 다른 사람을 말하는 것 처럼 자기 혼을 의인화하여 말했습니다. '내가 혼으로(어떤 사람으로) 증인이 되게 하겠다' 라고 하는 것 같습니다. '내가 이러이러하게 한 것은 틀림없이 이래서이다.' 라고 말하려니까 증인이 필요한데, 가장 좋은 증인은 바로 자기 혼(생명)입니다. 어떤 사람은 '내가 하늘을 두고 맹세한다' 고 말하는데, 이런 말은 사실 믿기가 어렵습니다. 또한 주님은 우리에게 그러한 맹세를 하지 말라고 하셨습니다. 여기서 바울은 마치 이렇게 말하는 것 같습니다. '내 혼아, 네가 나의 증인이 되어 줄 수 있겠느냐?' 자기 자신보다 더 진실한 증인이 어디 있겠습니까? 이는 자기의 온 인격과 생명을 두고 증거하는 것이니 더 이상 진지하고 심각할 수 없습니다.

그리고 그는 하나님을 불러 증거 하시게 했습니다. 여기에 셋이 나오는데, 곧 바울, 바울의 혼, 그리고 하나님입니다. 이 셋으로 증거를 해주겠는데, 그가 고린도에 가지 않은 것은 그들을 아끼려 함이라는 것입니다. 고린도 성도들은 바울에 대해 일을 경홀히 하는 사람이 아니냐, 이랬다저랬다 하는 사람이 아니냐 하고 판단했을 것입니다. 그럴 때 바울은 이렇게 말하는 것 같습니다. '내가 가지 않은 것은 사실이지만 왜 내가 가지 않았는가에 대해서 내 혼을 두고 하나님을 불러 증거하는데 그것은 내가 너희를 아끼려 했기 때문이다.' 그는 그곳에 가지 않은 것이 그들에게 더 유익하다는 것을 알았습니다. 그리고 그러한 판단에 따라 일정을 변경한 것입니다.

성도들의 오해는 사도들의 더 깊은 심정을 드러나게 했습니다. 많은 때 성도들은 사도들의 겉의 행동을 보고 판단하기 때문에 사탄에게 기회를 주게 됩니다. 어린 성도들은 사도들의 깊은 심리를 이해하기 어렵습니다. 그러나 이러한 오해의 상황에서 사도는 그의 깊은 마음을 열지 않을 수 없었던 것입니다. 그 깊은 마음 속에 고린도인들을 사랑함으로 했던 그 마음 속의 논의가 여기서 말하는 혼인 것입니다. 바울은 자기의 혼 안에서 깊은 교제를 나눴음에 틀림없습니다. 그가 그렇게 행한 것은 변덕스러워서가 아니었습니다. 그것은 그들을 향한 진실한 사랑이었습니다. 진정 그들을 위한 것입니다. 이는 많은 때 신자들과 하나님과의 관계에서도 그러합니다. 그들은 자신들의 처지를 한탄하며 자신들이 원하는 뜻대로 이루어주시지 않는 하나님을 원망하고 불평합니다. 그러나 그 상황 속에 더욱 깊은 하나님의 뜻이 있었다는 것을 알기까지는 많은 시간이 필요합니다. 실상 성도들은 앞선 사도들의 이러한 심리를 보면서 회개하면서 자라게 됩니다.

오직 너희 기쁨을 돕는 자가 되려 함이니

24절, 우리가 너희 믿음을 주관하려는 것이 아니요 오직 너희 기쁨을 돕는 자가 되려 함이니 이는 너희가 믿음에 섰음이라

이미 믿음에 서 있는 사람에게는 자라기 위해서 위로와 기쁨이 많이 필요합니다. 만일 그들이 믿음에 서지 않았으면 바울이 가야 했을 것입니다. 그러나 그들은 이미 믿음에 섰습니다. 바울이 왜 가려다가 계획을 변경했느냐면 자칫 잘못하면 고린도 성도들의 믿음을 주관하는 일을 하게 될까봐서입니다. 그렇게 되면 고린도 성도들은 바울의 사역을 통해 유익을 얻지 못하게 될 수도 있었을 것입니다. 여기서 사역하는 사람들이 반드시 알아야 할 것이 있다고 봅니다. 그것은 사역자는 자신의 사역을 위해서 일하지 말아야 한다는 것입니다. 사역자의 모든 일은 성도들을 위한 것입니다. 사역자가 가는 것이 유익하다면 가야 하지만 유익이 없다면 가지 말아야 합니다. 사역자의 모든 움직임은 다 성도와 교회를 위한 것입니다. 이것이 그의 서신 많은 구절에서 '너희를 위하여'를 말한 이유입니다. 다시 말해서 사역자는 자신이 돌보는 교회나 성도들에게 항상 가는 것만이 좋은 것이 아닐 수도 있음을 암시합니다. 전화도 마찬가지이고 심방도 마찬가지입니다. 조급한 마음이나 교회의 인수증가나 빈자리 채움이나 전도계획일정표에 따라서 성도들을 심방하는 것이 아닙니다. 모든 것은 그 영혼들의 유익을 위한 것입니다. 그러려면 그들에 대한 깊은 사랑과 관심과 배려하는 마음이 전제되어야 합니다. 따라서 어떤 때에는 그들에게 시간을 주고 그들의 유익을 위해서 방문하지 않을 수도 있는 것입니다.

사도 바울은 고린도 전서에서 그들을 심하게 책망했습니다. 그런 후에 바울이 그들에게 즉시 가면 다소 엄하게 대할 가능성도 있고 그들을 주관할 가능성도 있었습니다. 사도들의 원하는 바는 성도들이 주 안에서 견고하게 잘 자라는 것입니다. 그가 가는 것이 그들에게 유익이 된다면 가고, 가지 않는 것이 더 큰 유익이 되어 스스로 견고하게 설 수 있게 한다면 가지 않는 것입니다.

사도들은 역량이 있고 지식이 있으며 풍성이 있고 경험이 있으니 어쨌든 어디든지 가서 무언가를 하면 유익한 것이 아닙니다. 만일 그가 가서 저들의 믿음을 주관하는 위치에 서게 된다면 가지 않는 편이 낫습니다. 여기서 사도들의 사역은 성도들의 믿음을 주관하는 것이 아님을 볼 수 있습니다. 성도들의 믿음을 주관하는 형태의 사역은 바람직한 것이 아닙니다. 때로 성도들이 너무 어리면 그들을 자라게 하려고 한동안 자주 갈 필요가 있습니다. 이것은 어린 아기가 한동안은 어머니 품에 있어야 하는 것과 같습니다. 이제 어린아이가 자라서 스스로 뭔가 할 수 있고 걸어다닐 수도 있고 차도 탈 수 있는데, 계속 어머니 품에 두고 자유를 주지 않고 그를 주관하게 되면 잘 자라지 않습니다.

그러면 이러한 상태에 있는 고린도 성도들을 위해 바울이 해줄 수 있는 것이 무엇입니까? 바울은 그들에게 어떻게 해주어야 유익이 된다고 생각했습니까? 바로 그들의 기쁨을 돕는 것이었습니다. 좋은 사역은 바로 이와같이 성도들의 기쁨을 돕는 사역입니다. 때로 성도들이 잘못했을 때, 교회 상태가 좋지 않을 때 책망할 수 있습니다. 책망을 받으면 근심하게 됩니다. 뒤에 나오지만, 그러한 근심은 그리 길지 않았으면 좋겠다는 것이 바울의 의견입니다. 근심은 회개에 이르러야만 되는 것입니다.

그러면 근본적으로 사도들이 원하는 것은 무엇입니까? 기쁨입니다. 성도들이 잘 자라는 것은 기쁨의 분위기 안에서입니다. 물고기는 자연 그대로의 강물에서 가장 잘 자랍니다. 마찬가지로 성도들이 잘 자랄 수 있는 물은 바로 기쁨의 물입니다. 기쁨 안에 있을 때 성도들이 잘 자랍니다. 그래서 사도 바울은 빌립보서나 다른 서신서들에서 기쁨을 매우 주의했습니다. "기뻐하라 내가 다시 말하노니 기뻐하라". 그는 실로 기뻐하는 것을 주의한 것입니다. 그런데 사도는 다만 기뻐하라고만 말하지 않고 그들이 기뻐하도록 돕는 자가 되고 싶어했습니다. 이것이 바울이 말하는 사역이라는 것입니다.

1월이 되면 제가 다시 외국의 사역지에 나가야 하는데, 저도 그곳에 있는 많은 성도들에게 기쁨이 되고 싶습니다. 사람들에게 더 많은 기쁨이 되려면 우리는 더욱더 그리스도의 죽음 아래 머물러야 합니다. 이를 위해 기도해주시기를 다시 한 번 부탁드립니다.

고린도후서 2장

2corinthians

고린도에 가지 않음을 설명한 바울

1절, 내가 다시 근심으로 너희에게 나아가지 않기로 스스로 결단하였노니

사도 바울은 다시는 고린도 교회에 근심으로 나아가지 않기로 스스로 결단했습니다. '스스로' 라는 말은 자신이 결단했다는 뜻입니다. 바울이 스스로 결단했지만 이 결단은 하나님과 함께한 결단이었습니다. 1장 19절로부터 22절까지에서 볼 수 있듯이 사도들은 모든 것을 다 하나님의 아들과 더불어 성령 안에서 그분과 하나 되어 역사하기 때문입니다. 이런 것은 소위 영적인 것을 추구하는 사람들에게는 절대 있어서는 안 되는 표현입니다. 주님은 스스로 아무 것도 하지 않으셨습니다. 아버지께서 행하시는 대로 아들도 행하셨습니다. 이렇게 사람은 아무것도 스스로 해서는 안 되고 모든 것을 하나님이 행하시는 대로 따라서 해야 한다는 것입니다. 그러나 이곳에서 바울은 주님으로 말미암아 결단했다고 하지 않고 스스로 결단했다고 하니 어찌된 일이냐고 할 것입니다. 하나님은 사람의 자유의지를 말살하지 않으십니다. 오히려 하나님은 사람이 그분의 뜻을 자신의 뜻으로 삼아 우리의 판단력과 결정으로 일을 행하기를 기뻐하십니다. 이것이 바로 성육신의 원칙이라 하겠습니다.

고린도 전서 1장에서 고린도 교회 성도들은 '나는 바울에게, 나는 아볼로에게, 나는 게바에게' 라고 했습니다. 그들이 말하는 '나' 는 십자가를 거치지 않은 천연적인 생명 안에 있는 '나' 입니다. 그러한 '나' 는 교회 안에서 문제와 분열을 일으킵니다. 그러나 여기 고린도 후서 2장 1절의 '나' 는 천연적인 생명 안에서의 '나' 가 아니라 죽음과 부활을 거친 하나님의 생명 안에서의, 그 아들과 함께 사는 '나' 입니다. 그러므로 여기서 바울이 스스로 결단했지만 바울이라는 사람은 자신의 천연적인 생명을 따라 자기 임의대로 자신의 육체 안에서 행하는 사람이 아닙니다. 1장 17절에서 바울은 자신이 경영할 때에 육체를 좇아 하지 않았다고 말합니다. 그 대신 그는 1장 22절에서 하나님께서 보증으로 성령을 우리 마음에 주셨다고 말했습니다. 이것은 바울이 육체를 따라 결정한 것이 아님을 보여줍니다. 바울은 그 안에 사시는 그리스도와 하나 되어 결정한 것입니다.

바울이 1장에서는 육체를 따라 행하지 않았다고 말하고 2장 1절에서는 스스로 결단했다고 말합니다. 그러나 2장 1절에서 스스로 결단했다는 말과 1장에서 육체를 따라 하지 않았다는 말은 서로 모순되지 않습니다. 왜냐하면 바울은 자신을 살지 않고 그리스도를 사는 사람이었기 때문입니다. 그리스도와 하나 된 삶을 사는 사람이었기 때문에, 그가 스스로 결단했지만 그 결단은 주님을 따른 것이었습니다. 그의 의도는 이미 주님과 하나 되었습니다. 그의 마음과 목적과 뜻과 생명과 모든 것이 주님과 하나 되었기 때문에 그가 스스로 결단했지만 그 결단은 주님과 함께한 결단이 된 것입니다.

2절, 내가 너희를 근심하게 하면 나의 근심하게 한 자밖에 나를 기쁘게 하는 자가 누구냐

'내가 너희를 근심하게 하면'은 '내가 고린도에 가면 너희를 근심하게 한다'는 뜻입니다. '나의 근심하게 한'. 사단의 역사가 바울을 근심하게 했습니다. 이 구절은 고린도 전서 5장의 간음을 행한 사건으로 인한 것입니다. 다른 일보다도 이 사건 때문에 바울은 고린도 교회를 크게 책망했습니다. 그들이 이에 대해 회개하거나 돌이키지 않은 상태에서 사도 바울이 가면 틀림없이 근심하는 상황이 발생했을 것입니다. 그 근심의 근거는 사단이 제공한 것이라고 봅니다. 결국 기뻐할 사람은 아무도 없습니다. 사탄만이 기뻐할 뿐 아무도 기뻐할 자가 없습니다. 여기서 근심하게 한 자가 누구냐 하는 문제가 나옵니다. 뒤에 나오지만 회개에 이르는 근심은 유익하지만 지나치게 근심하게 되면 성도들이 침륜에 떨어지게 됩니다. 그러므로 성도들로 하여금 근심하게 하여 낙심하게 하는 자는 마귀입니다.

3절, 내가 이같이 쓴 것은 내가 갈 때에 마땅히 나를 기쁘게 할 자로부터 도리어 근심을 얻을까 염려함이요 또 너희 무리를 대하여 나의 기쁨이 너희 무리의 기쁨인 줄 확신함이로라

이 구절에서 '쓴 것'은 고린도 전서를 가리킬 것입니다. 바울을 기쁘게 할 자들은 고린도 교회 성도들입니다. 잘못을 행한 성도도 마찬가지로 고린도 성도들입니다. 그들은 다 바울을 기쁘게 해야 할 자들인데 그들로부터 도리어 근심을 얻을까 염려한다고 했습니다. 이것은 고린도 후서 1장 23절과 24절을 자세히 설명한 구절입니다. 그가 고린도에 가지 않은 이유는 성도들을 아끼려 함이요 그들의 믿음을 주관하지 않으려는 것이었습니다. 성도들은 마땅히 바울을 기쁘게 할 자들인데 그들로부터 근심을 얻을까 염려했습니다.

사도들은 진리를 공급함으로 그들을 믿음 위에 세웠습니다. 그럴 때 성도들은 마땅히 사도들을 사랑하게 됩니다. 그리고 사도들과 성도들의 만남은 항상 기쁨의 만남이 됩니다. 사도들은 성도들의 기쁨을 더욱 더 증가시키기 위해 수고합니다. 그런데 어느 날 사탄이 역사했습니다. 사탄이 역사하자 이제 사도는 성도들과 근심 가운데 만나게 되었습니다. 그러자 바울은 그들에게 가는 것을 잠시 멈추었습니다. 마땅히 기쁨을 얻을 자들로부터 근심을 얻을까 염려한 것입니다.

"또 너희 무리를 대하여 나의 기쁨이 너희 무리의 기쁨인 줄 확신함이로라". 성도들에 대해 사도가 기뻐하면 성도들도 사도의 기뻐하는 것을 보고 기뻐하게 됩니다. 사도는 성도의 상태를 보고 기뻐합니다. 사도가 기뻐하는 것을 본 성도들 또한 기쁨이 있게 됩니다. 사도가 염려한 것은 만났을 때 서로의 기쁨이 배가되지 않고, 오히려 자신이 가는 것이 성도들에게 근심을 주어 근심스런 만남이 이루어질 수도 있다는 것이었습니다. 이렇게 바울은 자신이 고린도에 가지 않았다는 이유를 설명한 것입니다.

너희로 근심하게 하려 한 것이 아니요

4절, 내가 큰 환난과 애통한 마음이 있어 많은 눈물로 너희에게 썼노니 이는 너희로 근심하게 하려 한 것이 아니요 오직 내가 너희를 향하여 넘치는 사랑이 있음을 너희로 알게 하려 함이라

이 모든 말씀을 읽으면서 교회에 대한 사도의 마음이 어떠한지 생각해 볼 수 있기 바랍니다. 사도의 마음은 또한 하나님의 마음입니다. 사도는 하나님을 대표합니다. 하나님이 성도들에게서 보고자 하는 것은 기쁨이라는 것을 알 수 있습니다. 하나님은 그의 자녀들이 기뻐하길 원하신다는 것을 볼 수 있습니다. 하나님으로 인하여 기뻐하는 것을 보기 원하십니다.

사도행전 14장에서 바울이 루스드라에서 복음을 전할 때 어떤 사건으로 인하여 바울과 바나바는 옷을 찢고 무리 가운데 뛰어들어가 하나님에 대해 이야기했습니다. 17절에서 그들은 하나님이 하늘로서 비를 내리시며 결실기를 주시는 선한 일을 하사 음식과 기쁨으로 우리 마음을 만족케 하셨다고 했습니다. 분명 하나님은 사람이 기뻐하는 것을 좋아하십니다. 믿는이들이 때로 애통해하고 회개하며 눈물을 흘리는 것도 필요합니다. 그러나 하나님은 믿는이들이 계속적인 슬픔 아래 놓여 있는 것을 기뻐하시지 않습니다. 빌립보서에는 기뻐하라는 말이 매우 많습니다. 하나님은 그의 자녀들이 기뻐하는 것을 원하십니다.

죄를 범한 사람이 있을 때 그를 책망하고 강하게 말한 사도가 큰 환난과 애통한 마음이 있어 많은 눈물로 그들에게 썼다고 했습니다. 하나님은 눈물이 있는 하나님이십니다. 사도 바울은 죄를 범한 사람을 꾸짖을 때 눈물과 애통함이 없이 냉정한 말로 꾸짖지 않았습니다.

"내가 큰 환난과 애통한 마음이 있어 많은 눈물로 너희에게 썼노니 이는 너희로 근심하게 하려 한 것이 아니요". 이것이 바로 사도 안에 역사하는 하나님의 생명입니다. 하나님과 함께하는 사람, 하나님의 사람인 사도 바울이 교회 안에서 죄를 지은 한 형제를 꾸짖을 때 이렇게 마음에 큰 환난과 애통한 마음이 있어 눈물로 썼다는 것은 정말 우리의 마음을 만집니다. 이로서 우리는 성도가 죄를 범할 때 하나님이 얼마나 마음 아파하시는지 알 수 있습니다. 이것은 하나님의 큰 사랑을 나타냅니다. 하나님이 그의 자녀들을 얼마나 사랑하시는지. 그의 자녀들이 범죄 할 때 얼마나 슬퍼하시는지. 어떤 사람은 범죄를 너무 가볍게 생각합니다. 회개하면 된다고 말하는 것 같습니다. 물론 하나님께 진실하게 회개하면 용서받을 수 있습니다. 그러나 그는 하나님이 마음 아파하시는 것을 잊어버렸습니다. 사실 착한 자녀들은 죄를 지은 뒤에 자신이 지은 죄의 대가를 받는 것보다 죄를 지음으로 부모의 마음을 아프게 하는 것을 더 마음 아파합니다. 오늘날 많은 사람들이 하나님이 우리 죄를 위해 보혈을 예비하셨으므로 죄를 회개하면 용서를 받는다고 말할지라도, 사도는 그 범죄한 형제를 꾸짖기 위해 편지를 쓸 때 환난이 있다고 했습니다. 그는 애통해했고 많은 눈물이 있었습니다. 사도의 그 마음이 하나님의 마음을 대표한다는 것을 알아야 합니다.

사도 바울은 편지를 쓰면서 많은 눈물을 흘렸습니다(고후 5:4). 바울은 성경의 많은 하나님의 사람들처럼 눈물을 많이 흘렸습니다. 눈물은 한 사람이 어떤 사람이나 일에 대하여 깊은 사랑과 정서가 있음을 나타냅니다. 주님의 교회나 일을 위해 눈물을 흘릴 수 있다는 것은 그 일에 그만큼 사랑과 정성이 들어가 있음을 표현하는 것입니다. 구약성경에 다윗이나 예레미야는 눈물을 많이 흘렸다고 기록합니다. 사무엘도 온 밤을 슬퍼했다는 기록이 있습니다. 눈물이 없는 사람은 자신의 온 마음으로 일을 하든지 사람을 섬기든지 한다고 볼 수 없습니다. 눈물이 없다는 것은 사랑과 의를 위하여 애타는 희생이 없다는 표시입니다. 메마른 것입니다. 때로는 말이 할 수 없는 일을 눈물이 합니다.

나 자신이 젊었을 때, 어떤 일에 있어서 매우 완고했던 적이 있습니다. 그 때 미국에서 온 어떤 사역자 한 분이 나를 설득하고자 했습니다. 그의 모든 말과 수고가 나에게는 헛되었고 전혀 통하지 않았습니다. 나의 눈에 그의 모든 말과 가르침이 오해되고 있었습니다. 그것은 나의 그분에 대한 선입견이 강하게 주장했기 때문이었습니다. 어느 날 그는 나를 만나자하고 몇 마디 권면을 했습니다. 힘써 권면을 해도 내가 꿈쩍도 않자 그는 내 앞에서 눈물을 흘렸습니다. 나는 그 눈물에 녹고 말았습니다. 사람이 눈물을 흘리는 것은 거짓말하기가 어렵습니다. 그만큼 간절함이 있다는 말입니다. 복음을 전하는 것도 마찬가지입니다. 아무리 많은 말과 권면보다 눈물이 통하는 것입니다. 얼마나 많은 부모들이 자녀들의 눈물 때문에 구원을 받고 주님께로 돌아왔는지 말할 수 없습니다. 얼마나 많은 친구 친척들이 성도들의 눈물 때문에 주님께 돌아왔는지 모릅니다. 과거에 맥캔드릭이라는 유명한 복음전도자는 많은 말을 한 것이 아니라 사람들 앞에 서서 그저 울었다고 했습니다. 그 눈물이 많은 사람을 회개하도록 인도했습니다. 우리는 오늘 많은 강력한 웅변을 의지하지만 많은 때 눈물이 없습니다. 눈물의 사역자는 많은 사람에게 내적으로 강한 영향을 줍니다.

'이는 너희로 근심하게 하려 한 것이 아니요 오직 내가 너희를 향하여 넘치는 사랑이 있음을 너희로 알게 하려 함이라'. 고린도 전서 5장은 가장 강한 책망입니다. 그러나 그 강하게 책망하는 사도 바울의 마음속은 눈물로 가득했습니다. 책망을 듣고 그들은 회개했습니다. 그들이 회개한 후 바울은 이제 진심을 말합니다. 고린도 후서 2장에서 그는 회개하고 돌이킨 자녀를 감쌌습니다. 그는 회개한 자녀를 향해서 자신이 그렇게 한 것은 그들을 근심하게 하려 한 것이 아니라 그들을 향하여 넘치는 사랑이 있었기 때문임을 말해줍니다. 때로 하나님은 우리가 죄를 지을 때 책망하고 징계하시지만, 하나님의 마음을 아는 사람들은 책망 받고 징계 받는다 할지라도 하나님의 사랑을 의심하지 않습니다. 하나님은 우리를 여전히 사랑하시므로 우리를 책망하기도 하시고 징계하기도 하십니다. 다시 말하면, 고린도 전서에서 죄악이 나타난 상황은 사도가 마음속에서 성도들을 얼마나 사랑하는가를 나타내는 기회를 주었습니다. 형편없는 죄를 지은 형제를 향한 사랑이 얼마나 큰지를 나타내는 기회를 주었습니다.

근심하게 한 형제를 용서하라

5절, 근심하게 한 자가 있었을지라도 나를 근심하게 한 것이 아니요 어느 정도 너희 무리를 근심하게 한 것이니 어느 정도라 함은 내가 너무 심하게 하지 아니하려 함이라

바울은 근심하게 되었는데 이 근심을 제공한 자는 사탄입니다. 한 형제가 범죄 한 상황은 사도나 모든 성도들을 근심하게 했습니다. 바울은 근심을 하지 않은 것처럼 말하고 있습니다. 이것은 마치 배고픈 부모가 배고픈 자녀들에게 자신은 먹지 않아도 괜찮다고 하는 것과 비슷합니다. 사도가 왜 근심하지 않았겠습니까? 그는 이미 자신에게 애통함과 환난이 있다고 했습니다.

그는 '나를 근심하게 한 것이 아니요 어느 정도 너희 무리를 근심하게 한 것이니' 라고 했습니다. 이 상황은 한 형제가 범죄하여 바울에게서 책망을 받은 상황입니다. 근심이 시작되었습니다. 그런데 바울은 성도들이 너무 심하게 근심하게 되는 것을 원치 않았습니다. 근심이 되더라도 죄로 인하여, 바울의 책망으로 인하여 너무 근심하게 되지 않기를 원했습니다. 하나님은 성도들을 책망하고 심지어 징계하실지라도 너무 심하게 하시지 않습니다. 그러나 사람들은 하나님을 오해합니다. 너무 심하다고 불평합니다. 그러나 하나님은 성도들이 심하게 근심에 빠지는 것을 기뻐하시지 않으십니다. 이런 모든 것이 사도들을 통해 하나님의 마음을 전달해주고 있는 것입니다. 하나님은 책망을 하더라도 심하게 하기를 원치 않으십니다. 이것이 아버지의 마음이요 사도의 마음입니다. 사도의 마음은 하나님의 마음을 대표합니다. 우리에게는 이러한 좋으신 하나님이 계십니다.

6절, 이러한 사람이 많은 사람에게서 벌 받은 것이 족하도다

고린도 전서 5장에서 바울은 고린도 교회에게 죄 범한 사람을 강하게 처리하도록 권했습니다. 고린도 교회가 그런 사람을 물리치지 않은 것을 책망하고 사도 바울도 그 일 행한 자를 이미 판단했다고 말했습니다. 그러한 사람을 사귀지도 말고 내어 쫓으라고 강하게 말했습니다. 고린도 성도들은 사도 바울의 말을 듣고 죄 범한 형제를 판단하고 정죄

했을 것입니다. 죄를 범한 그 사람은 많은 벌을 받았습니다. 고린도 후서를 써 보내면서 바울은 '이러한 사람이 많은 사람에게서 벌 받은 것이 족하도다' 라고 했습니다. 여기서 우리는 교회가 그 범죄한 형제에게 가한 벌이 무엇인지 알지 못하지만 출교 내지는 성도들과의 교제를 금함이었을 것입니다. 그러한 사람에 대하여 어떤 사람들은 더 벌 받아야 한다고 하는 사람도 있었을 것입니다. 그러나 하나님은 어떤 사람을 징계하시더라도 무한정 징계하시지 않습니다. 지나칠 때 우리는 마귀에게 기회를 주게 되는 것입니다.

7절, 그런즉 너희는 차라리 저를 용서하고 위로할 것이니 저가 너무 많은 근심에 잠길까 두려워하노라

죄를 범한 사람이 회개했기 때문에, 바울은 이제 저를 용서하고 위로해주라고 권했습니다. 분명 하나님은 그분의 자녀들이 회개하기를 원하십니다. 그러나 하나님은 죄책감에 너무 오래 사로잡혀 있는 것은 원치 않으십니다. 성령께서는 우리가 깊은 실패로 인하여 눈물 흘릴 때 우리를 위로하십니다. 하나님은 우리가 실패로 인해 너무 깊은 슬픔에 잠기는 것을 기뻐하시지 않습니다. 하나님은 위로해주기를 원하십니다. 성령은 보혜사이십니다. 보혜사는 '위로자' 라는 뜻입니다.

8절, 그러므로 너희를 권하노니 사랑을 저희에게 나타내라

사도는 고린도 교회에게 범죄하였다가 회개한 형제를 위로할 뿐 아니라 사랑을 나타내라고 권합니다. 그가 어떠한 죄인입니까? 매우 중한 죄인입니다. 그러나 아무리 중한 죄를 지었더라도 회개하면 그는 다시 성도들의 용서와 사랑을 받을 수 있습니다.

9절, 너희가 범사에 순종하는지 그 증거를 알고자 하여 내가 이것을 너희에게 썼노라

11절까지가 범죄한 사람에게 해당되는 말입니다. 이것으로 보아 바울이 범죄한 한 형제 때문에 많이 울고 슬퍼하며 애통해했다는 것을 알 수 있습니다. 저는 오늘날 이러한 사역자가 그립습니다. 범죄한 형제는 자신의 아버지의 아내, 계모를 취하는 형편없는 죄를 범했습니다. 바울은 그 형제를 교회 중에서 내쫓으라고 했습니다. 그러나 고린도 후서를 보면 바울이 그러한 강한 말을 할 때 속에 눈물이 가득했다는 것을 알 수 있습니다. 이 부분에서 저는 매우 감동이 됩니다.

'그 증거를 알고자 하여'는 '너희를 시험에 넣겠다(put you to the test)'는 뜻입니다. 사도들의 말씀은 진리요 생명입니다. 주님의 음성이며 뜻입니다. 주님의 음성에 대한 성도들의 반응은 하나의 시험입니다. 순종하는지 하지 않는지에 대한 시험입니다.

때때로 성도들은 사도의 말과 주님의 말씀에 의해 시험되어질 때가 있습니다. 주님의 참된 말씀이 우리에게 다가올 때 우리는 어떻게 해야 합니까? 가령, 죄를 범한 형제에 대해 미움이 가득하고 그 형제의 회개가 충분치 않다는 생각에 아직은 용서할 때가 아니라고 여긴다 합시다. 아버지의 마음이 다르고 형의 마음이 다르고 동생의 마음이 다릅니다. 아버지는 용서하고 싶지만 형제들은 징계를 더해야 한다고 생각합니다. 이것은 가능한 일입니다. 바로 그때 주님의 음성이 들려옵니다. '이제 그들을 용서하고 사랑하라. 그 정도면 됐다. 너무 심하면 안 된다.' 주님이 이렇게 말씀하실 그때 바로 그들 앞에 시험이 놓여집니다.

9절에서 사도 바울은 '너희가 범사에 순종하는지를 알기 위해 너희 앞에 시험으로 놓여졌다. 이것을 알고자 하여 내가 이것을 너희에게 썼다.'고 말했습니다. 이것은 '너희들이 내 말을 잘 순종해주길 바란다'는 의미일 것입니다.

10절, 너희가 무슨 일이든지 뉘게 용서하면 나도 그리하고 내가 만일 용서한 일이 있으면 용서한 그것은 너희를 위하여 그리스도 앞에서 한 것이니

바울은 성도들과 함께 죄 지은 형제를 용서하기를 바랐습니다. '너희가 용서하면 나도 용서하겠다.' 여기에서 바울은 용서하는 일에 있어서 교회 성도들을 먼저 앞세웠습니다. 이것으로 보아 교회는 사도들의 명령을 여과 없이, 고려 없이, 주관 없이 그냥 따르면 되는 존재가 아님을 알 수 있습니다. 사도들의 권면이 있고 성도들이 그 권면을 받아 주님 앞에서 순종하여 용서할 때, 그것은 성도들의 용서, 교회의 용서가 됩니다. 사도들은 교회의 주인이 아닙니다. 여기에서 바울 사도는 교회의 옆으로 잠깐 비켜 앉았습니다. '용서하는 일에 있어서 너희들이 앞장서라. 그러면 내가 따르겠다.' 사도 바울은 한 면으로 교회를 가르치고 교회가 어떻게 해야 한다고 주장하는 것 같지만, 앞장서서 시행하는 것은 성도들이어야 한다고 말하고 있습니다.

바울은 이미 그를 용서했습니다. 그 용서한 것은 그들을 위하여 그리스도 앞에서 한 것입니다. '그리스도 앞에서'는 '그리스도의 임재 안에서(in the presence of Christ)'라는 뜻입니다. 원문에서는 '그리스도의 얼굴 안에서'라는 뜻이 있습니다. 사도 바울은 범죄한 형제가 회개한 것을 알고 용서했습니다. 바울이 용서해야겠다고 생각한 이유는 그리스도의 얼굴 안에서, 그리스도의 얼굴빛을 볼 때 그리스도께서 그 형제를 용서하기 원하신다는 것을 보았기 때문입니다. 바울은 그리스도의 임재 안에서 그리스도의 얼굴빛을 바라보면서 행한 사람임을 알 수 있습니다. 바울은 모든 행동을 주님의 얼굴빛 앞에서 행했습니다. 주님의 눈빛을 주목하면서 주님이 무엇을 원하시는지, 어떤 것을 싫어하시는지 좋아하시는지, 용서하시는지 용서하시지 않는지, 모든 것을 주님의 얼굴빛을 중심으로 하여 행한 것을 볼 수 있습니다.

11절, 이는 우리로 사단에게 속지 않게 하려 함이라 우리가 그 궤계를 알지 못하는 바가 아니로라

형제자매들은 바울 사도의 편지를 받고 범죄한 형제를 벌했습니다. 그러자 그는 근심하기 시작했습니다. 근심하게 한 것은 그를 돌이켜 다시 주님께 돌아오게 하기 위한 것입니다. 그러나 어느 정도 회개하고 돌이켰는데도 합당한 때에 용서하지 않고 그를 붙잡아주지 않으면 다시 또 사탄의 궤계에 넘어가게 됩니다. 그가 낙심할 수도 있고 아예 물러날 수도 있습니다. 자신에 대해 실망하고 포기할 수도 있습니다. 그렇게 하게 하는 것이 사탄입니다. 바울은 사탄의 궤계를 아는 사람입니다. '우리가 그 궤계를 알지 못하는 바가 아니로라'.

저는 책에서 한 주님의 종이 이렇게 기도하는 것을 읽었습니다. "주님, 정말 회개합니다. 우리가 이 자매에게 사탄이 역사할 기회를 주었습니다. 우리는 이 자매를 응당 찾아왔어야 했는데 사전에 충분히 기도하지 못하고 지키지 못했습니다". 그 당시에는 이 글을 읽으면서 잘 이해하지 못했습니다. 그렇게 큰 사역자가 작은 한 자매의 일로 하나님 앞에서 엄숙하게 회개했습니다. 우리는 어떤 사람이 집회에 나오지 않았는지, 실족했는지에 대해 관심도 못하고 다른 일에 바쁩니다. 그러나 그 형제는 그 자매 일로 느낌이 매우 많아 주님께 회개했습니다. 그때는 그럴 수도 있겠다고 생각했지만 점점 시간이 지나면서 이것이 우리의 봉사가 되어야 한다는 생각이 들었습니다. 바울과 같이 큰 사도도 심혈을 기울여 한 형제를 섬기는 것을 볼 때 감동하지 않을 수 없습니다.

우리 믿는이는 이렇게 사도 혹은 하나님으로부터 큰 돌봄과 사랑을 받을 수 있는 자격을 가지고 있습니다. 여러분이 하나님의 자녀인 한 하나님은 여러분을 이렇게 큰 사랑으로 눈동자와 같이 사랑하십니다. 여러분의 머리털까지도 세신 바 되었습니다. 아버지는 여러분의 일거

수일투족을 관심하십니다. 만일 여러분이 죄를 짓는다면 그분은 애통해하십니다. 그러나 하나님의 많은 자녀들이 마치 아버지가 없는 것처럼 행합니다. 언제나 우리는 아버지의 사랑 안에 거하는 자녀처럼 행해야 합니다. 우리가 주님을 섬기는 사람이라면 이렇게 섬세하고 실제적인 봉사를 드려야 만이 참으로 하나님을 잘 섬길 수 있습니다. 이러한 말씀들을 통해서 우리가 성도들을 어떻게 섬겨야 하는지에 대해 깊은 인상을 받을 수 있기를 바랍니다.

내 영이 편치 못하여

12-13절, 내가 그리스도의 복음을 위하여 드로아에 이르매 주 안에서 문이 내게 열렸으되 내가 내 형제 디도를 만나지 못하므로 내 심령이 편치 못하여 저희를 작별하고 마게도냐로 갔노라

사도 바울은 복음을 전하기 위해 드로아에 갔습니다. 디도가 고린도 교회의 소식을 가지고 바울을 만나기로 되어 있었습니다. 바울은 드로아에서 복음을 전할 문이 열렸으나 고린도 교회의 소식이 궁금하여 그의 영이 편치 않았으므로 그곳을 떠났습니다. 그는 이미 큰 책망과 함께 고린도 전서를 보냈습니다. 회개하기를 바라는 마음으로 솔직한 말을 써서 보냈습니다. 그런 다음 디도를 만나지 못하여 아직 고린도 교회의 소식을 듣지 못했습니다. 그들이 어떻게 반응했는지, 회개했는지, 잘 받아들여 유익을 얻었는지, 돌이켰는지를 알 수 없었습니다. 드로아에 이르러 복음을 전할 문이 열렸지만 디도를 만나지 못하므로 그의 영이 편치 못하여 그들을 작별하고 마게도냐로 갔습니다. 그가 마게도냐로 간 이유는 그곳에 가서 먼저 디도를 만나 고린도 교회 성도들의 소식을 듣기 위한 것이었습니다.

바울이 여기에서 이런 말을 쓴 것은 그가 고린도 성도들을 얼마나 사랑하는지를 나타냅니다. 그는 이렇게 말하는 듯합니다. '내가 너희들에 대해 얼마나 마음이 애타는지 너희들은 아느냐? 너희들이 내 서신을 받고 어떠한 마음으로 반응했는지, 내 서신이 어떠한 결과를 가져왔는지에 대해 나는 드로아에 복음 전할 기회를 뒤로 제쳐놓을 만큼 교회를 관심했다. 너희들이 회개하고 돌아서는 것은 내가 복음을 전해 열매를 맺는 것보다 더 중요하다.'

사도는 하나님께로부터 복음을 전하도록 부르심 받은 사람입니다. 복음을 전하는 것이 사도가 해야 할 가장 중요한 임무입니다. 그런데 여기에서는 그것을 뒤로 할 정도로 사도에게는 교회를 위한 안타깝고 애타는 마음이 있었음을 보여주고 있습니다. 바울은 고린도 교회 성도들이 그것을 알기 원했습니다. '내가 내 형제 디도를 만나지 못하므로 내 심령이 편치 못하여 저희를 작별하고 마게도냐로 갔노라.' 많은 사람들이 영의 편치 않은 것을 사소한 일에 적용시킵니다. 그러나 사도 바울의 영의 편치 않음은 교회와 하나님의 역사에 관련된 것입니다.

그리스도의 포로들, 그리스도의 향기

14절, 항상 우리를 그리스도 안에서 이기게 하시고 우리로 말미암아 각처에서 그리스도를 아는 냄새를 나타내시는 하나님께 감사하노라

'항상 우리를 그리스도 안에서 이기게 하시고'의 말씀은 '항상 우리를 그리스도 안에 있는 승리로 이끄시고'라는 뜻입니다. 여기에서 그리스도는 승리의 대장, 개선장군이십니다. 사도들은 그리스도의 개선 행렬을 따르는 포로들로 묘사되어 있습니다. 항상 그들은 그리스도의 승리 안에 이끌림을 받았습니다. 승리자는 그리스도이십니다. 그리스도는 지금 그분의 승리의 개선 행진을 하고 계십니다. 개선장군은 그리스도이시요 사도들의 일행은 개선 행렬을 따라가는 사람들입니다. 따라가는 사람들은 그리스도의 포로들입니다. 그리스도께서 사도들을 사로잡았습니다. 그리스도께서 가는 곳마다 이기심으로 포로들이 생겨난 것입니다.

사도 바울도 어느 날 다메섹 도상에서 승리자이신 그리스도께 굴복된 사람입니다. 그 후로 바울은 참 승리자이신 개선 장군 그리스도를 따르는 하나의 포로가 되었습니다. 바울은 마게도냐를 가면서 자신을 포로라고 말했습니다. 그는 아마도 그의 모든 움직임이 승리자이신 그리스도를 따르는 것이라는 느낌이 강했던 것 같습니다.

그리스도께서 가장 중요시하시는 것은 그분의 교회요 성도들입니다. 바울은 교회의 상황에 묶였습니다. 교회의 상태로 인해 그는 가장 중요한 일인 복음을 전하는 것조차 할 수 없었습니다. 그는 주님의 얼굴빛을 보았습니다. 그가 주님의 얼굴빛을 보았을 때 주님이 교회를 사랑하신다는 것을 알았습니다. 심지어 범죄한 형제라 하더라도 주님이 얼마나 사랑하시는지 알았습니다. 그는 고린도 교회에 편지하고서 그 소식을 알지 못할 때 매우 두려워하며 영 안에 안식을 갖지 못했습니다. 디도로부터 그 소식을 듣기 전까지는 어떠한 일도 할 수 없는 상태에 있었던 것입니다. 그가 마게도냐로 향할 때 교회를 위한 마음으로 가득했습니다. 성도들에 대한 사랑과 관심으로 가득했을 것입니다.

바로 이 장면에서 사도 바울은 하나님이 자신들을 포로 행렬 가운데 두시고 이끌고 계심을 인해 하나님께 감사했습니다. 사도들은 그리스도의 개선 행렬을 따르는 포로들입니다. 개선 행렬을 따르는 포로가 무엇인지 모른다면 사도가 무엇인지도 모를 것입니다. 오늘 우리가 주님께 완전히 사로잡힌 사람들이 아니라면 우리는 사역자들이 아닙니다.

주님이 이끄시는 사역자들을 통해서 그분은 그분의 냄새를 각처에서 나타내십니다. 사역이란 사역자가 가는 곳마다 나타내어지는 냄새입니다. 냄새가 없는 사람은 사역이 없는 사람입니다. 자신에게 냄새가 있는가의 여부는 자신이 가는 곳마다 냄새를 맡은 사람들의 반응이 있는

가로 알 수 있습니다.

여기에 향기 나는 꽃이 있다 합시다. 이에 대해 우리는 '이 꽃은 너무 향기롭고 아름답다' 고 반응합니다. 그 향기에 매혹됩니다. 그러나 우리가 어느 곳에 갔어도 그 향기에 매혹되는 사람이 아무도 없다면 우리는 아무 사역이 없는 것입니다. 그러므로 우리가 주님께 이끌려지는 포로가 아니라면 향기가 없습니다. 그러나 우리가 포로라면 향기가 있고 그 향기의 강도는 우리의 사역의 강도를 결정짓는 요소입니다. 어떤 사람의 인격의 감화는 그 사람 자신을 남들에게 전달하여 그의 인격의 고상함으로 인상을 주지만 성령의 감동과 감화는 접촉하는 사람들에게 그리스도를 알게 하여줍니다. 우리는 이런 냄새를 풍기는 자가 되기를 바랍니다. 오늘 어떤 사람들은 자기가 사역할 때 깨끗하게 했고 교회로부터 돈을 받지 아니하였으며 약속한대로 퇴직한 것 등을 자랑하는데 이런 일을 들을 때, 과연 누구의 냄새를 풍기는가가 의심될 때가 있습니다. 물론 주 안에서 깨끗한 사역을 하는 것도 좋고 돈을 받지 않은 것도 좋으며 일찍 은퇴하는 것 등 모두 인간적으로 신사적인 것임에 틀림없습니다. 그런데 많은 경우 우리는 그런 식의 간증에서 사람의 인격의 고매함을 냄새 맡을 뿐 그리스도의 냄새를 맡기가 어렵습니다.

이 구절의 마지막에서 바울은 항상 그리스도 안에서 이기게 하시고 그리스도의 냄새를 나타내게 하신 하나님께 감사하게 한다고 말했습니다. 그는 아직 마게도냐에 가서 디도로부터 좋은 소식을 듣지 못한 상황이었지만 그는 이러한 발걸음 자체가 승리의 발걸음이라고 생각하였고 감사함으로 가득하였습니다. 그는 반드시 주님이 그의 전투를 승리로 이끄실 것을 믿음으로 확신한 것입니다. 그는 승리를 확인하고 '항상 이기게 하시고' 라고 한 것이 아니며, 적극적인 소식을 받고 '감사한 것' 이 아닙니다. 그는 당시 느낌으로는 매우 어렵고 힘든 발걸음이었겠지만 다만 믿음으로 그렇게 승리의 멜로디와 감사의 찬양을 말할 수 있었던 것입니다. 이와같이 믿음이란 보이지 않아도 증거하는 것이 있고 확증하는 것이 있습니다(히 11:1).

15절, 우리는 구원 얻는 자들에게나 망하는 자들에게나 하나님 앞에서 그리스도의 향기니

바울은 자신들을 그리스도의 개선 행렬을 따르면서 향을 운반하는 자들로 여겼습니다. 여기에서 우리는 사역에 대한 그림을 볼 수 있습니다. 사역이란 그리스도께 포로가 된 한 무리의 사람들이 그리스도의 향기를 날리면서 다니는 것입니다. 사람들은 그들이 지나갈 때 냄새를 맡습니다. 냄새를 맡고 사는 것입니다.

16절, 이 사람에게는 사망으로 좇아 사망에 이르는 냄새요 저 사람에게는 생명으로 좇아 생명에 이르는 냄새라 누가 이것을 감당하리요

사람들이 사도들의 사역이 임할 때 받지 않으면 사망에 이릅니다. 어떤 사람들은 사도들의 사역을 받고 영접할 때 생명에 이릅니다. 우리가 진정한 하나님의 사역자들이라면 우리는 그리스도의 포로들입니다. 그리스도의 포로들로서 그리스도의 향기를 운반하는 사람들입니다. 가는 곳마다 그리스도의 향기를 나타내고 향기를 공급합니다. 사람들은 그 향기를 맡습니다. 그 향기는 그리스도의 복음을 영접하는 자들에게는 생명에 이르게 하는 냄새가 됩니다. 그러나 어떤 사람들에게는 사망에 이르는 냄새가 됩니다.

그러기에 사도들의 진리의 전파는 매우 엄중한 것입니다. 삶과 죽음을 판가름하는 것입니다. 복음에 나타난 하나님의 사랑은 너무 크기 때문에 사람이 그것에 대하여 잘못 접촉하면 위태롭게 됩니다(박윤선). 그것을 믿으면 구원을 받고 거절하면 그 큰 사랑을 거절한 대가로 죽음에 이르는 것입니다. 그러므로 바울은 '누가 이것을 감당하리요' 라고 말합니다. 이것은 너무 엄청난 일이라는 뜻입니다. 사람들의 생명과 사망을 결정짓는 것이 진정한 사역입니다. 그러므로 사도들의 사역은 다만 사람들의 기분을 좋게 해주고 감정을 어루만져주는 것이 아닙니다. 진정한 사도들의 사역은 생명과 사망을 결정합니다. 그 사역을 받으면 생명이요 받지 않으면 사망입니다. 이 엄청난 일을 누가 감당할 수 있단 말인가? 사람으로서는 감당할 수 없다는 의미입니다.

17절, 우리는 수다한 사람과 같이 하나님의 말씀을 혼잡케 하지 아니하고 곧 순전함으로 하나님께 받은 것같이 하나님 앞에서와 그리스도 안에서 말하노라

바울은 말씀을 혼잡케 하지 않았다고 말합니다. '혼잡케 하다'의 원뜻은 행상하는 사람이 이익을 많이 남기기 위해 좋은 물건 나쁜 물건을 뒤섞어 파는 것을 의미합니다(making merchandize of the word of God-ASV 각주). 바울은 하나님이 주신 것을 받아 사역했습니다. 바울은 수다한 사람과 같이 하나님의 말씀을 혼잡케 하지 아니하고 곧 순전함으로 하나님께 받은 것같이 하나님 앞에서와 그리스도 안에서 말했습니다. 이것이 그리스도를 향기로 운반하는 사람들의 사역의 특징입니다. 그의 말과 전파가 오직 그리스도요 오직 하나님 앞에서 받은 것입니다. 하나님 앞에서 받은 것을 그대로 단순하게 증거하는 것입니다.

'하나님 앞에서 받은 것 같이'란 하나님으로부터 받지 않은 것을 섞지 않는다는 것을 가리킵니다. 다른 것을 하나님 말씀에 섞는 것은 하나님의 말씀의 권위를 떨어뜨리는 행위입니다. 소위 어떤 철학자나 문학자의 말을 하나님의 말씀에 더하여 전하는 것은 매우 위험한 일입니다. 하나님의 말씀은 창조자 하나님의 말씀인데 함부로 피조물인 사람의 말과 섞어서는 안 됩니다. 어떤 말을 설명하기 위해 어떤 지혜로운 사람의 말을 잠시 빌어 보조하여 사용하는 것은 있을 수 있는 일이로되 사람의 말을 하나님의 말씀에다 같은 지위를 주어 섞는 것은 하나님의 말씀의 권위를 모독하는 행위인 것입니다.

둘째는 '하나님 앞에서' 전해야 합니다. 이는 하나님의 말씀의 대변자로서 하나님의 감시를 받으며 전해야 합니다. 말씀을 전할 때 우리는 두 개의 눈을 가지고 전합니다. 한 눈으로는 청중을 보고 한 눈으로는 주님을 봅니다. 주님 앞에 감시를 받으며 주님의 시험을 받으며 전하는 것입니다. 이것이 하나님 앞에서 전한다는 뜻입니다.

셋째는 '그리스도 안에서' 말해야 합니다. 이는 그리스도와 연합한 자로서 성령과 함께 전해야 함을 의미합니다. 이렇게 전하는 말은 능력과 감화력이 있으며 향기가 됩니다(박윤선). '순전함으로' 전해야 한다는 말은 혼잡하다는 것과 대조되는 말로서 태양빛에 비쳐 맑고도 순전한 상태를 말하는 것입니다(이상근). 우리는 하나님의 말씀을 전하는 데 있어서 태양빛보다 더 밝은 하나님 앞에 전할 말씀들을 점검하고 기도와 성령 안에서 점검의 과정을 통과해야 합니다.

오늘날 우리는 이러한 사역을 하기 원합니다. 하나님께 받은 그대로 사람들에게 사역하기 바랍니다. 하나님 앞에서, 하나님이 보시는 것처럼, 하나님의 임재 안에서, 그리스도와 연합하여 그렇게 사역해야 합니다. 물건을 많이 팔기 위해 하나님의 말씀을 혼잡케 해서는 안 됩니다. 어떤 사람은 하나님을 관심하지 않고 일을 잘 할 것만 생각합니다. 그리스도와 연합하여 하지 않는 사람도 있습니다. 그러나 바울의 사역은 하나님 앞에서, 그리스도 안에서 한 것입니다. 그는 하나님께 받은 대로 사역했습니다. 이것이 2장의 간략한 내용입니다. 이러한 새 언약의 사역을 인하여 하나님께 감사합니다.

고린도후서 3장

2corinthians

2장에 추가하는 말씀

고린도 후서 3장에 들어가기 전에 2장의 그리스도의 향기에 대해서 몇 마디 추가하겠습니다. 사도들의 사역은 향기를 운반하는 것입니다. 즉, 그리스도를 아는 냄새를 사람들에게 전달하는 것입니다. 사도들은 그리스도께 사로잡힌 포로들입니다.

그들은 주님을 위해서 환난을 받고 또 그로부터 위로를 받았습니다. 사도들이 받은 모든 고난과 위로는 성도들을 위한 것이었습니다. 그들은 성도들이 고난을 견디고 위로를 통해서 구원받을 수 있도록 고난의 길을 걸어갔습니다. 십자가가 없이는 향기가 산출될 수 없습니다. 그러므로 바울은 고린도 후서 1장에서 그가 받은 고난과 아시아에서 당한 심한 환난을 말합니다. 아시아에서 바울은 살 소망까지 끊어질 정도로 심한 고생을 하면서 진정 체험적으로 자기를 의뢰하지 않고 죽은 자를 살리시는 하나님만 의뢰하는 것이 무엇인지를 배웠습니다. 그러므로 그는 어떻게 실제적으로 환경의 많은 십자가를 체험함으로 향기를 발

할 수 있는 사람이 될 수 있었는가를 말하고 있습니다.

또한 그는 1장 후반부에서 모든 것을 육체를 따라 행하지 않고 기름을 부으신 하나님과 마음에 인치신 성령의 인도를 따라 했다고 말했습니다. 고린도에 가든 가지 않든 모든 것을 자신의 선택대로 하지 않고 단순하게 주님께 순종함으로 행했다는 것을 알려주고 있습니다. 그 모든 것은 다 성도들을 사랑하고 아낌으로 인한 것입니다. 하나님이 교회를 소중히 여기시고 사랑하사 교회를 깨끗케 하심으로 자신의 신부가 되게 하시기를 원하시기 때문에 그렇게 한 것입니다. 그러므로 사도 바울은 2장에서도 그의 모든 관심이 교회와 성도들에게 있었다는 것을 보여줍니다. 죄와 분열 등 많은 문제가 있었던 고린도 교회에게 편지를 쓸 때 그는 매우 슬프고 애통한 마음으로 편지를 썼습니다.

그는 범죄한 형제를 다루는 과정에서 성령의 통제 아래서 자상하고 다정하면서도 또한 엄격하게 다루었습니다. 인간의 육체와 천연적인 생명이 배제된 행동이었습니다. 우리는 사도의 모든 행동이 성령의 통제 아래서 이루어졌다는 것을 말씀을 통해 볼 수 있습니다. 그는 사람을 용서하는 일에 있어서도 자기의 스쳐가는 생각이나 임기응변적인 사고방식이나 인간적인 관용의 천성에 의해서 용서한 것이 아니라, 주님의 얼굴빛과 그 눈의 지시에 따라 사람을 용서했습니다. 심지어 복음의 문이 열렸을지라도 다만 복음을 전하는 일에 빠지지 않고 여전히 하나님의 성령의 인도를 주의하고 하나님이 깊이 관심하시는 것을 관심했습니다. 그는 범사를 이런 방식으로 움직였습니다. 드로아에서 복음의 문이 열렸을 때 주님이 그에게 주신 느낌은 복음을 전하는 것보다 먼저 고린도 교회의 상황을 관심하는 것이었습니다. 복음의 문이 열렸을지라도 그는 주님께서 더욱더 교회의 상태를 관심하신다는 것을 알았을 것입니다. 그러므로 그는 그들을 작별하고 마게도냐로 향했습니다.

고린도 후서 1장과 2장을 읽을 때, 우리는 진정으로 그리스도께 사로잡혀 그분과 하나 되므로, 고난을 당하든 핍박을 당하든 어떤 상황에서든 주님을 위해서 그분을 따르는 한 사람을 발견합니다. 그는 자신의 자유를 포기한 사람입니다. 그는 자신의 기질과 자신의 원함을 따라 일하는 것도 거절한 사람입니다. 오직 주님의 관심이 그의 관심이었습니다. 그는 많은 환난을 통해서 자신을 신뢰하지 않는 것을 체험했습니다. 깊이 십자가를 체험했습니다. 그러한 사도는 결과적으로 사람들에게 향기로 나타났습니다. 그는 가는 곳마다 그리스도의 향기가 퍼지게 했습니다. 그는 그리스도의 향기로 조성된 사람이 되었습니다. 그리스도의 향기가 결국 사역입니다. 오늘 우리가 그리스도의 향기가 되려면 계속적으로 사도 바울과 같은 길을 걸어가야 합니다. 우리 자신을 거절하는 것을 배우고 자신의 천연적인 생명 안에 살지 말아야 합니다. 그럴 때 우리는 그리스도의 향기가 될 수 있습니다. 만일 우리가 바울과 같은 삶을 살고 그와 같이 사역한다면 우리는 이 시대에 그리스도의 향기가 될 수 있습니다. 결과적으로 많은 사람들에게 생명을 줄 수 있습니다. 이렇게 2장을 요약하고 3장을 시작하겠습니다.

너희가 우리의 편지라

1절, 우리가 다시 자천하기를 시작하겠느냐 우리가 어찌 어떤 사람처럼 천거서를 너희에게 부치거나 혹 너희에게 맡거나 할 필요가 있느냐

초대 교회 당시에 믿는이들 사이에는 서로 천거하는 실행이 있었던 것 같습니다. 특히 당시 거짓 교사들이 예루살렘으로부터 소개장을 가지고 고린도 교회에 방문한 것으로 여겨집니다. 바울은 자신의 사역을 스스로 변호하지 않으면 안 될 상황에서 그들에게 천거서를 들어서 말하고 있습니다. 그것은 당시 소위 예루살렘의 천거서를 들고 가장 권위적인 위치에 있는 것 같이 우위에 서서 사역하려는 거짓교사들의 어떠함을 드러내는 말입니다. 바울은 종이 위에 적혀져 있는 천거서가 권위 있는 것이라면 자기의 생명의 사역으로 나타난 그 열매야 말로 더 큰 천거서가 아니냐고 반문하고 있습니다. 오늘날도 어떤 형제가 다른 지방이나 다른 나라에 갈 때 그가 진정한 믿는이라는 것을 천거하는 실행이 있습니다. 저도 다른 나라에 있는 성도들이 우리 가운데 올 때 천거서를 받아본 적이 있습니다. 그 천거서에는 우리에게 오는 성도가 어떤 형제자매이며 어떻게 교회 생활을 했는지, 어떻게 교회를 섬긴 사람인지, 그의 갈망은 무엇이며 그의 은사는 어떤 것인지 등 많은 것들이 기록되어 있습니다. 그것을 읽음으로 우리는 낯선 성도라 하더라도 그가 어떠한 사람인지를 알 수 있게 됩니다. 그러나 사도 바울은 이 부분에 있어서 천거할 필요가 있느냐고 했습니다. 고린도에 형제들을 보내고 고린도의 형제들이 어느 곳에 갈 때 천거서를 써 줄 필요가 있겠느냐고 했습니다.

2절, 너희가 우리의 편지라 우리 마음에 썼고 뭇사람이 알고 읽는 바라

그는 '너희가 우리의 편지라' 고 했습니다. 글로 쓴 편지가 아닌 형제자매 자체가 편지라는 뜻입니다. 이 구절로 볼 때 사도들이 사역한 것은 편지를 쓴 것임을 알 수 있습니다. 사도들은 사역을 통해 성도들 속에 편지를 기록한 것입니다. 그러므로 성도들은 말씀의 사역자들이 쓴 편지입니다. 즉, 어떤 형제를 어느 곳에 보낼 때 문서로 된 편지를 통해 그를 아는 것이 아니라 그 형제 자신을 통해 그를 알게 된다는 것입니다. 오늘날 우리의 동역자들이 많은 나라에서 수고하고 있습니다. 저에게도 어느 정도의 확신이 있는 것은 그들이 어느 나라 어느 교회에 가서 수고하더라도 사람들은 그들에게서 무언가를 읽을 수 있으리라는 것입니다.

그리고서 바울은 '우리 마음에 썼고' 라고 했습니다. 문맥상 이 말은 맞지 않은 말입니다. 저는 고린도 후서 3장을 읽으면서 바울이 문법과 문장 구조를 주의하지 않았다는 것을 느낄 수 있었습니다. '너희가 우리의 편지라' 는 말 다음에는 '너희 마음에 썼고' 라고 해야 합니다. 그러나 바울은 '너희가 우리의 편지라' 는 말 다음에 '우리 마음에 썼고' 라고 했습니다. 사도들이 편지를 쓸 때에 성도들에게 기록될 것입니다. 성도들에게 기록됨과 동시에 사도들 마음에도 기록됩니다. 다시 말하면, 편지를 한 번 쓸 때 사도들 마음과 성도들에게 동시에 기록된다는 것입니다. 사도들이 사역을 할 때 그 결과로 한 편지가 기록되는데 그 편지는 사도들의 마음에도 있습니다. 사도들에게는 씌어 지지 아니하고 성도들에게만 씌어 지는 것은 없습니다. 사도들의 사역은 그들 마음 속에도 기록되고 성도들에게도 기록되었습니다. 그러므로 사도들은 자신들이 쓴 편지를 이미 그들 속에 다 가지고 있으며, 그들이 어떠한 편지를 썼는지 다 알고 있습니다. 사도들이 사역할 때 성도들 마음속에 편지를 새길 뿐 사도들 속에는 아무 것도 없는 것이 아닙니다. 그러므로 이 말은 문장 구조로 볼 때에는 틀린 것 같아 보이지만 사실은 맞는 말입니다.

성도들에게 사역할 때 사도들은 그들 마음에 새겨지는 것이 없이 외적인 행위로 가르치고 끝내지 않았습니다. 한 사람을 태어나게 하고 양육할 때 사도들의 마음속에도 성도들을 자라게 한 흔적이 남게 됩니다. 저는 한 사람을 길러내는 것이 그리 쉽지 않음을 말하고 싶습니다. 신약의 사역은 사역자들 속에도 새겨지는 것이 있습니다. 동시에 이것은 성도들 속에도 기록됩니다. 이러한 사역이 신약의 사역이요 가치가 있는 것입니다. 그러므로 힘 안 들이고 좋은 열매가 맺히리라고 기대할 수 있는 사역자는 없습니다. 심지어 성도들과 함께 울고 마음 아파하고 괴로움도 함께 겪으면서 그들을 자라게 하고 공급합니다. 그럴 때 사도들은 성도들이 어떻게 자랐으며 어떻게 그 속에 어떤 갈망이 심겨지게 되었는지 알게 됩니다. 그 과정을 사도들도 같이 겪습니다.

고린도 후서 2장은 3장 이전에 있습니다. 저는 2장의 사도 바울의 편지 내용도 새 언약의 사역이라고 믿습니다. 사도 바울은 거기에서 범죄한 형제와 범죄한 형제 주위에 있는 교만한 형제들에게 사역하고 있습니다. 그 편지를 쓰는 사도 바울의 심정은 너무 애통하고 괴로움이 컸습니다. 이러한 환난의 상황 중에서 사도 바울의 편지 쓰기는 진행되었습니다. 사도 바울이 쓴 내용은 그 편지를 받은 형제들 속에 깊이 새겨졌습니다. 그 편지를 쓰는 바울은 괴로운 심정으로 가득했습니다. 고린도 교회의 성도들은 주님의 긍휼로 회개했습니다. 그들은 근심하고 돌이켜 회개했습니다. 그들도 눈물을 흘렸을 것입니다. 바울도 눈물을 흘렸습니다. 사역은 이렇게 진행되었습니다. 그러므로 한 번에 두 통의 편지가 쓰여 지게 된 것입니다.

그들이 사도 바울의 깊이 새기는 사역을 통해서 새겨진 편지이므로 그에게는 어떠한 확신이 있었던 것입니다. 바울은 그들 속에 무엇이 새겨졌는가를 알았습니다. 이러한 설명을 통해서 이제 여러분들은 바울이 "우리 마음에 썼고"라고 말한 이유를 알았을 것입니다. "뭇사람이 알고 읽는 바라 너희는 우리의 편지라". 바울에게는 이런 확신이 있었습니다. '너희는 우리의 편지이다. 사람들은 너희를 보고 무언가를 읽게 된다. 너희를 읽을 때 사람들은 틀림없이 우리가 쓴 편지 그리스도를 읽을 것이다.' 바울은 그 편지를 쓴 것에 대하여 매우 확신이 있었기 때문에 사람들이 그들을 통하여 읽으리라는 것에 대하여 조금도 의심하지 않았습니다.

새 언약의 사역

3절, 너희는 우리로 말미암아 나타난 그리스도의 편지니 이는 먹으로 쓴 것이 아니요 오직 살아 계신 하나님의 영으로 한 것이며 또 돌비에 쓴 것이 아니요 오직 육의 심비에 한 것이라

편지를 읽을 때 사람들이 인상을 받는 것은 그리스도입니다. 왜냐하면 그 편지의 내용이 그리스도이기 때문입니다. 사람들은 그 편지를 읽으면서 그리스도에 대한 감상으로 가득 채워질 것입니다. '이렇게 그리스도로 조성되고 충만한 사람들이 있을까? 그리스도는 정말 매력적이고 아름다운 분이로구나.' 아름다운 편지를 읽으면 우리는 마음이 감동되고 깊은 인상을 받습니다. 오늘날 우리는 어떤 형제들을 볼 때 그들에게 새겨져 있는 아름답고 귀하신 그리스도를 읽게 됩니다. 그들은 그리스도로 사역된 사람이요 그리스도가 그 속에 심겨진 사람이기 때문입니다.

3절은 편지를 쓸 때 무엇으로 썼으며 어디에 썼는가를 말해줍니다. 바울은 편지를 쓸 때 살아 계신 하나님의 영으로 썼습니다. 또한 바깥의 돌비에 쓰지 않고 육의 심비에 썼습니다. 여기에서 썼다는 것은 다만 쓴(write) 것이 아니라 새긴(inscribe) 것을 의미합니다. 사람의 마음속에는 하나님의 영으로 편지를 쓸 수 있는 백지가 들어 있습니다. 그러기에 여러분 모두는 참 귀한 존재들입니다. 여러분들은 다 그리스도의 편지를 새길 수 있는 대상들입니다. 속에 다 육의 심비를 가지고 있습니다. 그러나 어떤 사람들에게는 어떤 것도 기록되지 않고 기록되더라도 몇 글자나 몇 문장만이 기록되어 있을 수도 있습니다. 아무튼 사람은 다 귀한 존재입니다. 사람 속에는 하나님의 영으로 무언가를 기록할 수 있는 판이 들어 있습니다. 그러한 판이 없는 사람이 하나도 없습니다. 그러므로 우리는 주님께 이렇게 구해야 합니다. "주여, 내 마음속에 당신의 귀하고 아름다운 글씨들을 새겨주옵소서". 우리가 오늘이 땅에 존재하는 목적은 무엇입니까? 우리는 그분이 우리 속에 그분의 편지를 더 많이 새기시도록 이 땅에 존재합니다.

4-5절, 우리가 그리스도로 말미암아 하나님을 향하여 이같은 확신이 있으니 우리가 무슨 일이든지 우리에게서 난 것 같이 생각하여 스스로 만족

할 것이 아니니 우리의 만족은 오직 하나님께로서 났느니라

'그리스도로 말미암아 하나님을 향하여' 는 바울이 가진 확신의 경로를 말해줍니다(이상근). 그의 확신이란 스스로 가진 것이 아니라 부단히 그리스도의 은혜를 통하여 왔고 따라서 하나님을 향하여 갖게 된 것입니다. 이는 바울이 얼마나 모든 일에 있어서 하나님 앞에서 행하였는가를 보여줍니다.

'우리의 만족은 오직 하나님께로서 났느니라' . 여기의 '만족 sufficiency or competency' 이라는 말은 '충분하다' , '능하다' 라는 말과 같습니다. 흠정역은 '능력' 으로 번역했습니다. 사도들은 무슨 일이든지 자신 안에 능함이 있다고 여기지 않았습니다. 자신이 무언가를 할 수 있다고 여기지 않았습니다. 그들의 만족, 능함은 오직 하나님께 있다고 말합니다. 그들의 할 수 있음은 하나님께로서 났다고 했습니다. 그들은 무슨 일이든지 스스로에게서 났다고 생각지 않았습니다. 그것이 사도들이 가지고 있던 확신이었습니다. 그들이 그리스도로 말미암아 하나님을 향하여 가지고 있었던 확신은 자신들은 할 수 없다는 것이었습니다.

2장 16절에서 사도는 새 언약의 사역, 사람을 살리고 생명을 주는 사역을 누가 감당할 수 있느냐고 했습니다. 3장에서 그는 자신들은 능하지 않고 이것을 충분히 능하게 해줄 수 있는 분은 오직 하나님이시라고 말합니다. '우리의 능함은 오직 하나님께로서 났느니라' . 사도 바울은 성도들의 마음속에 새 언약의 사역, 즉 그리스도의 편지를 새기는 일을 했습니다. 사도 바울 자신은 그것을 사도들이 할 수 있는 일로 여기지 않았습니다. 그는 그러한 능함이 하나님께로서 난 것이라고 확신했습니다. 그리고 그는 그러한 확신을 자신 안에서 한 것이 아니라 그리스도로 말미암아 하나님을 향하여 한 것입니다.

오늘날 우리는 사도 바울을 따라 새 언약의 사역, 즉 사람들의 육의 심비에 편지를 쓰는 사역을 해야 합니다. 먹으로 돌비에 쓰는 외면적인 사역을 하는 것은 하나님이 기뻐하시는 바가 아니며 하나님의 신약 경륜을 이루는 사역이 아닙니다. 하나님의 신약의 역사는 사람들 속에 편지를 쓰는 것이며 속을 변화시키는 것입니다. 우리가 사역하는 성도들 자체가 그리스도의 편지가 되게 하는 것이 바울이 수행했던 신약의 사역입니다.

주 예수님이 바로 이러한 사역을 하셨습니다. 주님은 이 땅에 계실 때 제자들과 삼 년 반 동안 함께하셨습니다. 그분은 다른 교사들과 달랐습니다. 그분의 가르침은 공허한 가르침이 아니었습니다. 그분의 가르침에는 권세와 능력과 역사가 있었습니다. 제가 믿기로 그분이 한 번 사역하신 것은 제자들 속에서 사라지지 않고 반드시 그 속에 씌어졌습니다. 그분의 사역은 사람을 변화시키는 사역이었습니다. 그 속에 어떤 것을 새겨서 영원히 지울 수 없게 만드는 사역이었던 것입니다.

주 예수님이 하신 사역은 매우 특이했습니다. 제자들이 서로 누가 큰가를 따질 때 주님은 그들 가운데 어린아이를 세우고 "누구든지 어린아이같이 자신을 낮추어야 한다."고 말씀하셨습니다. 그분은 이와같이 아주 깊은 인상을 주는 방식으로 사역하셨습니다.

우리는 여기에 대한 많은 사례를 볼 수 있습니다. 한 번은 베드로가 가이사랴 빌립보에서 주님께 좋은 답변을 하고 난 후에 실수를 했습니다. "주여, 그리 마옵소서." 그 순간에 주님은 사역하셨습니다. "사탄아, 내 뒤로 물러가라." 여기에서 주님은 자신을 부인하는 것과 십자가를 지고 그분을 따를 것을 가르치셨습니다. 이렇게 가르치신 후 변화산에서 그분의 영광스런 모습을 베드로에게 보이셨습니다. 주님 자신을 한 번 보여주심은 영원히 베드로 속에서 지워지지 않았을 것입니다.

그리고서 산에서 내려왔을 때 베드로는 반 세겔(성전 세) 받는 자들에게 시험을 당했습니다. 여기에서 베드로는 즉시 주님이 내신다고 실언했습니다. 집에 돌아온 베드로에게 주님은 몇 마디 설명을 하신 다음 고기를 잡으러 보내어 은전을 구하게 하셨습니다. 짧지 않은 시간 동안

낚시를 하면서 베드로는 주님의 가르치심과 자신의 행동에 대해 많은 느낌을 갖게 되었을 것입니다. 주님의 말씀은 얼마나 기묘하며 옳은 것인지, 반면에 자신은 얼마나 형편없고 실패가 많은 자인지를 보았을 것입니다. 그렇게 사역을 받을 때 그러한 사역은 사람 속에서 결코 지워지거나 잊혀지지 않습니다.

이런 사역의 예는 많습니다. 주님이 붙잡히시기 전에 자신은 결코 주님을 떠나지 않고 목숨까지 버리겠다고 장담하던 베드로는 결국 주님의 말씀대로 주님을 세 번 부인했습니다. 그런 다음에 주님이 그를 바라보셨습니다. 그때 베드로는 자신이 참으로 신뢰할 수 없는 사람이라는 것을 깨달았을 것입니다. 그 후 디베랴 바닷가에 고기를 잡으러 간 베드로 앞에 부활하신 주님이 나타나셨습니다. 생선을 구워서 제자들에게 주시면서 주님은 베드로에게, "네가 이것들보다 나를 더 사랑하느냐"하고 세 번 물으셨습니다. 주님이 이렇게 사역하시는 방법은 새 언약의 사역의 대표입니다. 영원히 지워지지 않는 방식입니다. 베드로는 그러한 일을 영원히 잊을 수 없었을 것입니다. 주님의 한 마디 한 마디가 그대로 속에 살아 있었을 것입니다.

주님은 제자들에게 객관적인 선생님과 같이 무언가를 가르치고, 가르친 다음에 시간이 지나면 잊어버리는 식으로 사역하시지 않았습니다. 그분은 제자들 마음속에 있는 심비에 글자를 새기고 계셨습니다. 주님이 그렇게 사역하시지 않았다면 마태와 같은 세리, 베드로나 요한 같은 어부가 복음서를 그렇게 깊이 있는 방식으로 자세히 기록하지 못했을 것입니다. 주님이 하신 모든 것이 그들의 마음속에 남아 있었습니다.

사도 바울도 같은 원칙으로 사역했습니다. 바울은 결코 객관적인 지식을 가르치는 교사가 아니었습니다. 그는 교회의 어려움에 같이 동참했습니다. 그 상황에서 고린도 성도들과 같이 호흡하고 같이 눈물을 흘리면서 그들에게 공급하는 방식으로 필요한 것을 사역했습니다. 사도 바울의 사역을 받아들였던 교회는 영원히 지울 수 없는 사역을 받은 것입니다. 범죄한 한 형제가 바울의 편지를 읽은 후 몇 년이 지나 잊어버렸을 것이라고 생각하십니까? 그것은 성경지식을 기억하는 문제가 아닙니다. 바울이 사역한 내용이 그 사람의 존재를 변화시켰습니다.

새 언약의 사역은 사람들을 새롭게 인격적으로 조성하는 사역입니다. 이것이 새 언약의 사역입니다. 새 언약의 사역은 사람의 내적 조성을 바꾸는 사역입니다. 원래 어떤 사람 속에 그러한 요소가 없는데 사역을 통해 하나님의 영으로 사람 속에 뭔가를 씁니다. 먹으로 쓰지 않고 하나님의 영으로 쓸 때 영의 내용과 성분이 그 사람 속에 침투합니다. 이것이 새 언약의 사역입니다.

이를 위해서 사도들은 먼저 하나님의 영으로 충만 되어야 합니다. 하나님의 영이 충만한 사람이어야 합니다. 반면에 어린 성도들은 아직 하나님의 영으로 충만하지 않을 것입니다. 그들 속에는 다른 많은 것들과 천연적인 생명, 육체 등이 존재하고 있습니다. 많은 다룸을 받아 깨뜨려져 하나님의 영으로 충만된 사도들이 있고 여전히 변화를 받아야 할 성도들이 있다고 합시다. 어떤 상황에 부딪혔을 때 성도들은 자신들에게 없는 것이 사도들에게 있음을 느끼게 됩니다. 어떤 상황에 부딪혔을 때 사도들의 반응은 바로 그리스도입니다. 그들에게서 그리스도의 사랑과 거룩과 빛이 나옵니다. 어떻게 죄를 범한 한 형제를 향해 그렇게 많은 눈물이 쏟아질 수 있겠습니까? 어떻게 사도들의 심정에 그러한 고통이 있을 수 있겠습니까? 그것이 바로 그리스도로 말미암은 것입니다. 이런 심정과 함께 사도들에게서 나간 사역이 사람들에게서 불러일으키는 반응은 '내 자신은 왜 이리 죄로 물들었나? 나는 왜 이런 사람인가?' 입니다. 참된 믿는이라면 그때 주님 앞에 엎드러지며 주님의 신성한 성분(잉크-3절, 흠정역)을 받아들이게 됩니다. 전에 자신에게 없었던 하나님의 요소(잉크)가 그에게 공급됩니다. 이러한 방식으로 신약의 사역은 수행되어집니다.

바울은 그러한 것이 자신에게서 난 것이 아니며 하나님께로서 난 것이라고 했습니다. 바울은 하나님만이 그러한 일을 하실 수 있다고 말합니다.

의문의 직분과 영의 직분

6절, 저가 또 우리로 새 언약의 일꾼 되기에 만족케 하셨으니 의문으로 하지 아니하고 오직 영으로 함이니 의문은 죽이는 것이요 영은 살리는 것임이니라

새 언약의 일꾼은 새 언약의 사역자(ministers of the new testament)입니다. 하나님은 우리로 하여금 새 언약의 사역자가 되기에 능하게 하셨습니다. 우리를 새 언약의 사역자가 되기에 능하게 하시는 분은 하나님이십니다. 바울만이 아니라 우리도 이 시대에 새 언약의 사역을 해야 합니다. 이러한 사역의 일은 사람들의 심비에 하나님의 영으로 그리스도를 새기는 것입니다. 오늘 우리는 온 땅이 그리스도의 편지들로 가득하게 해야 합니다. 모든 사람이 읽고 그리스도를 알도록 하는 이러한 편지를 새기는 사역을 해야 합니다. 하나님은 그러한 사역을 하도록 우리로 새 언약의 일꾼이 되게 하셨습니다.

새 언약의 사역자들은 의문으로 하는 사역자들이 아닙니다. 의문은 글자, 문자(letter)입니다. 바울은 자신이 의문 문자가 아니라 영으로 사역한다고 했습니다. 그는 문자는 죽이는 것이며 영은 살리는 것이라고 말합니다. 여기에 두 종류의 사역이 있습니다. 하나는 죽이는 사역이요 다른 하나는 살리는 사역입니다. 새 언약의 사역은 살리는 사역입니다. 어떤 형제가 잘못하고 실패했다고 합시다. 잘못하고 죄를 지은 사람의 죄를 정확하게 지적해 주는 것이 의문 문자의 사역입니다. 그에게 계명을 말해주면서 그의 잘못을 하나하나 정확하게 지적해줄 때 그가 유익을 얻고 잘 될 것 같지만 그는 죽게 됩니다. 우리가 새 언약의 사역자라면 이렇게 의문 문자로 하지 않고 영으로 사역할 것입니다. 영으로 하는 사역은 사람을 살립니다. 그에게 율법으로 정죄하는 대신 하나님의 성령을 만지게 해주므로 살아나게 하는 것입니다. 그러므로 저는 새 언약의 사역자를 사랑합니다.

우리 주 예수님은 새 언약의 사역자이십니다. 그분이 이 땅에서 사역하실 때 그분은 죽은 의문 문자로 사역하시지 않았습니다. 여러분은 간음 중에 현장에서 잡힌 여자를 주님이 어떻게 대하셨는지를 알 것입니다. 모세의 율법에 이런 여자는 돌로 치라 명했습니다. 그러나 주 예수님은 그 여자를 살리는 방식으로 사역하셨습니다. "너를 정죄하는 자들이 어디 있느냐?" "없나이다." "나도 너를 정죄하지 아니하노라 … 다시는 죄를 범하지 말라 … 나는 세상의 빛이니 나를 따르는 자는 어두움에 다니지 않고 생명의 빛을 얻으리라." 그녀는 주님의 말씀을 듣고 가장 깊은 회개와 눈물과 돌이킴이 있었을 것입니다. 그러면서 그녀는 살리심을 얻을 수 있었습니다. 주님은 고장 난 사람을 치료하시고 다시는 죄를 짓지 않고 살 수 있도록 생명의 능력을 공급해주십니다. 주님을 따르기만 하면 죄를 짓지 않는 삶을 살 수 있습니다. 죄를 범한 여자는 율법을 따를 때 정죄를 받아 죽는 것 외에는 길이 없습니다. 그러나 주님은 그녀를 구원하여 죄를 짓지 않는 사람으로 만드실 수 있습니다. 이것이 구원입니다. 이것이 주님의 사역입니다.

마찬가지로, 오늘 우리의 사역은 잘못한 이에게 그의 잘못을 지적해주면서 더 죽게 만드는 것이 아닙니다. 우리는 그러한 사람들을 살리는 사람들입니다. 그들로 주님의 영을 만지게 함으로써 입니다. 그들이 주님의 영을 만지면 살아납니다.

며칠 전에 저는 한 지방에 가서 어려움에 처한 자매를 만났습니다. 그 자매는 자신의 상황으로 인해 실망하여 울 수밖에 없었습니다. 그녀는 많은 낙심 중에 있었습니다. 우리는 그날 다른 것을 하지 않고 자매와 함께 주님을 찬송하며 주님의 영을 만지도록 도왔습니다. 그 자매는 "여러분들이 여기에 온 것은 저를 구원하기 위해서입니다. 이제 저의 모든 어려움이 지나갔습니다."라고 말했습니다. 그 자매를 건진 것은 하나님의 영이었습니다. 하나님의 영의 한 번 만지심이 그 자매를 살린 것입니다. 이와같이 우리는 사람들에게 생명을 공급하고 영을 만지게 하는 사역을 해야 합니다. 그를 죽게 하는 사역을 해서는 결코 안 됩니다. 어떤 사람들은 사람들의 짐을 더 무겁게 합니다. 우리는 사람들에게 평강과 안식을 공급할 수 있는 사역을 해야 합니다. 이것은 다 주의 영을 접촉함으로 이루어집니다.

새 언약의 사역의 영광스러움

7절, 돌에 써서 새긴 죽게 하는 의문의 직분도 영광이 있어 이스라엘 자손들이 모세의 얼굴의 없어질 영광을 인하여 그 얼굴을 주목하지 못하였거든

이 구절부터 바울은 구약의 사역과 새 언약의 사역을 비교하여 새 언약의 사역의 지극히 영광스러움을 증명하려 하였습니다. 구약의 사역은 돌에 새긴 것이고 의문이며 죽게 하는 것이고 임시적인 것이고 정죄하는 것입니다. 그러나 새 언약의 사역은 육의 심비에 새기며 영으로 하며 생명을 주고 살리는 것이며 영원한 것이며 의를 주는 것이며 지극히 영광스럽다는 것입니다. 모세가 한 돌에 써서 새긴 죽게 하는 의문의 직분, 문자의 사역도 영광이 있었다는 것입니다. 그 옛 언약의 사역도 하나님으로부터 나온 것이기 때문입니다. 모세의 사역은 구약의 사역, 옛 언약의 사역을 대표하며 영광이 있었지만 그 영광은 없어질 것입니다. 당시 모세의 얼굴에는 영광이 잠시 있다가 사라졌습니다. 그런데 그 없어질 영광을 인하여서도 이스라엘 자손들은 모세의 얼굴을 주목하지 못했습니다. 바울은 구약의 사역이 영광스러웠다는 것을 말하면서 그에 비하여 새 언약의 사역이 더욱 영광스럽다는 것을 말하려 하고 있습니다.

8절, 하물며 영의 직분이 더욱 영광이 있지 아니하겠느냐

없어질 의문의 직분도 영광이 있었으므로 영원히 있게 될 영의 직분은 더욱 영광이 있습니다. 구약의 사역은 그림자와 같은 사역이고 밖에 있는 돌비에 새긴 사역입니다. 그러나 지금까지 말한 신약의 사역은 사람들의 심비에 하나님을 조성하는 사역, 즉 그리스도의 편지를 새기는 사역입니다. 사람들을 점점 그리스도의 형상으로 화하게 하는 사역입니다. 이 사역은 하나님의 영으로 수행됩니다. 구약은 하나의 그림자입니다. 율법은 그림자로서 밖에 있는 것입니다. 하나님이 옛 언약을 시행하실 때에도 옛 언약은 영광 가운데 이루어졌습니다. 그러나 그 영광은 모세의 얼굴에 있었던 것으로서 사라지는 영광이었습니다. 그러나 이 영의 사역, 새 언약의 사역은 더욱 영광 가운데 있습니다. 결과적으로 오늘날도 새 언약에 참여하는 자들은 당시 모세가 얻었던 영광보다 더 큰 영광의 직분을 받은 것이라는 말입니다.

9절, 정죄의 직분도 영광이 있은즉 의의 직분은 영광이 더욱 넘치리라

바울은 계속해서 새 언약의 사역이 왜 더욱 영광스러운가를 증명하고 있습니다. 구약의 사역은 정죄하는 사역이고 신약의 사역은 의롭게 하는 사역이므로 그러합니다. 옛 언약의 의문의 사역은 정죄의 사역입니다. 정죄의 사역은 의의 사역의 전초입니다. 즉 그들을 의롭게 하기 전에 미리 준비시키는 정도의 일입니다. 그렇지만 그 사역도 하나님께서 행하신 것이므로 하나님께 속한 것입니다. 하나님께 속한 것은 다 영광스럽습니다. 정죄의 직분이 영광이 있었다면 그 본론인 의의 사역은 더욱 영광이 넘치지 않겠는가라고 말합니다.

10절, 영광되었던 것이 더 큰 영광을 인하여 이에 영광될 것이 없으나

복음이 율법을 너무나 능가하기 때문에 율법의 영광을 없어지게 하는 것입니다(매튜헨리). 여기에 더 큰 영광이 있고 과거에 영광되었던 것이 있습니다. 더 큰 영광에 비할 때 과거에 영광되었던 것은 아무 것도 아닙니다. 이는 마치 밤에 사람들의 필요를 위하여 잠시 비추는 등불이 있었지만 아침에 태양이 뜰 때 더 이상 그 빛을 필요로 하지 않으며 그 빛을 잃는 것과 같습니다.

11절, 없어질 것도 영광으로 말미암았은즉 길이 있을 것은 더욱 영광 가운데 있느니라

11절 역시 새 언약의 사역이 더욱 영광스러운 이유를 말하고 있습니다. 그 이유는 구약의 사역은 없어질 것인데 반하여 새 언약의 사역은 영속하는 영광이기 때문입니다. 하나님이 하신 일은 다 영광스럽습니다. 그러나 하나님의 영원한 뜻으로 볼 때 신약은 실제이며 구약은 그림자입니다. 구약은 하나님이 하실 것을 예표와 그림으로 제시한 것입니다. 구약에서 하나님이 의문의 사역, 정죄의 사역을 하실 때도 그 사역은 영광으로 말미암아 역사되었는데 이제 신약의 사역을 이루는 것은 더욱 영광 가운데 있다는 말입니다.

바울은 하나님의 영원한 경륜 가운데에서 실제를 이루어내는 사람이었습니다. 많은 사람들을 그리스도로 조성되게 하여 하나님의 많은 아들들을 얻어내는 하나님의 영원한 뜻을 성취하는 사역을 했습니다. 그 사역을 하는 사람들의 영광은 더욱 큽니다. 모세의 사역은 율법을 주어 사람들에게 죄를 알게 하는 사역을 하는 것이고 장래 사람들로 복음을 영접할 수 있는 준비를 주는 사역이었고 그 영광은 잠시 있다가 없어졌지만 오늘날 신약의 사역자들의 영광은 길이 있는 영광입니다. 이 영광은 결코 사라지지 않습니다. 오늘날도 이름으로는 새 언약의 사역을 한다하지만 의문의 사역을 하는 사람들이 많이 있습니다. 그것이 하나님께 관련된 것이라면 그것도 어느 정도 영광이 있을 수 있습니다. 그런데 문제는 그것에 영광이 있지만 길이 있는 영광이 아니라는 것입니다.

우리는 오늘날 기독교의 많은 부흥의 역사를 봅니다. 그 중 어떤 부흥은 소나기와 같습니다. 그러한 부흥은 한 번 크게 일어나지만 얼마 가지 못해 사라집니다. 나는 그러한 부흥을 구약의 방식의 영광이라고 말하는 것은 아닙니다. 그러나 신약의 영광은 사람 속에서 역사하는 것으로 속에서의 내적인 변화로부터 시작됩니다. 그러한 종류의 부흥은 길이 있게 됩니다. 이러한 부흥이 장수하는 것은 그것이 속에서부터 사람을 생명으로 새롭게 조성되게 하는 부흥이기 때문입니다. 그 영광은 잠시 있다가 사라지지 않고 영속됩니다. 오늘 우리가 갈망하는 부흥은 그런 종류의 부흥입니다. 새 언약의 사역을 통해 성도들 속에 그리스도가 조성된 후에는 아무리 지우려고 해도 지워지지 않는, 그 사람 자체가 변화되어 그리스도의 편지가 되게 하는 부흥입니다.

구약의 모세의 얼굴의 없어질 영광과 같은 원칙으로 열심히 무언가를 해서 있게 하는 부흥은 몇 년이 지난 후에는 없어집니다. 그 부흥은 사라지고 변합니다. 왜냐하면 속에 이루어지는 조성을 가져오는 사역이 아니기 때문입니다. 외적인 역사를 이룸으로 큰일을 해내려고 하는 사역은 잠시 영광이 있는 듯하지만 시간이 지날 때 변하여 없어집니다. 그러나 우리가 이 마지막 시대에 추구하는 영광은 길이 있는 영광입니다. 그것은 육의 심비에 하나님의 영으로 기록된 것이므로 사라지지 않습니다. 속에서부터 그리스도의 편지가 새겨짐으로 나오는 부흥은 사라지거나 변하지 않고 장수하게 됩니다.

이 마지막 시대에 일어나야 할 부흥은 바로 이러한 것입니다. 우리는 이러한 부흥의 시대에 살고 있습니다. 외적으로 큰 모양은 없을지라도 우리 속에 그리스도가 새겨져서 우리 세포 속에까지 온전히 조성됨으로 본질과 존재 자체가 변화될 때, 누구라도 우리에게서 그리스도를 읽어낼 수 있고 우리는 그리스도의 향기로 가득한 사람이 될 것입니다. 그러한 무리가 이곳저곳에서 나타날 때 그들은 새 언약의 사역의 걸작품입니다. 이러한 영광은 결코 사라지지 않습니다. 하나님이 최종적으로 이 영광의 역사를 마치게 될 때, 우리는 그날 영광중에 영광이신 그리스도와 완전히 영화롭게 된 하나님의 아들들과 함께 있게 될 것입니다. 이것이 최종적인 새 예루살렘의 영광이라고 믿습니다. 새 예루살렘의 거룩한 영광, 진주와 보석들은 새 언약의 사역의 결과입니다.

우리가 다 수건을 벗은 얼굴로

12절, 우리가 이같은 소망이 있으므로 담대히 말하노니

이 같은 소망은 바로 영광이 이루어지는 소망입니다. 길이 있는 영광을 산출해내는 것이 사도들의 소망입니다. 이 구절에서 바울은 자기가 사역하고 있는 사역의 일이 길이 있는 영광을 위한 가장 놀라운 일이므로 조금도 위축되지 않고 약화되지 않고 일할 수 있다고 말합니다.

13절, 우리는 모세가 이스라엘 자손들로 장차 없어질 것의 결국을 주목치 못하게 하려고 수건을 그 얼굴에 쓴 것같이 아니하노라

당시 출애굽기 34장 35절의 사건을 보면 '이스라엘 자손이 모세의 얼굴의 광채를 보는 고로 모세가 여호와께 말씀하러 들어가기까지 다시 수건으로 자기 얼굴을 가리웠더라' 고 말합니다. 모세는 담대하지 못했지만 사도 바울은 신약의 사역자로서 담대했습니다. 모세는 자신의 얼굴의 영광이 사라질 것을 알았으므로 이스라엘 백성들이 곧 없어질 영광의 결국을 주목치 못하게 하려고 얼굴에 수건을 썼습니다. 모세는 백성들이 자신의 얼굴을 보고 실망할까 하여 곧 사라지고 말 영광을 주목하지 못하게 하려고 수건을 쓴 것입니다. 그러니 담대하지 못했다는 것입니다. 그러나 새 언약의 사역자들은 사라지지 않는 영광인고로 수건을 얼굴에 쓰지 않습니다.

14절, 그러나 저희 마음이 완고하여 오늘까지라도 구약을 읽을 때에 그 수건이 오히려 벗어지지 아니하고 있으니 그 수건은 그리스도 안에서 없어질 것이라

이 구절은 문맥상 앞뒤가 잘 맞지 않는 것같이 보입니다. 13절에서 모세의 얼굴에 있던 수건이 14절에 와서는 이스라엘 백성들의 얼굴에 있게 되었습니다. 유대인들 혹은 신약이 무엇인지 제대로 모르는 사람들은 구약을 읽을 때 그 수건이 오히려 벗어지지 않고 있다는 것입니다. 이 말은 유대인들이 수건으로 가리워져 주님이 성경에서 말씀하시고자 하는 계시를 밝히 보지 못하고 있다는 의미입니다. 13절은 모세가 그 없어질 영광을 인하여 얼굴을 가렸다고 말하고, 14절은 이스라엘 백성들의 마음이 완고하여 수건으로 덮였다고 말합니다. 이는 당시 모세가 얼굴을 수건으로 가린 것이 다른 면으로는 유대인들에게 장차 일어날 일의 예표로서 그렇게 한 것이라는 뜻입니다. 그런데 그 수건이 벗어지는 것은 그리스도 안에서 벗어질 일이라는 것인데 이는 복음이 올 때서야 구약의 말씀도 올바르게 깨달을 수 있게 되었다는 말입니다. 성경의 전체적인 말씀도 온전히 깨달으려면 예수 그리스도를 통하여 복음을 깨달을 때 그렇게 될 수 있다는 말입니다. 그리스도는 양의 문이십니다. 성도들은 그분을 통하여서만 하나님의 집의 문 안에 들어설 수 있습니다. 하나님의 집 안에 있는 모든 풍성한 물품과 가구의 배치들은 그리스도를 문으로 하여 들어섰을 때만 분명히 볼 수 있다는 말입니다.

15절, 오늘까지 모세의 글을 읽을 때에 수건이 오히려 그 마음을 덮었도다

모세의 얼굴에 있던 수건이 15절에서는 이스라엘 백성들의 마음으로 왔습니다. 모세의 얼굴에 있던 수건이 오히려 성도들의 마음을 덮었습니다. 이로 볼 때 성경은 영적인 계시이며, 정교하게 앞뒤 문장을 맞춘 책은 아니라는 것을 알 수 있습니다. 계시로 읽지 않으면 도무지 읽어낼 수가 없습니다. 결국 성경에서 말하고자 하는 것은 한 분 그리스도입니다. 그리스도에 대한 계시를 보지 못하고 여전히 의문 문자에 빠져 있다면 그것은 그 마음에 수건이 씌워져 있는 것입니다.

16절, 그러나 언제든지 주께로 돌아가면 그 수건이 벗어지리라

여기에서는 구체적으로 수건이 벗어지는 방법을 제시했습니다. 이는 14절의 '그리스도 안에서 없어지리라'는 말씀의 구체적인 언급입니다. 언제든지 주님께로 돌아가기만 하면 수건이 벗어집니다. 수건이 벗어지려면 죄를 회개하고 주님께로 돌아가야 합니다. 다른 길이 없습니다. 그 수건은 그리스도 안에서만 없어지니 그리스도께로 속히 돌이켜야 한다는 말입니다.

17절, 주는 영이시니 주의 영이 계신 곳에는 자유함이 있느니라

여기서 주(the Lord)는 부활하신 주님에 대한 호칭으로 말해진 것입니다. 즉 영광을 얻으신 하늘에 계신 예수님을 말하는 것입니다. 물론 주님은 땅위에 계실 때도 만유의 주이셨지만 승천하신 후에는 더욱 그분의 칭호가 된 것입니다(박윤선). 흠정역과 다비역등 영어 성경은 지금이란 말이 들어있습니다. 즉 지금 주님은 영이시라는 말입니다(Now the Lord is the Spirit). 주님은 2천 년 전 이 땅에 계실 때 육신을 입고 계셨지만 오늘은 영이십니다. 오늘 우리가 주님께로 돌이키려면 영이신 주님을 알아야 합니다. 영 안에서 주님과의 접촉이 필요하다는 말입니다. 오늘날 승천하신 예수님은 그분이 보내신 보혜사 곧 성령으로 말미암아 구원 역사를 하고 계십니다. 그러므로 우리가 영이신 주님을 접하고 그분의 영 안으로 돌아갈 때 자유함이 있게 됩니다. 오늘날 주님이 영이신 것을 모르는 사람이 많습니다. 수건이 벗어지도록 주님께 어떻게 돌아가야 하는지를 알려면 오늘 영이신 주님을 알아야 합니다. 이 살리고 구원하는 영이신 주님에 대한 언급은 죽어있고 죽이는 의문의 율법과 대조를 이룹니다. 율법은 죽이고 정죄하며 따라서 사람을 얽어매고 묶습니다. 그러나 영은 살리고 자유를 줍니다.

18절, 우리가 다 수건을 벗은 얼굴로 거울을 보는 것 같이 주의 영광을 보매 저와 같은 형상으로 화하여 영광으로 영광에 이르니 곧 주의 영으로 말미암음이니라

18절의 말씀은 매우 중요한 말씀이니 자세히 보기로 합니다. 이는 신약의 사역의 본질(영광으로의 변화)을 보여주고 있습니다. 우리는 그리스도의 형상으로 변화되기 위해 수건을 벗은 얼굴이 필요합니다. 또한 우리는 주의 영광을 바라보아야 합니다. 거울을 보는 것같이 주의 영광을 볼 때 주와 같은 형상으로 화한다고 말합니다. 우리가 변화되는 것은 주의 영광을 바라보는 것을 통해서입니다. 주의 영광을 계속 바라볼 때 우리는 변화될 수 있다는 것입니다. 이는 우리가 어릴 때 읽은 미국의 소설가 '나다니엘 호오도온'이 쓴 '큰 바위 얼굴'을 연상합니다.

계속해서 그 얼굴을 바라볼 때 그와 같은 형상으로 화하더라는 이야기입니다. 이것이 신약에서 말하는 변화의 원리입니다.

고린도 전서 13장에서 '거울을 보는 것 같이' 란 말은 희미하게 보이는 것을 표시하는 것이지만 이 구절에서의 거울을 보는 것은 구약의 희미한 것에 대하여 명백한 영상을 '바라본다(beholding)' 는 뜻으로 쓰인 것이라고 말하는 사람들이 있습니다(Meyer, Stanley). '바라본다' 는 말은 또한 '반영한다(reflecting)' 로 번역됩니다(Bengel, Chrisostom). 그러므로 어떤 번역자들은 'beholding and reflecting' 을 사용했습니다. 주의 영광을 바라보고 반사한다고 한 것입니다. 벵겔의 이 구절에 대한 주석은 이러합니다. '주님은 우리를 거울로 만드시고 그 얼굴의 광채를 거울에 비치듯 우리 마음에 두신다. 우리는 그 빛을 받아서 또 반사한다. 이 반사한다는 말은 새겨진다는 개념과 아름다운 대조를 이루고 있다. 왜냐하면 새겨지는 것들은 점차적으로 되는 데 비해 거울에 비쳐지는 모습들은 아주 신속하게 생겨난다.' 메이어 박사 등은 여기서 거울을 사용하여 말한 것은 아직은 우리가 주님을 얼굴과 얼굴로 대하여 보지 못하고 복음에 나타난 그리스도를 보기 때문이라고 하였습니다. 이는 오늘 우리가 거울(복음) 속에 반영된 그리스도를 본다는 뜻입니다. 벵겔의 주석을 따르면 우리는 마음에 거울이 있어서 복음에 나타난 그리스도의 영광을 바라보고 또한 반사할 때 우리는 저와 같은 형상으로 변화된다는 것입니다. 이는 모세가 하나님의 영광을 바라보고 반사한 것을 우리가 오늘 그렇게 한다는 뜻으로 사용한 것입니다. 그때 모세는 그러한 바라봄과 반사함을 통해서 변화의 역사를 줄 수 없었지만 오늘은 복음 안에 계시된 그리스도의 영광을 바라보고 반사함을 통하여 변화의 역사를 만들어 낼 수 있다는 말입니다. 결국 오늘 우리는 변화되기 위해 다른 것이 아니라 말씀 안에 나타나신 주님의 영광을 계속해서 바라보아야만 하는 한 가지 일이 남아있는 것입니다.

우리에게는 두 종류의 눈, 육신적인 눈과 영의 눈이 있습니다. 우리의 영적인 눈은 주님을 보기 위해 있어야 합니다. 보는 일에 있어서 박윤선 박사는 매우 좋은 말을 했습니다. "우리는 주님을 보는 것이 육안으로 보는 것이 아님을 확실히 기억해야 한다. 육안으로 보는 것은 우리를 그리스도의 형상으로 변화시키지 못한다. 우리가 주님을 보는 것은 믿음으로 말미암는다. 믿음은 우리의 인격의 가장 깊은 영이 하는 것이기 때문에 믿음으로서 주님을 접촉하는 것은 벌써 우리의 영으로 주님의 형상을 닮아가게 하는 것이다. 믿음은 외부적인 것이 아니라 심령 깊은 데서 되는 것이다. 이런 주님을 보는 것은 희미하게 되나 말씀과 예배와 기타 행위를 통해 되어 나아간다. 우리는 단기적으로 단번에 완전해 지기를 생각하면 안 된다." 그는 우리가 주님을 보려할 때 행인이 길가의 경치를 보는 것처럼 무성의해서도 안 되고, 일찍 보고 빨리 변화되겠다고 덤비는 생각으로 짧은 주님을 보려고 해도 안 된다고 하였습니다. 우리는 죄악 세상에 살던 자들이니 그렇게 쉽게 보기 어렵고 시간을 잡고 정성을 다하여 오래 참고 주님을 보려고 노력해야 한다고 하였습니다. 이는 참으로 주님을 영 안에서 보고자 하는 사람들에게 참고가 되는 말이라고 생각합니다. 다시 한 번 강조하지만 우리가 주의 영광을 보는 것은 복음의 말씀, 곧 진리의 말씀을 통해서입니다. 우리는 그 말씀을 통해서 그 말씀 안에 있는 그리스도의 영을 만질 수 있고 그분의 영광을 볼 수 있습니다. 볼수록 우리 안에는 변화의 역사가 일어납니다.

또한 주님을 보기 위해서는 수건이 없어야 합니다. 저는 많은 수건이 있는 것을 발견합니다. 관념의 수건, 의문 문자의 수건 등 많은 수건이 있습니다. 나는 과거에 나에게는 수건이 없다고 여겼습니다. 그러나 오랜 신앙생활을 통해서 우리에게 두꺼운 수건이 씌워져 있다는 것을 발견했습니다. 우리의 과거에 안다는 것, 체험했다는 것, 소위 보았다는 것이 수건이 된다는 것을 보았습니다. 그러나 이런 수건이 있다는 것도 주님의 긍휼과 성령의 역사가 없으면 우리는 알지 못합니다. 그러니 우리는 주님께 겸손한 마음으로 기도해야 합니다. "주여, 나는 내가 어떤 수건을 쓰고 있는지 조차 모릅니다. 주님이여, 나는 당신의 얼굴을 계신 그대로 보기 원하오니 내 눈의 수건들을 벗겨주시기 원합니다." 주님의 긍휼로 우리는 이러한 수건들을 벗어야 합니다. 주의 영광을 곧바로 볼 수 있는 데까지 구원받아야 합니다. 주의 영광을 볼 때 우리는 변화되어 영광으로 영광에 이릅니다. 한 단계의 영광에서 또 다른 단계의 영광으로 더욱더 영광스럽게 변해 간다는 뜻입니다. 이것은 주의 영으로 말미암은 것입니다. 바울은 이 모든 일이 주의 영으로 말미암는다고 말했습니다. 이 일은 의문으로가 아니라 영으로 말미암습니다. 내가 관념의 수건을 벗어버린 일이나, 주님의 영광을 새롭게 보게 된 일이나 모두 주의 영으로 말미암았지 의문 율법으로 말미암지 않았습니다.

'영광에서 영광으로(from glory to glory)' 란 말은 어떤 사람들은 '현재의 영광에서 미래의 영광으로' 라고 번역하며 또 어떤 사람들은 단순히 '한 단계의 영광에서 또 다른 단계의 영광으로' 라고 보기도 합니다. 또 어떤 사람은 '하나님의 영광에서 우리 속에 있는 영광으로' 를 뜻한다고 보며 구약의 이스라엘 사람들은 모세의 영광에서 그와 비슷한 영광으로 변화되지 못하였는데 그 이유는 그들이 의문에 있었기 때문이며 오늘은 우리가 영으로 하기 때문에 그 영광의 변화의 역사(하나님의 영광에서 우리 속에 이루어지는 영광으로)가 가능하다고 보았는데 이것이 가장 성경적인 견해라고 봅니다.

결론적으로 이 새 언약의 사역은 편지를 새기는 것이며 이 사역은 오직 하나님의 영으로 이루어진다는 것, 하나님만이 능하신 분이라는 것, 그분이 한 무리를 일으켜 새 언약의 일꾼을 삼으셨다는 것, 새 언약의 사역은 영광이 있는데 그 영광은 의문의 사역의 영광보다 더욱 넘치고 길이 있는 영광이라는 것, 이 영광이 우리 속에 더 조성되기 위해서는 주님께로 돌아가서 수건을 벗고 언제든지 복음 안에 나타난 주님의 영광을 바라봄으로 변화를 받아야 한다는 것(노력이나 힘을 들이는 것이 아니라 다만 바라보는 일-계시로 복음 안에 계시된 주님을 만남-을 통해 변화됨), 이럴 때 우리는 영광에서 영광에 이르는 영광의 변화의 과정을 거치게 되어 어느 날 우리의 온 존재는 영화롭게 됨으로 영광 가운데 있으리라는 것, 결국 하나님의 영원한 경륜은 이렇게 새 언약의 사역을 통해 이루어진다는 것, 그러므로 바울은 이 사역을 담당하면서 담대할 수 있다는 것, 이러한 것들이 고린도 후서 3장의 내용입니다.

고린도후서 4장

2corinthians

신약의 사역

1절, 이러하므로 우리가 이 직분을 받아 긍휼하심을 입은 대로 낙심하지 아니하고

우리는 4장 1절에서 직분이라는 단어를 봅니다. "우리가 이 직분을 받아". 이 '직분' 이라는 말은 영어로 '사역(ministry)' 입니다. 여기에서 바울은 사역자들이 사역을 가지고 있다고 말합니다. 바울은 자신이 사역을 받은 것은 긍휼을 입은 것이며, 긍휼을 입어서 이 사역을 받았으므로 낙심하지 않는다고 말합니다.

오히려 바울은 긍휼하심으로 이 사역을 받았기에 간절하고 성실하게 되었다고 합니다(Bengel). 오늘날처럼 사역을 많이 말하는 시대가 없습니다. 웬만하면 다 사역을 말하고 자신을 사역자라고 칭합니다. 과거에 제가 읽어본 서적들 중에서는 사역을 말하는 책을 찾기가 어려웠습니다. 사역이라는 단어는 우리가 주의 깊게 볼 필요가 있는 말입니다.

고린도 후서에서 사도 바울은 사역을 말했습니다. 우리는 고린도 후서를 읽으면서 그들이 말하는 사역이 무엇인지를 알 수 있습니다.

3장에서 이 사역은 영의 사역이요 의의 사역이라고 했습니다. 이 사역은 살아 계신 하나님의 영으로 씌어집니다. 그리고 이 사역을 누가 감당할 수 있느냐고 말했습니다. 이는 이 사역이 오직 하나님만이 감당할 수 있는 것임을 강조하는 말입니다. 오늘날 오직 하나님으로 말미암아 사람을 통과하게 하여 사역하는 사람이 얼마나 되겠습니까? 사도 바울이 4장 1절에서 말한 사역은 구약의 의문의 사역, 즉 정죄의 사역과 구분되는 말입니다. 그것은 신약의 영의 사역을 뜻합니다. 신약을 볼 때 이 사역은 성도들 마음속, 육의 심비에 편지를 기록하는 것입니다. 그 편지는 그리스도의 편지입니다.

구약의 사역은 외면적인 것으로서 먹으로 돌비에 새기는 것이었습니다. 반면에 신약은 사람의 내면에 조성과 변화를 가져오는 것입니다. 이것이 구약과는 다른 신약의 독특한 사역입니다. 신약의 사역은 살아 계신 하나님의 영으로 한 것입니다. 사람에게는 이런 사역을 할 능력이 없으며 오직 하나님께서만 하실 수 있습니다. 이것은 사람을 살리는 사역이지 죽이는 사역이 아닙니다. 이것이 신약의 사역이며 그 영광은 구약보다 더욱 빛나고 길이 있는 것입니다.

우리는 사역을 많이 말하지만 사역이 무엇인지를 아는 것이 필요하며, 성경에서 말한 그 사역을 수행하는 것이 더욱 필요합니다. 다시 말해서, 그 사역은 사람들의 육의 심비에 그리스도의 편지를 새기며 죽은 사람을 살리는 일을 합니다. 하나님의 영으로 말미암아 그들을 살아나게 하여 살아 계신 하나님을 섬기도록 하는 역사를 수행하는 것입니다.

신약의 사역 아래서 믿는이들은 주의 형상으로 변화되어 영광으로 영광에 이르는 축복을 받습니다. 그것은 주의 영으로 말미암은 것입니다. 주님은 영이십니다. 그러므로 이것은 죽은 문자와는 다릅니다. 많은 이들은 구약을 읽을 때 문자에 빠져 그리스도를 읽어내지 못합니다.

이것이 바로 수건이 덮인 것입니다. 모든 성경은 그리스도를 계시하고 있습니다. 그러므로 그리스도를 발견해내고 그리스도를 만질 때 수건은 벗어집니다. 살아 계신 인격이신 그리스도를 바라보게 하는 것이 신약의 사역자들인 우리들이 해야 할 일입니다.

이를 위해서는 수건이 되는 많은 의문 문자, 율법, 밖에 있는 외적인 실행들을 벗어버리고 그리스도 자신에게로 돌이켜야 합니다. 주님은 영이시므로 영으로 돌이켜질 때 자유하게 됩니다. 어떤 의문과 율법, 즉 어떤 것은 해야 하고 어떤 것은 하지 말아야 하는 것을 말하는 많은 규례와 행습 속에 묶여 있지 않고 수건을 벗고 그리스도를 향하는 사람들은 자유함을 얻고 주의 영광을 바라봄으로 주의 형상으로 변화됩니다. 우리가 주를 바라볼 때 영광이 있습니다. 주의 영광을 바라볼 때마다 우리는 그분의 영광으로 한 단계씩 변화되어 하나님 자신으로 점점 조성되어집니다.

오늘 우리가 새 언약의 사역을 하는지의 여부는 우리가 사람들 속에 하나님을 새기는지, 하나님의 영으로 그들 속에 편지를 새기는 일을 하는지, 즉 그들의 조성을 그리스도로 바꾸는 일을 하는지, 우리의 사역을 통해 사람들이 그리스도로 변화되어 가는지, 그들이 모든 외면적인 율법이나 의문 문자에서 벗어나 생명과 영으로 돌이켜지는지, 그들이 진정으로 주의 영광을 매일 바라보고 반사함으로 주의 형상으로 변화되는 삶을 사는지에 따라 결정됩니다.

4장 1절에서 바울은 바울과 그의 동역자들이 '이 사역'을 받았다고 말합니다. 이 사역을 받은 것은 긍휼이라고 했습니다. 바울은 주님의 긍휼로 이러한 사역을 받았습니다. 이 사역은 신약의 사역이요 유일한 사역입니다. 오늘 만일 당신이 사역자라면 당신은 이 사역을 해야 합니다. 영으로 사람들 속에 그리스도를 새기는 사역입니다. 이러한 사역을 통해 사람들의 조성이 근본적으로 바뀝니다. 그리고 이 바뀌어진 이 조성은 영원히 사라지지 않고 영원한 영광이 될 것입니다. 그러므로 바울 사도는 이 사역을 받은 것을 긍휼이라고 생각했습니다. 그는 긍휼을 얻었기 때문에 낙심하지 않았다고 말합니다. 고통스런 환경과 어려움이 임하는데도 사도들이 낙심하지 않은 이유는 이런 귀한 사역을 긍휼로 얻었다고 느꼈기 때문입니다.

이 세상에서 가장 좋은 직업을 가졌다 해도 하나님의 신약의 사역에 동참한 것에 비교할 수 없습니다. 이것은 하나님의 역사입니다. 그러므로 이 역사를 수행하면서 어려움과 고난을 당한다 하더라도 그것은 우리를 낙심하게 할 수 없습니다. 오래 참아야 하고 인내해야 하며 기다려야 하는 상황 속에서 낙심하지 않는 것은 이 모든 것이 하나님의 긍휼이요 하나님의 영광스런 역사이기 때문입니다. 우리로 하여금 영광의 중한 것을 이루게 하기 때문입니다.

사역자의 태도—오직 진리를 나타냄으로

2절, 이에 숨은 부끄러움의 일을 버리고 궤휼 가운데 행하지 아니하며 하나님의 말씀을 혼잡케 아니하고 오직 진리를 나타냄으로 하나님 앞에서 각 사람의 양심에 대하여 스스로 천거하노라

여기서 바울은 감춰인 것과 나타난 것의 비교를 통해서 자신의 사역을 설명하고 있습니다. 즉 구약의 사역은 수건을 가리우는 직분이라는 것이고 신약의 사역은 진리를 나타내는 사역이라는 것입니다. 이러한 사역을 받은 사도들은 숨은 부끄러움의 일을 버렸다고 말합니다. 어떤 것이든지 은밀하게 부끄러움이 될 만한 일들이나 생활들을 버리고, 궤휼 가운데 행하지 않고 하나님의 역사를 위해 어떠한 수단도 쓰지 않았다는 것입니다. 궤휼이란 숨은 부끄러움이 있으면서 뭔가 거룩하고 참된 것처럼 나타나려 할 때 나오는 것입니다. 그런 이중적인 사람이 일을 하려면 궤휼을 쓰는 것입니다. 궤휼이란 단어는 목적 달성을 위하여는 어떤 방법이든 사용하는 것을 말합니다. 즉 수단과 방법을 가리지 않고 사역의 목표를 이루려 하는 것입니다. 이것은 악(惡)입니다. 그러므로 벵겔은 "궤휼은 숨을 곳을 찾는다"고 하며 "우리는 그런 것을 연습하지 않는다"고 하였습니다. 왜냐하면 이 사역은 사람의 의도에서 나온 사람의 일이 아니기 때문입니다. 하나님의 영으로 말미암아 사람들 속에 그리스도의 편지를 새기는 사역은, 다만 밖에서 사람들이 보기에 뭔가 그럴 듯한 것이 이루어지고 성취되면 만족하고 기뻐하는 외면적인 인간의 일과는 다릅니다. 이는 하나님의 영원한 경륜을 성취하는 놀라운 역사인 것입니다.

사도들은 숨은 부끄러움의 일을 간직한 채 사람들 눈에 옳게 보이려고 하거나 궤휼을 써서라도 하나님의 일을 성공만 시키면 된다고 하지 않았습니다. 그들은 궤휼을 써서라도 일을 성공시키려고 하나님의 말씀을 혼잡케 하지 않았습니다. 그렇지만 어떤 사람이 새 언약의 사역을 보지 못했다면 그는 궤휼 가운데 행할 수밖에 없습니다. 왜냐하면 의문의 사역으로는 참된 변화가 일어나지 않기 때문입니다. 영의 사역, 새 언약의 사역은 속에서부터 변화를 가져오는 사역이므로 그의 존재 자체가 변화를 가져오기 때문에 그는 자유로운 사람입니다. 뭔가 겉과 속이 다른 어떤 연기를 할 필요가 없습니다.

오늘날도 진정한 변화를 가져오지 못하는 사역이 도처에 있습니다. 그러한 사역은 다만 감정의 흥분이나, 지식을 위주로 하고, 율법을 위주로 하기도 합니다. 그러다보면 이루어질 것 같은데 하나도 이루어지는 것이 없습니다. 감정적으로 흥분이 되었을 때는 뭔가 고상하고 대단한 상태에 도달한 것 같지만 실제의 상태는 그렇지 못합니다. 지식적으로 최고의 상태를 알고 있을 때 사람들은 자기가 아는 것이 곧 자신이 도달한 영역이라고 착각을 합니다. 다른 사람들은 모르고 자신만 아는 것 같이 느낄 때, 특히 그런 착각에 빠지기가 쉽습니다. 그러나 실제의 상태에 이르지 못한 것은 곧 본질이 나옵니다. 그러므로 거기에 위선과 이중적인 처신이 나오며, 따라서 궤계가 있게 되는 것입니다.

'말씀을 혼잡케 한다(adulterate)'는 것은 돈을 더 벌기 위해 금에 구리와 같은 것을 섞어 파는 것과 같습니다. 즉 하나님의 말씀에 순수하지 않은 것들을 섞어 전하는 것입니다. 오늘날 많은 사람들이 말씀을 혼잡케 하는 방식으로 사역을 합니다. 그들은 하나님의 역사가 외면적으로 크게 이루어지면 된다고 생각하기 때문에 하나님의 순수한 성령의 인도가 아닌 인간의 방법을 동원하여 합당치 않은 것들을 가져와 주님의 역사에 섞어 놓습니다. 이러한 것들이 궤휼 가운데 행하며 하나님의 말씀을 혼잡케 하는 것입니다. 사람은 장사를 정직하게 제대로 하면 수입이 적기 때문에 좋지 않은 물건을 좋은 것들에 팔아 이윤을 많이 남기려고 하는 속성이 있습니다. 그러나 바울은 그대로 전하면 많은 사람이 이끌리지 않을 것을 염려하여 많은 것을 더함으로 숨은 부끄러움의 일과 궤휼을 행하면서 어찌하든지 하나님의 일만 잘 하면 된다고 생각하지 않았습니다. 그는 그러한 방법을 선택하지 않았다고 했습니다.

그 대신 바울은 오직 진리를 나타냈습니다. '역사가 있느냐 없느냐는 하나님께 달려 있다. 우리 편에서는 순전한 하나님의 말씀, 진리를 나타냄으로 하나님 앞에서 행한다. 우리의 사역은 사람 앞에서가 아니라 하나님 앞에서 각 사람의 양심에 대하여 스스로 천거하는 것이다.'

이러한 사역의 목표는 사람의 양심입니다. 양심은 사람의 가장 깊은 속에 있는 것으로서, 우리는 양심을 통해 죄와 죄가 아닌 것, 하나님과 하나님이 아닌 것들을 구분해낼 수 있습니다. 그러므로 사도들이 목표로 하는 것은 사람들의 양심입니다. 어떤 사람들은 인간의 양심을 만지는 사역을 하지 않고 사람의 인정이나 감정, 논리, 혼의 부분들을 의지하고 그것을 목표로 해서 사역하기도 합니다. 그럴 때 쉽게 사람들을 부추기고 동의하게 해서 어떤 운동을 일으킬 수도 있습니다. 그러나 바울은 그러한 형태로 사역하지 않았습니다. 그는 사람의 양심을 목표로 하여 사역하고 사람 앞에서가 아닌 하나님의 심판대의 빛 가운데서 하나님이 보시는 것같이 말씀을 증거하고 사역을 했습니다.

신약의 사역—하나님의 영광을 아는 빛을 비춤

3절, 만일 우리 복음이 가리웠으면 망하는 자들에게 가리운 것이라

어떤이들은 1절과 2절을 읽으면서 사도 바울에게 다음과 같이 질문할 수도 있습니다. '순수하게 진리를 나타내는 방식으로 양심껏 사역하는데 왜 많은 사람들이 당신들의 복음 전파를 받지 않는가?' 오늘날도 많은 사람들이 사역자를 판단할 때 그가 전도하여 얻은 열매의 인수의 다과(多寡)를 놓고 그의 역사가 하나님의 역사인가의 여부를 논하려 하는 경향이 있고 그 일은 오늘도 마찬가지입니다. 바울은 '만일 우리 복음이 가리웠으면 망하는 자들에게 가리운 것이라' 고 말합니다. 이는 바울의 복음사역이 저토록 철저하고 참되었기에 그렇게 담대히 말할 수 있었던 것입니다. 여기서 우리는 바울이 복음을 단순히 어떤 말이나 사상을 전하는 것이 아닌, 빛이 비취는 어떤 것으로 제시하고 있습니다. 그러기에 가리웠다는 표현을 합니다. 물론 가리워지는 문제는 3장 후반부의 율법 준수자들에 의한 것입니다. 바울은 그 수건, 가리우는 것이 모세의 율법임을 시사하고 있습니다. 빛이 비취지만 수건이나 어떤 가리개로 가리면 그 빛은 전달되지 아니합니다.

4절, 그 중에 이 세상 신이' 믿지 아니하는 자들의 마음을 혼미케 하여 그리스도의 영광의 복음의 광채가 비취지 못하게 함이니 그리스도는 하나님의 형상이니라

'이 세상 신' 을 헬라어로 읽으면 '호 데오스 투 아이오노스' 입니다. '이 세상의 하나님' 이라고 읽는 것이 정확할 것입니다. 오늘 이 세상의

신(神)은 공중의 권세를 잡은 자, 이 세상의 주관자인 곧 사탄입니다(엡 2:2, 6:12). 사탄이 하는 일은 믿지 아니하는 자들의 마음을 혼미케 하여(사탄은 사람들 속에 그리스도에 대한 오해와 편견과 선입견을 집어넣어 믿지 못하게 하는 정책을 쓴다) 하나님의 형상이신 그리스도의 광채를 보지 못하게 하는 것입니다. 복음에 대하여 사탄은 진리의 확장을 막습니다. 복음의 진리가 세상에 퍼져나가는 것을 막고, 진리가 전파되었다 하더라도 사람들의 마음을 혼미케 하여 보아도 보지 못하며 들어도 듣지 못하며 마음으로 깨닫지 못하게 합니다. 사탄은 각종 방해와 핍박으로 사도들의 전파를 막습니다. 그뿐 아니라 사람들이 심지어 말씀을 전파하는 모임에 나와 있어도 그들의 생각을 혼미케 하여 복음의 광채가 비춰지 못하게 합니다. '혼미케 한다'는 말은 소경이 되게 한다(blinded-흠정역, 다비역)는 뜻이 있습니다.

여기에서 '광채'란 '조명(illumination)'을 의미합니다. 또는 빛(light)을 의미합니다. 바울은 복음이 하나의 논리나 사상이 아니라 빛이라고 말합니다(light of the gospel). 영광의 복음의 광채는 그리스도로 말미암아 계시된 복음진리를 말함입니다. 고린도 후서 4장 4절에서 바울은 조명이 비취는 방식으로 복음진리가 전파된다고 했습니다. 그리스도는 하나님의 형상이십니다. 즉, 그리스도의 얼굴을 통해서 하나님의 형상이 비취는데, 복음 전파란 사람들 마음속에 그 그리스도가 비취는 것이라는 말입니다. 이는 우리가 오늘 복음을 전파할 때 사람들 마음속에 그리스도가 비취도록 해야 한다는 것을 의미하는 말입니다. 그리스도가 참 빛이시니 우리의 복음의 전파는 자연 그분의 빛이 사람들 마음속에 비취게 됩니다. 오늘날 어두운 가운데 밝은 한 줄기의 조명이 비취는 것을 생각하면 이해하기 좋습니다.

실상 복음은 그리스도입니다. 바울은 여기서 그리스도가 하나님의 형상(image of God)이라고 말합니다. 따라서 우리는 그리스도를 통하여 하나님을 알 수 있습니다. 즉 그리스도는 나타난 하나님이라는 말입니다. 여기서 우리는 복음의 빛(light of the gospel)이란 결국 하나님 자신이라는 것을 알 수 있습니다. 요한은 "하나님은 빛이시니 그에게는 어두움이 조금도 없으시니라"고 하였습니다(요일 1:5). 여기의 빛은 의심할 여지없이 복음의 빛입니다. 이 빛이 그리스도를 통하여 비취었지만 아무도 영접하지 않았다고 했습니다(요 1:11). 요한은 그리스도를 참 빛이라고 표현했습니다. 그분은 참 빛으로서 세상 모든 사람에게 비춰러 오신 것이라고 한 것입니다(요 1:9). 그러나 이 빛을 영접하는 자 곧 그 이름을 믿는 자에게는 하나님의 자녀가 되는 권세를 얻게 된다고 한 것입니다(요 1:13). 바울은 이를 '그리스도의 영광의 복음의 광채'라고 표현하였고, '예수 그리스도의 얼굴에 있는 하나님의 영광을 아는 빛'이라고 표현했습니다(고후 4:4, 6).

우리는 이러한 구절들을 읽으면서 현대에 우리가 복음을 전하는 것이 사도들의 당시 복음과 차이가 있는 지 없는지 고려해볼 필요가 있습니다. 우리는 죄사함을 받는 구절들이나, 구원받은 것을 확실하게 해주는 말씀들을 어떻게 하면 분명하게 전해줄까 하는 데에 중점을 두는 경향이 있습니다. 그러나 사도들은 "예수가 하나님의 아들이신 것"을 많이 전했습니다. 요한 일서에서도 결국 사도들이 말하는 진리란 다른 것이 아니라 예수가 그리스도이신 것입니다(요일 2:21-22). 우리는 결국 예수가 하나님의 아들이심을 믿는 자들인 것입니다(요일 5:5). 나는 오늘날 많은 성도들이 이런 진리가 분명하지 않을까 염려가 됩니다. 복음이란 무엇입니까? 결국 아들을 통하여 나타나신 하나님이십니다. 그것이 곧 참 빛입니다. 아무도 하나님을 본 사람이 없으되 아버지 품속에 있는 독생하신 하나님이 나타내신 것입니다(요 1:18). 즉 아들은 나타난 하나님이신 것입니다. 누구든지 아들을 통하여, 아들의 말을 듣고, 보내신 분 아버지를 믿을 수 있다면 구원을 받게 되는 것입니다(요 5:24).

원래도 우리 하나님은 빛이십니다. 모세나 이사야나 에스겔이나 요한도 그 보좌를 볼 때에 그 보좌는 빛으로 가득합니다. 벽옥과 같고 홍보석이나 녹보석 같습니다. 거기에는 무지개가 있고, 온통 영광 빛으로 가득합니다. 그 빛은 결국 사랑이요, 은혜요, 진리입니다. 한 마디로 말하면 복음입니다. 복음은 주님 자신이고 또한 빛이십니다. 오늘날 많은 사람들은 이러한 은혜와 사랑의 하나님을 오해했습니다. 주로 율법으로 말미암은 것입니다. 시내산에서 두려움으로 나타나신 하나님은 이스라엘의 두려움이 되었습니다. 그러나 율법은 타락한 사람의 필요를 인하여 더해진 것입니다. 원래 하나님이 사람에게 주시고자 하신 것은 은혜입니다(딤후 1:9). 은혜의 근원은 사랑이요, 사랑은 곧 빛입니다. 또한 진리입니다. 그 진리의 빛은 그리스도의 얼굴에 있는 것입니다. 우리는 사람을 그 얼굴을 통해서 알 수 있습니다. 인자하냐, 무서우냐 하는 것입니다. 우리 하나님이 어떤 분이냐 하는 것은 예수 그리스도의 얼굴에 나타납니다. 나는 지난 주 한 번 작은 무리의 성도들에게 최선을 다해서 나의 온유함을 나타내려 했지만 벌써 어린 한 두 지체들이 나의 얼굴에 있는 노여움을 눈치챘습니다. 물론 몇 몇 성도들의 의견과 거역으로 인한 근심에서 비롯되었습니다. 그럼에도 불구하고 나는 최선을 다했고 성도들은 은혜를 얻었습니다. 주님이 나를 불쌍히 여겨주셨고 성도들을 또한 불쌍히 여겨 주셨습니다. 어쨌든 속일 수 없는 것은 우리 얼굴을 통해 나타난 우리의 내면의 그 어떠함입니다.

우리 하나님은 그분의 영광을 예수 그리스도의 얼굴을 통해 나타냈습니다. 이것을 바울은 복음이라고 합니다. 그러니 그분의 영광 빛은 결국 복음인 것입니다. 나는 누구든지 하나님을 모르기 때문에 그분을 믿지 않는 것이지 그분을 안다면 믿고 구원을 얻으리라고 믿습니다. 그러면 하나님이 어떤 분이십니까? 어떤 사람의 말처럼 흰 두루마기를 입고 큰 담배대를 가지고 잘못한 사람 꿀 밤을 한 대씩 주시는 하나님이십니까? 많은 사람이 하나님을 모르고 하나님을 오해했습니다. 우리 하나님은 어느 날 결심하셨습니다. "나의 어떠함을 나타내자!" 하신 것입니다. 그분이 오셨을 때 사람들은 놀랐습니다. 그러므로 참 빛으로 오신 하나님을 거절한 것입니다. 그렇지만 우리는 오늘 예수 그리스도의 얼굴을 통해 하나님의 영광을 봅니다. 그리고 우리는 귀하신 하나님을 믿고 영접하게 된 것입니다. 그리고 하나님의 자녀가 되는 권세를 얻게 된 것입니다.

그분은 이 땅에 오셨을 때 "나를 본 자는 아버지를 본 것이다"라고 하셨습니다. 나는 그 말을 들은 제자들이 그 뜻을 온전히 이해하였으리라고 믿지 않습니다. 하나님이 과연 어떤 분이신가? 그분이 그렇게 겸손하고 온유하며, 사랑으로 가득한 분이신가? 사람들은 믿을 수 없었습니다. 오늘 우리는 우리가 누리는 태양 빛 속에도 그렇게 많은 성분들이 들어있다는 것에 대하여 쉽게 믿을 수 없습니다. 그 안에는 우리가 알지 못하는 사람의 필요를 공급하고 만물을 살게 하는 풍부하고 수많은 자양분이 들어있습니다. 여러분은 과연 하나님의 영광의 빛 속에 우리를 살리는 수많은 공급이 들어있다는 것을 믿습니까? 그분이 원래부터 그렇게 사랑스럽고 귀하고 온유하고 겸손하며, 놀라운 분이시라는 것을 믿을 수 있습니까? 예수 그리스도께서 오시기까지 사람들은 대부분 하나님을 오해하고 있었습니다. 그러나 주님은 갈릴리의 몇몇 어린 아이들에게 자신을 계시하기를 기뻐하셨고 오늘 우리에게도 그분을 나타내십니다.

그분은 누가복음 15장에서 하나님의 영광 빛(은혜와 사랑으로)을 나타내셨습니다. 그분은 가나의 혼인 잔치집에서 하나님의 영광(능력으로)을 나타내셨습니다. 때때로 그분은 용서의 하나님으로, 거룩으로, 지혜로 하나님의 영광을 나타내시고 하나님을 선포하신 것입니다(요 1:18, declare). 그분이 이 땅에서 하신 모든 일은 다 하나님이 어떤 분이신가를 우리에게 보이신 것입니다. 하나님은 과연 어떤 분이신가요? 문 앞에 서서 사면을 보며 나간 자식이 돌아오기를 기다리는 아버지와 같으십니다. 오! 나는 당신이 예수 그리스도를 통하여, 그분의 얼굴 빛을 통하여 지금까지 계시되지 않았던 하나님을 볼 수 있기를 바랍니다. 나는 누구든지 주 예수 그리스도의 얼굴에 나타난 하나님의 영광을 본다면 그분의 품에 엎드리지 않을 수 없으리라고 확신합니다. 바울은 다른 것이 아니라 이것을 복음이라고 한 것입니다. 당신이 예수를 통하여 하나님을 믿을 수 있다면 오! 당신은 구원을 받게 됩니다. 그리고 고백하게 될 것입니다. 오! 예수여! 당신이 진정 나의 하나님이였군요!(요 20:28)

5절, 우리가 우리를 전파하는 것이 아니라 오직 그리스도 예수의 주 되신 것과 또 예수를 위하여 우리가 너희의 종 된 것을 전파함이라

바울과 그의 일행은 자신들을 전파하지 않았습니다. '우리가 우리를 전파하는 것이 아니라' 는 말은 자기의 전도를 통해서 스스로의 인기나 명예를 구하지 않는다는 뜻이고 자신의 뛰어난 지혜나 지식을 자랑하는 식으로 전하지 않는다는 뜻입니다. 오늘날 많은 사람들이 전하는 것은 자신의 지식을 자랑하는 식입니다. 즉 '내가 이렇게 잘 안다' 는 것입니다. 그러나 사도들의 전파의 특징은 그리스도를 전하는 것입니다. 오직 그리스도 예수의 주되신 것과 예수를 위하여 그들이 사람들의 종 된 것을 전파했습니다.

여기에 서로 대비되는 말, '주' 와 '종' 이 있습니다. 사도들은 자신들을 전파하지 않고 그리스도 예수가 주되심을 전파했습니다. 또한 자신들이 사람들의 종 된 것을 전파했습니다. 바울은 이 구절에서 매우 인상적인 말을 사용했는데 이는 그가 하나님의 종이지만 또한 교회의 종이라고 말한 것입니다. 그는 복음을 전파하기 위해 자기를 낮추었다는 것입니다. 그는 이런 표현을 본서 11장 7절에도 사용하였습니다. "내가 너희를 높이려고 나를 낮추어 하나님의 복음을 값없이 전함으로 죄를 지었느냐". 그는 그의 전파를 통해 오직 그리스도의 주되심을 전하고 자신은 사람들의 종이 된 것을 전했습니다. 그의 전파에 있어서 바울 자신은 중요한 존재가 아니었습니다. 그는 다만 그들이 자신의 전파를 통해서 그리스도의 주되심만 깨달을 수 있기를 바란 것입니다. 이 일을 위해 자신은 기꺼이 사람들의 종이 되고자 한 것입니다. 바울은 이 일에 있어서 오늘 우리 모든 사람의 본이 된 것입니다.

'예수를 위하여' 란 말은 많은 사본에서 'for Jesus sake' 로 번역하였으나 고대 사본에는 'through Jesus' 로 되어있어 '예수를 통하여' 로 번역할 수 있습니다(A.S.V, 1901, 각주). 이 '통하여' 라는 작은 단어는 매우 의미 있는 말입니다. 만일 당신이 예수를 더 많이 접하고 누리며 섬긴다면 그 결과로 당신이 많은 사람들의 종이 된다는 말입니다. 즉 예수를 통하여 당신은 더욱 교회의 종이 되더라는 말입니다. 더욱 사람들의 종이 되려 한다면 예수를 더 얻고 누려야 합니다. 예수를 통하지 않고 사람들의 종이 될 수 있는 사람은 하나도 없습니다. 당신이 다른 사람보다 더 예수를 알고 그분을 얻었다면 예수를 적게 얻은 사람보다 종이 될 수밖에 없습니다. 내가 우리 사랑하는 성도들이나 주 안의 친구들에게 종이 될 수 있는 것은 내가 얻은 풍성한 그리스도로 말미암은 것입니다. 그리스도는 우리로 그분을 나눠주고 그분께 인도할 사람들을 향하여 기꺼이 낮아지고 종이 되게 하십니다.

6절, 어두운 데서 빛이 비취리라 하시던 그 하나님께서 예수 그리스도의 얼굴에 있는 하나님의 영광을 아는 빛을 우리 마음에 비취셨느니라

"어두운 데서 빛이 비취리라 하시던 그 하나님께서". 이 구절은 창세기 1장에서 하나님께서 천지를 창조하실 때 빛이 비춰라고 하신 그 빛을 말합니다. 그것은 옛 창조를 위한 것이었습니다. 그런데 오늘 바울이 전하는 이 복음의 빛(전파)은 새 창조를 위한 것입니다. 새 창조는 예수 그리스도의 얼굴에 있는 하나님의 영광을 아는 빛을 사람의 마음

속에 비춤으로 이루어집니다. 예수 그리스도의 얼굴에 있는 하나님의 영광을 아는 빛을 우리 마음에 비추는 것이 바로 복음입니다. 복음에는 분명한 빛 비춤이 있어야 합니다. 우리 속에 빛 비췸이 필요합니다. 다만 바깥의 문자를 이해하는 것만으로는 부족합니다. 규례를 지키는 것으로도 또한 부족합니다. 복음을 통해 사람 마음속에 무언가 비춰어져야 합니다. 분명히 전에는 어두웠지만 사도들이 말씀을 전할 때 복음의 광채가 어두운 마음을 비춥니다. 당시 사도들의 사역은 하나님의 계시를 우리 마음에 전달하는 사역을 한 것입니다. 다만 지식을 넣어주는 일을 한 것이 아닙니다. 지식이나 철학이나 논리는 사람들의 생각에 빛을 넣어주지 못합니다. 사도들이 하나님의 말씀을 혼잡시키지 않고 그대로 전파할 때 그 전파를 들은 사람들의 마음에 말씀의 빛이 비춰며 밝아집니다. 그 이유는 복음에는 그리스도의 빛이 있기 때문입니다. 믿지 않는 사람들에게 전파될 때 뿐 아니라, 마음이 덮인 믿는이들이 주님의 종들이 전파하는 순수한 말씀을 들을 때에도 속이 비춰어집니다. 어두움이 드러나는 것입니다. 이것이 바로 복음의 능력이요 새 창조의 역사입니다. 구약의 역사는 외면적인 것입니다. 하나님이 첫 창조, 옛 창조를 하셨을 때도 어두운 데 빛이 비춰라 하실 때 빛이 있었습니다. 그러나 이것은 밖에서 일어나는 일인 것입니다. 오늘 하나님의 영원한 뜻을 이루는 새 역사는 사람의 마음속을 복음으로 비춤으로써 이루어집니다. 복음 진리가 선포될 때 어두운 마음이 빛을 얻게 됩니다. 바로 이것이 복음의 광채입니다.

복음은 바로 그리스도 자신이며 그리스도는 하나님의 형상이십니다. 예수 그리스도의 얼굴에는 하나님의 영광을 아는 빛이 있습니다. 그 빛이 어두운 여러분의 마음에 비추러 다가옵니다. 때로 여러분의 속이 어두워졌을 때 하나님의 진리를 받아들이면 속에 빛이 충만해집니다. 이때 여러분들 속에 비춰는 것은 예수 그리스도의 얼굴에 있는 하나님의 영광을 아는 빛입니다. 그 빛이 복음 전파를 통해서 우리 마음속에 비취는데, 바로 이것이 신약의 사역입니다. 신약의 사역은 사람들 속에 하나님의 아들의 영광을 비추어 그들 속에 빛이 있게 만드는 것입니다.

이 보배를 질그릇에 가졌으니

7절, 우리가 이 보배를 질그릇에 가졌으니 이는 능력의 심히 큰 것이 하나님께 있고 우리에게 있지 아니함을 알게 하려 함이라

이 보배는 바로 그리스도입니다. 우리가 복음을 들을 때 빛 비춤을 받게 되는데, 이 빛 비춤을 받을 때 우리는 속에 보배를 갖게 됩니다. 이 보배는 그리스도입니다. 생명입니다. 우리는 속에 보배를 가지고 있는데, 그릇인 우리는 흙으로 되어 있습니다. 흙으로 된 질그릇은 깨지기 쉬운 연약한 그릇입니다. 왜 우리를 질그릇이라고 합니까? 이것은 우리가 다 약하다는 것을 의미합니다. 바울은 자기가 받은 복음은 영광스러운 보배이지만 전파하는 자신은 연약한 질그릇이라고 한 것입니다. 하나님의 복음의 빛과 은혜의 보물이 흙으로 만든 그릇 안에 놓여져 있습니다. 믿음은 매우 쉽고도 단순하지만 그 믿음으로 우리에게 임한 축복은 너무나 놀랍습니다. 지극히 큰 능력이 우리에게 임하는 것입니다. 이는 복음으로 인하여 우리에게 임한 것이지, 사람의 노력이나 열심에 의해서 생긴 것이 아닙니다. 그럼에도 이 능력이 여전히 우리에게 있는 것이 아니라 하나님께 있다고 말합니다.

"이는 능력의 심히 큰 것이 하나님께 있고 우리에게 있지 아니함을 알게 하려 함이라". 바울같이 강한 사람도 자신을 연약한 질그릇으로 표현했기 때문에 우리가 연약한 질그릇인 것을 의심할 필요가 없습니다. 우리는 이 구절을 통해 사도 바울조차도 자신의 연약함과 한계를 많이 느꼈다는 것을 알 수 있습니다. 저도 때로 보통 사람보다 더 약한 부분이 있다고 생각할 때가 있습니다. 그렇다 하더라도 저는 낙심하지 않습니다. 왜냐하면 우리는 다 질그릇이지만 속에 귀한 보배를 가지고 있기 때문입니다. 우리는 다른 사람들 같이 약하고 정욕에 빠지기 쉬우며 쉽게 깨어질 만한 그릇입니다. 하나님이 우리를 이렇게 약한 질그릇으로 만드신 이유는 능력의 심히 큰 것이 하나님께 있고 우리에게 있지 아니함을 알게 하기 위해서입니다. 만일 우리가 강하다면 아무래도 자신을 의지할 것입니다. 그러나 약하기 때문에 자신을 의지할 수 없습니다.

예를 들어, 우리가 짐을 부칠 때 그 짐이 단단하면 '깨지기 쉬움(fragile)' 이란 꼬리표를 붙일 필요가 없습니다. 하나님께서 우리를 약한 질그릇으로 만드시고 이 약한 질그릇으로 하여금 사역을 하게 하시는 이유는 무엇입니까? 자신을 믿거나 의지하지 않게 하기 위해서입니다. 능력의 심히 큰 것이 하나님께 있고 우리에게 있지 않습니다. 그러므로 저는 항상 기도를 많이 하고 주님을 의지해야 합니다. 우리가 다니며 사역하다 보면 약한 질그릇이 깨지는 소리가 날 때가 많습니다. 그러나 이 질그릇이 깨지는 상황을 통해서 보배가 나타납니다. 때로 우리 입에서 탄식과 한숨이 나오고 우리 눈에서는 눈물이 나옵니다. 이렇게 질그릇이 깨지는 상황을 통해서 능력의 심히 큰 것이 나타나는 것이 복음이 전파되는 원리입니다. 여러분들은 영적인 사람이라고 해서 모든 것을 초월하고 뭔가 특별한 사람이라고 생각해서는 안됩니다. 여기에 매우 모순 같고 양면적인 진리가 있습니다. 한 면으로는 매우 약하지만 그 속에 보배인 능력이 있습니다. 어떤 사람들은 영적으로 성장한 사람들이 어떤 면에서도 약하지 않고 강하다고 여길지 모르지만 그렇지 않습니다. 지극히 약하지만 그 가운데 강한 능력이 나타나는 것입니다.

어떻게 하나님의 능력이 질그릇을 통해 나타나는가

8-9절, 우리가 사방으로 우겨쌈을 당하여도 싸이지 아니하며 답답한

일을 당하여도 낙심하지 아니하며 핍박을 받아도 버린 바 되지 아니하며 거꾸러뜨림을 당하여도 망하지 아니하고

8절부터 뒤에 나오는 몇 구절은 7절을 적용하는 부분입니다. 어떻게 하나님의 능력이 질그릇을 통해 나타나는가를 설명하고 있습니다. 사도들은 항상 우겨쌈을 당하는 상황에 있었습니다. '우겨쌈을 당하다' 라는 말이 다른 번역본에는 '압력을 받다(be pressed on)' 로 되어 있습니다. 사도들은 항상 압력과 눌림 아래 있었습니다. 그들은 사방으로 많은 압력과 제한 아래 있었습니다. 약한 질그릇이 압력 아래 있었다는 것은 매우 힘들다는 의미입니다. 3장에서 사역은 사람 속에 그리스도를 새기는 것이라고 말했습니다. 그러한 사역을 하는 사역자들은 4장에서 많은 압력을 통과하는 사람들입니다. 많은 압력을 통해서 사역자들이 그리스도의 편지를 쓰는 사역을 한다는 것입니다.

그들은 사방으로 압력을 받지만 싸이지 않았습니다. 이것은 그들이 괴롭힘을 당하지 않았다는 뜻입니다. 이것은 '완전히 부서지지 않았다(be not crushed)' 는 뜻도 지니고 있습니다. 약한 질그릇이 압력과 제한 아래 있는데도 완전히 부서지지 않고 그렇게 많은 괴로움 아래 있지 않았다는 의미입니다. 다비 성경에서는 '모든 면으로 괴롭힘을 당하지만 그렇게 좁아지거나 갇혀 있지 않다' 고 번역했습니다.

'답답한 일을 당한다' 는 것은 '당혹스럽다(perplexed)' 는 뜻입니다. 사도들에게는 답답한 일이 많았습니다. 그들은 어떻게 할 줄 모르는 당혹스런 상황에 직면했습니다. 사역자들은 때로 어떻게 해야 할지 모르는 당혹스러운 상황을 만나곤 합니다. 그러니 답답한 것입니다. 그러나 완전히 절망스러운 것은 아니었습니다. 사도들이 그러한 상황에서도 싸이지 않고 낙심하지 않은 것은 능력의 심히 큰 것 때문입니다. 이때 사도는 자신이 약하지만 속에 보배가 있다는 것을 체험합니다. 이것이 바로 사도들의 생활입니다. 사도는 당혹스럽지만 완전히 절망스러운 것은 아니라고 말했습니다. 다비역에서는 이 단어를 '명백한 결과를 보지 못함' 이라고 번역했습니다. 겉으로는 결과가 없어 보이고, 앞도 보이지 않을 정도로 캄캄한 것은 아닌데, 조금만 보이는 그것이 바로 하나님의 능력이라는 말입니다.

9절의 '핍박을 받는다' 는 말이 미국 표준역에는 '추적을 당하다(be persued)' 로 되어 있습니다. 그러므로 '핍박을 받는다' 는 말은 '사람들이 항상 뒤를 쫓는다' 는 말과 같습니다. 사도 바울이 사역하면 유대인의 한 무리가 그를 쫓아갔습니다. 항상 그를 주목하고 그가 무엇을 하는지 추적합니다. 경찰은 항상 범인을 추적합니다. 사도들은 어떤 사람들의 추적의 대상이 되고 있었는데, 이것이 바로 핍박을 당하는 것이었습니다.

그들은 추적을 당하고 핍박을 당하나 버린 바 되지 않았습니다. '버린 바 되지 않았다(be not forsaken)' 는 말은 '뒤에 버려지지 않았다(be left behind)' 는 뜻입니다. 핍박을 당하면 끝날 것 같지만 완전히 버려지는 것은 아니라는 의미입니다. 다비는 이에 대해 '포기되지 않는다(be not abandoned)' 로 번역했습니다.

'거꾸러뜨림을 당하다' 는 '때려 눕힘을 당하다(be struck down)' 는 뜻이 있습니다. 사도들은 추적을 당하고 때려 눕힘을 당한 사람들입니다. 다비역에는 '던져지다(be cast down)' 로 되어 있으며, 미국 표준역에는 '내리쳐지다(be smitten down)' 로 번역되어 있습니다. 사도들은 그렇게 거꾸러뜨림을 당하여도 완전히 망하지 않았습니다. 매우 어려운 고난 가운데 있을지라도 거꾸러져 완전히 망하는 것이 아니라 기묘하게도 그런 환경 속에서 부활의 능력이 일어났습니다.

바울이 연약함을 느끼지 않았다면 자신을 질그릇으로 표현하지 않았을 것입니다. 그가 사방으로 우겨쌈을 당하고 답답한 일을 당하며 핍박을 받고 거꾸러뜨림을 당한다는 표현을 쓴 것으로 보아 그에게는 겉사람이 약한 질그릇이라는 느낌이 있었습니다. 그는 그렇게 강한 사람이 아니었습니다. 우리는 그러므로 위로를 받습니다. 바울 같은 사람이 그렇게 자신을 연약한 질그릇에 비유했습니다. 그는 비록 매우 연약했고 연약한 가운데 몹시 때려눕힘을 당하고 던져지는 환경에 놓여 졌어도 완전히 끝나지 않고 여전히 길이 있어 갈 수 있게 하는 능력이 속에서 일어났습니다.

항상 예수 죽인 것을 몸에 짊어짐은

10절, 우리가 항상 예수 죽인 것을 몸에 짊어짐은 예수의 생명도 우리 몸에 나타나게 하려 함이라

'예수 죽인 것' 이 영문 성경에는 'dying of Jesus' 로 되어 있지만 헬라어 원문에는 '네크레시스(νέκρεσισ)' 로 기록되어 있는데, 이것은 진행 중에 있는 죽음을 설명할 때 쓰는 단어입니다. 이것은 영어로 'put into death(죽음에 넣어진다)' 로 번역되어야 합니다. 사도들의 일상생활은 항상 죽임 아래 놓여지는 생활이었습니다. 그들은 진행 중인 죽음 아래 있었습니다.

사도들이 예수의 '네크레시스' 아래 있는 이유는 예수의 생명이 그들 몸에 나타날 필요가 있기 때문입니다. 예수의 생명은 예수의 능력 혹은 하나님의 큰 능력 혹은 보배라고 할 수 있습니다. 이것은 십자가의 죽음의 상황 아래서 나타납니다. 하나님이 사도들을 이러한 상황에 둘 수밖에 없는 이유는 예수의 생명이 죽음의 상황에서 나타나야 하기 때문입니다. 주님의 갈망은 우리 몸을 통해서 예수의 생명이 나타나는 것입니다. 사실상 이것이 복음 전파입니다. 이것이 생명의 분배요 영광의 광채를 비추어내는 방법입니다. 영광의 광채를 더 밝게 비추기 위해서는 우리에게 더 많은 고난이 필요합니다. 더 많은 고난을 받을 때 더 많은 광채가 있게 됩니다.

요한 계시록 19장에서 주님이 다시 오실 때 어린양의 아내가 예비됩니다. 어린양의 아내가 입은 옷은 빛나고 깨끗한 세마포입니다. 사람들은 깨끗하고 거룩한 것만을 주목할 뿐 빛나는 것은 주목하지 않습니다. 빛나는 것은 많은 환경의 압력으로 인한 것입니다. 성도들이 성령을 따라서 의로운 행실을 가질 때 그 옷은 깨끗할 것입니다. 여기에 더해 빛이 나기 위해서는 압력과 고난이 있어야 합니다.

4장에서는 주로 복음을 사람의 마음에 광채를 비추는 것으로 표현했습니다. 광채를 비추는 사도들이 되기 위해서 그들은 어려운 환경 안에서 '예수 죽인 것' 아래 생활하는 것이 필요했습니다. 그렇게 살 때 그들의 몸을 통해서 예수의 생명이 나타나게 되었습니다.

11절, 우리 산 자가 항상 예수를 위하여 죽음에 넘기움은 예수의 생명이 또한 우리 죽을 육체에 나타나게 하려 함이니라

여기의 죽음은 헬라어로 '싸나토스(θάνατοσ)' 입니다. '싸나토스'는 완전히 죽었다는 것을 표현하는 데에 쓰는 말입니다. 10절의 죽음은 과정 아래 있는 죽음인 반면, 11절의 죽음은 완전한 종결입니다. 항상 죽음의 압력과 예수 죽인 것 아래 있고 결과적으로 완결된 죽음 아래 있게 된다는 의미입니다. 완전히 죽고 포기되어지고 완전히 끝내어지는 상황 안에 있게 되는 것이 11절의 죽음입니다.

죽을 육체에 나타나는 예수의 생명은 부활 생명을 말합니다. 죽을 육체에 대비되는 말은 부활 생명입니다. 그러므로 우리에게 온전한 죽음이 역사될 때, 우리 산 자가 완전히 그리스도의 죽음에 넘기워졌을 때, 부활 생명이 우리 죽을 육체에 나타납니다. 심지어 우리의 영의 생명뿐 아니라 죽을 육체까지도 살고 활력 있게 됩니다. 10절과 11절은 비슷한 말 같지만 10절의 예수의 생명은 영적 생명의 나타남에 중점이 있고 11절의 예수의 생명은 우리의 육신적인 생명에서의 활력을 의미하는 것입니다. 바울은 그의 사역에서 영적인 생명의 나타남을 필요로 했고 그것을 위해 예수 죽인 것을 몸에 짊어질 필요가 있었으며 그의 사역의 육적 능력과 활력도 주님의 부활 생명에서 찾은 것입니다. 그는 예수를 위하여 자신을 죽음에 넘기는 사역을 할 때, 예수의 부활 생명이 역사할 것을 알았습니다. 이 구절의 예수의 생명의 적용범위가 바울의 육신의 생명까지 포함한다는 것은 '죽을 육체에' 라는 구절에서 확인할 수 있습니다. "예수의 생명이 죽을 육체에 나타나게 하려함이라".

12절, 그런즉 사망은 우리 안에서 역사하고 생명은 너희 안에서 하느니라

11절까지의 말씀들은 12절로 요약될 수 있습니다. 사도들 안에서는 사망이 역사하고 생명은 성도들 안에서 역사합니다. 사역은 성도들 안에 생명이 역사하도록 하는 것입니다. 이러한 사역을 위해서 사도들은 항상 사망 아래 있었습니다. 사망이 사도들 안에 역사할 때 부활 생명이 성도들에게 공급되었습니다. 하나님은 사도들을 선택해서 그들을 죽음 안으로 이끄십니다. 그분이 선택하시고 사랑하는 사역자들이 가는 길이 어렵고 험난해야 사망이 그들 안에 역사되고 생명이 성도들에게 공급되어집니다.

저는 여기서 창세기에 있는 요셉이라는 사람을 소개하고자 합니다. 그는 매우 풍성한 사역자가 되었습니다. 그는 애굽의 많은 사람을 공급할 수 있었고 심지어 가나안 땅의 동족의 굶주림까지도 해결할 수 있었습니다. 그렇게 풍성한 사역자가 되기까지 그는 쉽지 않은 길을 걸었습니다. 만일 그가 형들과 같이 가나안에서 행복하게 살았다면, 그는 애굽의 총리가 되어 많은 곡식을 저장했다가 형들과 가나안 사람들과 애굽 사람들이 굶주릴 때 공급할 수 있는 공급력을 가질 수 없었을 것입니다. 그가 형들에게 미움을 받아 팔리고 감옥에 들어가는 등 많은 괴로움을 겪어야만 했던 이유는 그러한 과정을 통해서 풍부한 양식을 쌓을 수 있었기 때문입니다. 그는 그러한 고난의 과정 안에서 애굽의 풍성한 양식을 준비할 수 있었습니다. 요셉이 왜 애굽에 오게 되었습니까? 겉으로 볼 때는 형들이 그를 팔았지만 사실 하나님이 그렇게 하신 것입니다. 모든 사람을 공급할 수 있는 사람이 되도록 하나님께서 요셉을 그렇게 만드셨습니다.

신약의 사도들은 어떠한 사람들입니까? 하나님에 의해 인도되어져 사망의 길로 먼저 들어간 사람들입니다. 사망을 통과해서 얻은 생명을 많은 성도들에게 공급하는 이가 바로 새 언약의 사역자입니다.

사도들의 목표—성도들이 하나님께 영광을 돌리게 하려 함

13절, 기록한바 내가 믿는 고로 말하였다 한 것같이 우리가 같은 믿음의 마음을 가졌으니 우리도 믿는 고로 또한 말하노라

이 구절은 시편 116편 10절에서 다윗이 한 말입니다. 그 당시에 다윗은 많은 환난 가운데 있으면서 믿는 고로 말한다고 했습니다. 여기의 마음은 영입니다. 믿음은 영에 있는 것입니다. 다시 말하면, 사도들은 아주 당혹스럽고 핍박과 거꾸러뜨림을 당하며 사방으로 길이 없는 상황 아래 있었지만 그들에게는 믿음의 영이 있었습니다. 바울은 시편 116편 10절을 인용하면서 '다윗이 믿는 고로 말했다 한 것같이 나도 믿는 고로 말하겠다. 우리도 같은 믿음의 영을 가졌기 때문이다. 분명히 믿음이란 영에 있는 것이다' 라고 말합니다. 이러한 환경 가운데서 혼에 빠지고 생각 속에 사로잡힌다면 믿음이 생기지 않습니다. 환경의 어려움에 사로잡히면 생각과 감정 속에서 방황하고 영 안에 있지 않습니다. 그때 믿음도 없습니다. 이러한 어려운 환경 속에서 믿음을 갖기 위해서는 영이 중요합니다. 이때 사도 바울은 믿는 고로 말한다고 했습니다. 지금까지 바울이 담대하게 말할 수 있는 비밀을 말하는 것입니다. 그는 믿음의 영을 갖고 있기에 믿음으로 이렇게 담대히 말하는 것입니다.

14절, 주 예수를 다시 살리신 이가 예수와 함께 우리도 다시 살리사 너희와 함께 그 앞에 서게 하실 줄을 아노니

이것이 바로 사도들이 믿는 바입니다. 즉 13절에서 그가 믿음의 영으로 말하는 구체적인 내용입니다. 하나님은 주 예수를 십자가의 죽음 가운데서 다시 살리셨습니다. 그는 주님처럼 사도들도 어려운 상황과 죽음 속에서 다시 살리실 것을 믿었습니다. 많은 고난, 십자가, 예수의 죽음의 역사 아래 놓여지게 하는 환경 가운데 있지만 사도들은 믿었고 또한 믿는 고로 "주 예수를 다시 살리신 이가 예수와 함께 우리도 다시 살리사 너희와 함께 그 앞에 서게 하실 줄을 아노니"라고 말했습니다. 사도들이나 성도들이나 다 그와 함께 그 앞에 서게 되리라는 믿음이 있기 때문에, 부활의 믿음이 있기 때문에, 소생되는 믿음이 있기 때문에 낙심하지 않았습니다. 그 앞에 선다는 것은 사도들이 성도들과 함께 미래에 그리스도의 심판대 앞에 선다는 것을 의미합니다(5:10-이상근 주석). 서서 주님의 보상을 받으리라는 소망입니다. 여기에 믿음도 있고 소망도 있습니다. 루터는 부활의 소망 안에서 하늘의 상급을 원하여 자기를 욕하는 자들을 가장 좋은 친구로 여기고 감사하였습니다. 그는 이 세상에서 주를 위하여 욕을 먹는 자는 하늘의 상이 크다는 것을 알았기 때문입니다(마 5:11-12). 4장에서는 '낙심하지 않는다' 는 말이 많이 쓰였습니다. 사도들은 낙심하지 않았습니다. 부활의 신앙을 가지고 있었기 때문입니다.

15절, 모든 것을 너희를 위하여 하는 것은 은혜가 많은 사람의 감사함으로 말미암아 더하여 넘쳐서 하나님께 영광을 돌리게 하려 함이라

사도들이 모든 고난과 핍박과 괴로운 일들을 겪으면서 일을 하는 이유는 성도들을 위하기 때문입니다. 사도들은 성도들을 위하여, 교회를 위하여 이러한 일들을 한다고 했습니다. "모든 것을 너희를 위하여 하는 것은"이란 구절에서 볼 수 있듯이 사도란 이와같이 모든 것을 교회를 위하여 하는 사람들입니다. 자신을 위하여 하는 것이 없습니다. 이럼으로써 많은 사람에게 생명이 공급됩니다. 많은 사람들은 사도들을 통해서 생명을 공급받게 됩니다. 또한 위로와 힘과 자랑을 얻습니다. 그럴 때 은혜가 많은 사람의 감사함으로 말미암아 더하여 넘칠 것입니다. 그 결과 성도들은 하나님께 영광을 돌리게 될 것입니다. 이것이 사도들의 목표입니다.

겉사람은 후패하나 우리의 속은 날로 새롭도다

16절, 그러므로 우리가 낙심하지 아니하노니 겉사람은 후패하나 우리의 속은 날로 새롭도다

사도들은 부활을 알기 때문에 낙심하지 않았습니다. 그의 사역의 목표는 어디까지나 부활 시에 보상되어지는 것을 바라본 것입니다. 또한 죽음을 통해서 사도들은 부활의 생명을 얻을 뿐 아니라 그 생명을 분배한 결과 그 은혜가 많은 사람의 감사함으로 말미암아 더하여 넘쳐서 하나님께 영광이 돌아간다는 것을 알았기 때문입니다(14-15). 이러므로 그는 낙심하지 않을 뿐 아니라 더욱 그 이유를 말하고 있습니다. 그가 또한 낙심하지 않는 이유는 겉사람이 후패하지만 속이 날로 새로워지기 때문입니다. 사도들은 많은 환경을 거치면서 겉사람이 후패해가는 것을 알았지만 그러한 후패하는 육체를 인하여 낙심하지 않았습니다. 겉사람은 후패하지만 속은 날로 새로워진다고 말합니다. 저는 일전에 오십 일 동안 많은 나라들을 다니면서 사역 여행을 했습니다. 형제자매들을 만났을 때 그들은 나에게 얼굴이 많이 상했다고 말했습니다. 제가 만일 주님의 일을 하지 않고 세상적인 일을 하다 얼굴이 많이 상했다는 말을 들었다면 참 공허했을 것입니다. 그러나 주의 일을 하는 중에 지체들에게서 그런 말을 들었을 때 제 속은 공허하지 않았습니다. 겉사람은 후패하나 우리의 속은 날로 새롭습니다. 이 구절에서 우리 그리스도인이 매일 매일 새로워져야 한다는 중요성을 읽게 됩니다. 죄도 나쁜 것이지만 낡은 것, 즉 새롭지 않은 것도 문제입니다. 주여, 제발 우리로 매일 매일 새롭게 하옵소서!

17절, 우리의 잠시 받는 환난의 경한 것이 지극히 크고 영원한 영광의 중한 것을 우리에게 이루게 함이니

환난은 잠시입니다. 그것이 아무리 무겁다 하더라도 성경은 경(輕)하다고 말합니다. 인생은 잠깐 지나가는 것입니다. 환난 또한 그리 길지 않습니다. 잠시 받는 환난의 경한 것입니다. 그러나 영광은 지극히 큰 것이며 영원한 것입니다. 신약의 사역을 통해 이루어지는 작품의 영광은 영원한 것입니다. 영원한 영광은 가볍지 않고 중(重)한 것입니다. 이것은 무게가 나가는 것입니다. 그가 낙심하지 않는 이유는 또한 환난은 영원한 영광을 이루기 때문입니다. 이 땅에서 주님과 함께 고난 받는 자는 상을 받게 됩니다(딤후 2:11, 12).

18절, 우리의 돌아보는 것은 보이는 것이 아니요 보이지 않는 것이니 보이는 것은 잠깐이요 보이지 않는 것은 영원함이니라

또한 사도들이 낙심하지 않고 달릴 수 있었던 것은 보이는 것을 애착하는 것이 아니라 보이지 않는 것을 애착하기 때문입니다. 오늘 우리가 애착하고 추구하는 것은 보이지 않는 것입니다. 보이는 것은 우리의 깊은 마음속에서 추구하는 바가 아닙니다. 보이는 영광 또한 우리의 추구하는 바가 아닙니다. 보이는 쾌락과 편안함도 우리의 추구하는 바가 아닙니다. 이 시대에 우리가 깊은 속에서 애착하고 추구하는 것은 보이지 않는 영원한 영광입니다. 이것은 보이지 않는 것이지만 실제입니다. 이 시대에 우리의 겉사람이 후패해도 우리는 후회하지 않고 공허하지 않습니다. 왜냐하면 영원한 영광의 중한 것이 속에 이루어지고 있으며 속이 날마다 새로워지기 때문입니다.

고린도후서 5장

2corinthians

고린도 후서 4장 16절 말씀을 다시 보겠습니다. “그러므로 우리가 낙심하지 아니하노니 겉사람은 후패하나 우리의 속은 날로 새롭도다”. 4장에서 사도 바울은 많은 환난을 당했고 핍박을 받았으며 항상 예수 죽인 것을 몸에 짊어지는 생활을 했습니다. 그것은 예수의 생명이 그러한 환난을 통과할 때에야 죽을 몸에 나타나기 때문입니다.

땅에 있는 장막집이 무너지면

이제 5장은 사도들의 육신적인 몸에 관한 부분입니다.

1절, 만일 땅에 있는 우리의 장막집이 무너지면 하나님께서 지으신 집 곧 손으로 지은 것이 아니요 하늘에 있는 영원한 집이 우리에게 있는 줄 아나니

4장 16절은 속사람이 날로 새로워지기 때문에 비록 겉사람은 후패하지만 실망하지 않고 낙심하지 않았다고 했습니다. 5장에 올 때, 1절에서 '땅에 있는 우리의 장막집'을 말하는데, 이것은 사도들의 육신적인 몸을 가리킵니다. 이 장막집은 곧 무너질 것이라고 했습니다. 우리의 몸은 이 땅에 잠시 있다가 언젠가 끝나게 됩니다. 장막은 이스라엘 사람들이 광야에 있을 때에 모세와 함께 세웠던 성막을 뜻합니다. 그 안에 하나님이 임재하셨고 이스라엘 백성들은 성막을 통해서 하나님께 나아갈 수 있는 길을 가졌으며 그 안에서 제사장들은 하나님을 경배하였습니다. 여기서 사도는 그들의 육신적인 몸이 하나님을 경배하기 위한 장소라고 여기는 것 같습니다. 우리의 몸은 하나님을 경배하기 위한 성령의 전입니다. 이러한 사상은 고린도 전서 6장에도 있습니다(19절). 우리의 몸은 우리가 하나님께로부터 받은바 성령의 전이라고 했습니다. 그러므로 우리는 이 땅에서 우리의 몸을 가지고 있을 동안에 마땅히 하나님을 경배하는 삶을 살아야 합니다.

그런데 이 장막 집은 얼마 안 가서 무너진다고 했습니다. 광야에서 이스라엘 백성이 성막을 지었고 그 성막을 가지고 움직였지만 그것은 언젠가 없어집니다. 가나안에 들어간 후에야 이스라엘 백성들은 더 견고한 성전을 건축했습니다.

"하나님께서 지으신 집 곧 손으로 지은 것이 아니요 하늘에 있는 영원한 집이 우리에게 있는 줄 아나니". 하나님께서 지으신 이 '집'은 건축물(building)이라고 했고, 땅에 있는, 지금 현재 우리가 가지고 있는 육신의 몸을 가리키는 '장막집'은 집(house)이라고 했습니다. 하나님께서 지으신 집인 이 건축물은 견고한 터가 있는 건축인 것입니다. 그러므로 우리의 육신이 끝난다는 것은 모든 것이 다 끝난다는 것을 의미하는 것이 아니며, 그날 우리에게 새로운 집이 있게 되는데 그것은 건축물로서 손으로 지은 것이 아니고 하늘에 있는 영원한 집이라는 것입니다.

"손으로 지은 것이 아니요 하늘에 있는 영원한 집이 우리에게 있는 줄 아나니". 땅에 있는 육신의 장막은 곧 무너질 것이고 그때 우리는 영원한 건축물 안에 있게 될 것인데, 그것은 손으로 지은 것이 아니고 하늘에 있는 영원한 집이라는 것입니다. 사도들은 이 땅에서 사역할 때 항상 핍박 아래 있었다고 했습니다. 말할 수 없는 고난을 당하고 있었습니다. 그러나 그들은 겉사람은 후패해 가고 있지만 속사람은 늘 새로워지고 있다고 말했습니다. 그런데 그들에게는 한 가지 지식이 있었는데 곧 그들의 땅에 있는 육신의 장막이 곧 무너지게 된다는 것이었습니다. 그들은 그것이 언제라도 끝날 수 있는 것임을 알았습니다. 그러나 그럴 때 하나님께서 지으신 영원한 집이 있게 되는데 그것은 손으로 지은 것이 아니라는 것입니다. 우리는 그러한 건축물 안에 있게 될 것입니다.

하늘로부터 오는 처소로 덧입기를 간절히 사모하니

2절, 과연 우리가 여기 있어 탄식하며 하늘로부터 오는 우리 처소로 덧입기를 간절히 사모하노니

여기서 사도들은 간절히 사모하며 또 한 면으로 탄식했다고 했습니다. 왜 그들이 탄식했습니까? 그것은 여전히 육신의 한계 안에 있었기 때문입니다. 그러므로 땅에 있을 때 그들은 육신적인 많은 제한 곧 약함과 피곤함과 고달픔 등을 인해서 탄식하지 않을 수 없었습니다. 그래서 그들은 하늘로부터 오는 처소로 덧입기를 간절히 사모했습니다. '하늘로부터 오는 처소'로 덧입는다는 것은 우리의 몸이 그리스도의 형상으로 영화롭게 변화되는 것을 뜻합니다. 다시 말해서, 변형되는 것(transformation)입니다. 지금 우리는 육신의 몸을 입고 있기 때문에 많은 약함과 질병에 시달립니다. 또 많은 제한을 받고 있습니다. 그러나 우리는 어느 날 부활 승천하신 예수 그리스도의 몸과 같은 영광의 몸으로 화할 것입니다. 그것이 바로 하늘로부터 오는 처소로 덧입는 것입니다. 지금은 육신의 몸을 입고 있기 때문에 탄식하지만 언젠가는 신령하고 강하고 영광스런 하늘에 속한 형상으로 덧입게 됩니다.

빌립보서 3장 21절을 보면, "그가 만물을 자기에게 복종케 하실 수 있는 자의 역사로 우리의 낮은 몸을 자기 영광의 몸의 형체와 같이 변케 하시리라"고 했습니다. 지금 우리가 가지고 있는 몸은 낮은 몸입니다. 그러나 주님이 다시 오실 때 우리의 몸은 주 예수 그리스도와 같은 영광의 몸의 형체로 변화될 것입니다. 사도들은 이 땅에서 많은 환난 속에서 사역하면서 육신적인 한계 때문에 탄식했으며 또 한편으로 간절히 사모하는 것이 있었는데, 그것은 그들의 몸이 영광스럽게 변형되는 것이었습니다.

벗고자 함이 아니요 오직 덧입고자 함이니

3절, 이렇게 입음은 벗은 자들로 발견되지 않으려 함이라

그들은 이렇게 입고 싶을 뿐 벗은 자들로 발견되기를 원치 않았습니다. 이것은 그들이 죽어서 주님을 만나고 싶어한 것이 아니라 살아서 주님을 만나고 싶어한 것을 암시하는 말입니다. 왜냐하면 살아서 주님을 만나는 것은 우리의 몸이 홀연히 변화되는 것을 뜻하기 때문입니다. 지금 우리가 죽는다면 당장 덧입을 수 없습니다. 곧바로 천국에 들어가서 하나님 앞에 세워지는 것이 아니기 때문입니다.

오늘 많은 그리스도인들이 오해를 하고 있습니다. 그것은 낙원을 모르기 때문입니다. 오늘 그리스도인이 세상을 떠나면 낙원에 있게 됩니다. 주 예수님이 십자가 위에서 오른편 강도에게 말씀하신 것과 같습니다. "오늘 네가 나와 함께 낙원에 있으리라"(눅 23:43). 이 낙원은 일종의 대기 장소입니다. 주님은 십자가에서 죽으신 뒤에 음부를 거쳐서 승천하셨습니다. 지금은 하늘 보좌에 앉아 계십니다. 그러나 모든 죽은 믿는이들은 마지막 나팔이 울리고 주님이 재림하실 때에야 비로소 일어납니다. 그리고 주님 앞에 서게 되는데, 그때는 영광스런 몸을 입고, 옷을 입고 나타납니다. 그러므로 잠자는 믿는이들이 옷을 입을 때는 주님이 다시 오실 때입니다. 유대인들은 벗은 몸을 혐오하였고 음부에서는 벗은 몸으로 있는 것으로 생각하였습니다. 본문의 경우 벗은 몸은 육체를 떠난 영을 가리킵니다(Vincent, Plummer). 즉 죽음에서 재림까지의 중간상태에서 육체를 입지 않은 영혼의 상태입니다. 살아서 육체를 입고 있던 영이 바로 재림을 맞이하여 신령한 몸을 덧입는다면 벗은 영혼의 시기는 없게 될 것입니다. 바울은 여기서 이것을 원하고 있는 것입니다(이상근 주석, p. 302. 참고).

고린도 전서 15장 51절부터 읽어보겠습니다. "보라 내가 너희에게 비밀을 말하노니 우리가 다 잠잘 것이 아니요 마지막 나팔에 순식간에 홀연히 다 변화하리니 나팔소리가 나매 죽은 자들이 썩지 아니할 것으로 다시 살고 우리도 변화하리라"(51-52절). 여기 죽은 자들이 있습니다. 그들은 나팔소리가 날 때 썩지 아니할 것으로 다시 살 것입니다. 그리고 '우리도 변화하리라' 고 했는데, 그때 당시 사도들은 자신들이 죽지 않고 살아서 주님을 만날 것이라고 생각했습니다.

"이 썩을 것이 불가불 썩지 아니할 것을 입겠고 이 죽을 것이 죽지 아니함을 입으리로다 이 썩을 것이 썩지 아니함을 입고 이 죽을 것이 죽지 아니함을 입을 때에는 사망이 이김의 삼킨바 되리라고 기록된 말씀이 응하리라"(53-54절). 이 부분을 보면 주님이 다시 오실 때, 즉 마지막 나팔이 울려 퍼질 때 죽은 자들이 비로소 썩지 아니할 것으로 다시 살고 썩지 아니할 것을 입게 된다고 했습니다.

다음 데살로니가 전서 4장 13절을 보겠습니다. "형제들아 자는 자들에 관하여는 너희가 알지 못함을 우리가 원치 아니하노니 이는 소망 없는 다른 이와같이 슬퍼하지 않게 하려 함이라". 이것은 그리스도인들

중에서 세상을 떠난 자들, 즉 자는 자들에 관하여 뭔가 알 필요가 있음을 말해 줍니다. 14-15절, "우리가 예수의 죽었다가 다시 사심을 믿을진대 이와같이 예수 안에서 자는 자들도 하나님이 저와 함께 데리고 오시리라 우리가 주의 말씀으로 너희에게 이것을 말하노니 주 강림하실 때까지 우리 살아남아 있는 자도 자는 자보다 결단코 앞서지 못하리라". 여기에 살아남아 있는 자도 있고 이미 주님께 간 사람들, 죽은 자들도 있습니다. 16절, "주께서 호령과 천사장의 소리와 하나님의 나팔로 친히 하늘로 좇아 강림하시리니 그리스도 안에서 죽은 자들이 먼저 일어나고". 주님이 오실 때 죽은 자들이 먼저 일어난다고 했습니다.

17절, "그 후에 우리 살아남은 자도 저희와 함께 구름 속으로 끌어올려 공중에서 주를 영접하게 하시리니 그리하여 우리가 항상 주와 함께 있으리라". 이 말씀을 보면 주님이 오실 때 두 종류의 사람이 있게 되는데, 하나는 먼저 주님께 간 사람들이고 하나는 살아남아 있는 사람들입니다. 주님이 다시 오실 때 먼저 죽은 자들이 주님을 만나기 위해 일어나고 살아남아 있는 자들은 홀연히 다 변화된다고 했습니다. 살아남아 있는 믿는이들, 죽음을 맛보지 않고 홀연히 변화됨을 입을 수 있는 자들은 가장 큰 축복을 입은 자들입니다. 주님이 재림하실 때까지 살아남아 있을 수 있다면 그것은 정말 큰 축복입니다. 그들은 죽음의 고통을 맛보지 않고 홀연히 온 존재가 영광스런 몸으로 변화됩니다. 그렇게 영광스런 몸을 새롭게 입고서 주님을 만나게 됩니다. 주님을 만나려면 옷을 입어야 하는데, 이 육신의 옷은 안 됩니다. 반드시 새로운 옷, 변화되고 영광스럽게 된 옷을 입어야 합니다. 사도들이 사모한 것은 이렇게 하늘로부터 오는 처소, 곧 신령한 몸을 입는 것이었습니다.

다시 본문을 보겠습니다."이렇게 입음은 벗은 자들로 발견되지 않으려 함이라". 즉 그들은 휴거되기를 사모한 것입니다. 그들은 그들 생전에 주님이 다시 오시리라고 기대한 것입니다. 그렇게 된다면 그들은 잠시라도 벗은 몸으로 발견되지 않게 된다는 말입니다.

4절, 이 장막에 있는 우리가 짐 진 것같이 탄식하는 것은 벗고자 함이 아니요 오직 덧입고자 함이니 죽을 것이 생명에게 삼킨바 되게 하려 함이라

이 장막은 다시 말하지만 육신적인 몸입니다. 사도들은 육신적인 몸을 가지고 이 땅에서 살아갈 때 짐을 진 것같이, 뭔가 무거운 것을 지고 있는 것같이 탄식한다고 했습니다. 이것은 나이가 들수록 더할 것이고 또 고통의 환경 안에 있을수록 더할 것입니다. 사도들은 주님의 사역을 위해서 항상 사망의 환경을 통과했기 때문에 육신의 제한이 짐처럼 느껴졌을 것입니다. 그래서 그들은 탄식했습니다. 이렇게 탄식한 것은 벗고자 함이 아니요 오직 덧입고자 함이었습니다. 이것은 빨리 죽기를 바라는 것이 아니라 영광스런 몸으로 속히 변화되기를 바라는 소망을 가졌던 것입니다. 그들은 그러한 소망을 가지고 있었습니다.

2천 년 전에 사도들이 이러한 소망을 가지고 있었던 것을 생각할 때 오늘날 우리가 이러한 소망을 갖는 것은 조금도 이른 것이 아닙니다. 이제 며칠 후면 주후 2000년인데, 지금 이 시대를 사는 그리스도인들이 '우리는 벗고자 함이 아니요 덧입고자 한다. 주님이 속히 오셔서 우리의 몸을 영광스럽게 변화시키셨으면 좋겠다' 라고 기대하는 것은 조급한 생각이 아닙니다. 우리는 지금 더욱더 그러한 기대를 가질 수 있는 시대에 살고 있습니다.

그 다음, '죽을 것이 생명에게 삼킨바 되게 하려 함이라' . 여기서 '죽을 것' 은 우리의 육신의 몸을 말합니다. '생명에게 삼킨바 되게 하려 함이라' . 몸의 변형, 즉 주님이 오실 때 우리 몸이 영광스럽게 변화되는 것을 바울은 죽을 것, 곧 우리의 죽을 몸이 생명에게 삼킨바 되는 것으로 묘사했습니다. 고린도 전서 15장 53, 54절에서도 이렇게 말합니다. "이 썩을 것이 불가불 썩지 아니할 것을 입겠고 이 죽을 것이 죽지 아니함을 입으리로다 이 썩을 것이 썩지 아니함을 입고 이 죽을 것이 죽지 아니함을 입을 때에는 사망이 이김의 삼킨바 되리라고 기록된 말씀이 응하리라". 여기서는 사망이 이김의 삼킨바 된다고 했습니다. 고린도 후서 5장에서는 죽을 것이 생명에게 삼킨바 될 것이라고 했습니다. 이것은 다 한 가지 일을 다르게 표현한 것입니다. 이는 에녹이나 엘리야처럼 죽지 않고 영적인 몸을 입는 것입니다. 현재 우리는 육신 안에 이 사망의 요소를 가지고 있습니다. 그런데 어느 날 이 생명, 그리스도 자신인 부활 생명이 죽음의 요소들을 다 삼켜버리는 것입니다. 그날은 반드시 올 것입니다. 그것이 결국 우리 몸의 변화입니다. 영광스럽게 우리의 천한 몸이 변화되는 것입니다.

여기에서 저는 한 마디 하고 싶은 말이 있습니다. 주님은 사도 바울 시대에 오시지 않고 2000년을 지연하고 계십니다. 그때 그들의 사역으로 하나님의 뜻이 완성되었다면 주님은 그때 오셨을 것입니다. 그러나 하나님은 아직도 그분의 신약의 사역을 통해 하나님의 뜻이 더 이루어질 필요가 남아 있으므로 아직 오시지 않았다고 보아야 합니다. 감사하게도 오늘 우리는 사도 바울의 사역을 이어 신약의 사도들이 걸어간 길을 따라서 그대로 걸어가면서 이 사역을 계속 수행할 수 있는 긍휼을 얻었습니다. 주님의 재림이 지연됨으로 우리 같은 자들에게도 이 사역의 부분을 감당할 기회가 주어진 것입니다.

몸의 변형을 이룰 것이라는 보증으로 성령을 주심

5절, 곧 이것을 우리에게 이루게 하시고 보증으로 성령을 우리에게 주신 이는 하나님이시니라

이것을 우리에게 이루게 하신다고 하셨는데, 이것은 곧 몸의 변형입니다. 그 역사를 반드시 이룰 것이라는 보증(earnest)으로 우리에게 주신 것이 바로 성령입니다. 보증이란 단어는 거래의 잔금을 치루는 약조로 맨 먼저 지불하게 되는 보증금을 의미합니다(Bengel 주석). 성령은 이러한 변형의 역사를 온전히 이루도록 보증하기 위해 보내어 지셨다는 뜻입니다. 여기서 이루게 하시고(wrought)란 그렇게 되도록 준비되고(prepared), 꼭 맞도록 예비 되는 것(made fit)을 의미합니다. 누가 이 모든 일을 역사하십니까? 하나님이십니다. 하나님께서는 그날에 우리가 더 이상 약함과 질병과 죽음의 공격을 당하지 않도록, 침해를 당하지 않도록 완전하게 변화시켜주시겠다는 보증으로 성령을 주신 것입니다. 결국 이 땅에서 성령께서 하시는 역사는 그날 주님이 다시 오실 때 우리의 몸이 영광스럽게 변할 수 있도록, 우리 온 존재가 하늘에 속한 형상으로 변할 수 있도록 준비되고 꼭 맞도록 만들기 위해 계속 운행하시는 중입니다.

사도들은 그들이 이 땅에 있는 것을 다른 의미로 생각지 않고 다만 주님이 다시 오실 때 변형되기 위해서 많은 면에서 준비되어 가는 과정으로 여겼습니다. 우리 속의 각 부분들이 그날 영광스럽게 변화될 수 있도록 예비되고 있는 중이라는 것입니다. 그 역사를 누가 합니까? 하나님께서 성령을 통해서 이루신다고 했습니다. 우리가 지금 많은 환경의 어려움을 당하면서 겉사람이 후패해 가고 있는데, 이 모든 역사를 통해서 우리의 속은 날로 새로워져가며 준비되어가고 있습니다. 이 모든 역사는 그날 우리의 몸이 홀연히 변화될 때를 위한 예비 작업인 것입니다. '이것을 우리에게 이루게 하시고' 라고 한 말은 바로 이러한 의미를 갖고 있습니다.

믿음으로 행하고

6절, 이러므로 우리가 항상 담대하여 몸에 거할 때에는 주와 따로 거하는 줄을 아노니

지금 우리는 몸에 거하고 있는데, 그렇기 때문에 주님과 함께 있지 않습니다. 물론 영적으로는 주님과 우리가 함께 있고 함께 하시며(마 28:20), 주님이 우리 안에 사시지만(갈 2:20), 물질적인 의미에서 우리는 주님과 따로 있습니다. 왜냐하면 우리가 육신적으로 몸 안에 있기 때문입니다. 결국 몸을 떠날 때 우리는 완전히 주님과 함께 있게 됩니다(빌 1:23).

7절, 이는 우리가 믿음으로 행하고 보는 것으로 하지 아니함이로라

여기서 사도는 이 땅에 거할 때에는 주님과 따로 거하지만 믿음으로 행했다고 했습니다. 이것은 다시 말해서 비록 주님을 보지 못하지만 이 땅에 사는 동안에도 주님과 함께 사는 것처럼 산다는 것입니다. 즉 사도들은 이 땅의 보이는 것에 조금도 미련이 없다는 말입니다. 오직 하늘에 소망을 두고 주님 만날 것을 기다리며 그날 그들이 어떻게 나타날 것인가를 주의하며 살았습니다. 다만 이 육신을 입고 있기 때문에 이 육신의 한계 안에서 짐 진 것같이 탄식하며 하늘에 속한 처소로 덧입기를 사모할 뿐 이 땅에 있는 것들에는 관심이 없었습니다. 그들은 육신의 눈에 보이는 것을 따라 살지 않고 보이지 않는 세계를 참된 것으로 여기며 살았습니다. 즉 믿음으로 산 것입니다. '믿음의 눈은 현세의 일들을 넘어서 미래를 바라보는 것입니다. 그런 의미에서 믿음은 소망과 동의어입니다.' (이상근) 오늘 우리가 당시 사도들이 이런 사상을 갖고 살았다는 것을 아는 것은 매우 중요합니다.

주를 기쁘시게 하는 자 되기를 힘쓰노라

8절, 우리가 담대하여 원하는 바는 차라리 몸을 떠나 주와 함께 거하는 그것이라

사도들은 한 면으로 휴거되기를, 즉 영광스런 몸으로 변화되기를 사모했으며 또 한 면으로는 몸의 속박에서 완전히 벗어나 주님과 완전히 함께 거하기를 원했습니다. 즉 여기서 바울은 4절과 6절에서 말한 대로 꼭 살아서 주님을 만나야 한다고 고집하고 있지는 않습니다. 그는 사는 것보다는 차라리 죽어서 주님과 함께 있는 것을 원하고 있습니다. 결국 그는 죽지 않고 재림을 맞고자 하는 것만을 원하는 것이 아니라 진정 주님과 함께 거하는 것만을 원할 뿐입니다. 이것이 성숙한 그리스도인들의 갈망입니다. 5장 1절부터 9절까지에 나타난 장성한 그리스도인들의 사고는 바로 이러한 것입니다. 육신 안에서 탄식하지만 마음은 하늘에 있으며 주님과 함께 거하기를 원합니다. 이 땅에서 살 때 몸 안에 있기 때문에 주님과 따로 있지만 사실은 주님과 함께 있는 것처럼 믿음으로 산다는 것입니다. 우리는 이에 대하여 아가서 8장에서 자세히 논한 바가 있습니다(아가서 강해 8장 참조).

9절, 그런즉 우리는 거하든지 떠나든지 주를 기쁘시게 하는 자 되기를 힘쓰노라

'거하든지 떠나든지'는 문자적으로는 '집에 거하든지 집을 떠나든지'입니다. 즉 '몸에 거하든지 몸을 떠나든지'로 해석하는 것이 가장 합당합니다. 살든지 죽든지 주를 기쁘게 하는 자 되기를 힘쓰노라고 한 것입니다. 우리가 몸에 거할 때에는 이 땅에서 믿음으로 삽니다. 몸을 떠나면 주님과 온전히 함께 거하게 됩니다. 그들은 이 땅에 있든지 주님 앞에 가든지, 어디서든지 무엇을 하든지 주님을 기쁘게 하는 자 되기를 힘썼습니다. 여기서 '힘쓴다'는 말을 다만 수고한다(labour)고 번역한 것은 좀 약한 번역입니다. '열망한다'(striving earnestly), '결심한다'(determined), '야망으로 갖고 있다(we have as our ambition)' 등의 뜻이 있습니다. 사도들은 거하든지 떠나든지 주님을 기쁘시게 하는 것에 대하여 열망과 야망을 갖고 있었습니다. 벵겔은 그의 주석서에서 '이것만이 유일한 합법적 야망이다' 라고 했습니다. 당시 사도들의 오직 한 가지 염원과 갈망은 주님을 기쁘시게 하는 것이었습니다. 사실 오늘 우리도 이와 같아야 합니다. '어떻게 하면 주님을 기쁘시게 할까?'

저는 여러분이 어떠한 마음을 가지고 있는지 모르겠습니다. 여러분이 회사에 근무한다면 그 회사의 사장을 기쁘게 하려고 애를 쓸 것입니다. 우리 가운데 있는 한 형제는 전에 측근에서 대통령을 수행하는 사람이었습니다. 그가 가끔 당시의 일을 말하는데 어떻게 말을 할지라도 그 중심에 '어떻게 하면 대통령을 기쁘게 할까' 하는 것이 있었음을 볼 수 있습니다.

그런데 이 땅에 살면서 주님을 위해 수고하고 애쓰며 때로 환난을 당하는 사도의 마음속은 무엇으로 가득했습니까? '어떻게 하면 주님을 기쁘시게 할꼬' 였습니다. 그들은 거하든지 떠나든지, 이 땅에 살든지 주님께 가든지 주님을 기쁘시게 하려는 유일한 열망을 가지고 있었습니다. 저는 우리 모두가 이러한 열망을 가져야 한다고 생각합니다.

반드시 그리스도의 심판대 앞에 드러나

10절, 이는 우리가 다 반드시 그리스도의 심판대 앞에 드러나 각각 선악간에 그 몸으로 행한 것을 따라 받으려 함이라

우리가 분명히 알아야 할 것은 이 구절의 심판이 그리스도인에 대한 심판이라는 것입니다(벵겔, 매튜헨리, 이상근). 여기에 그리스도의 심판대가 있습니다. 오늘날 어떤 사람들은 '그리스도인에게는 심판이 지나갔기 때문에 더 이상 심판이 없다' 고 말합니다. 또 그리스도인은 구원을 받았기 때문에 이 땅에서 어떻게 살아도 문제가 없고 다 상급을 받는다고 말합니다. 그러나 너무 빨리 그렇게 말하면 안 됩니다. 그 문제는 그렇게 간단하지 않습니다. 물론 이는 요한 계시록 20장의 백보좌 심판과는 분명 다른 것입니다. 일단 구원받고 그리스도인이 되면 영원한 형벌, 즉 불못에 들어가는 심판은 받지 않습니다. 하나님의 자녀가 되었기 때문에 영원한 형벌이 면해진 것입니다. 그러한 의미에서 심판은 지나간 것입니다(요 5:24). 그것은 예수 그리스도의 십자가의 보혈의 공로로 인한 것입니다. 그 영원한 형벌의 심판은 하나님의 백보좌 심판으로 불리우는데 반하여, 여기의 심판은 그리스도의 심판대입니다. 혹은 하나님의 심판대라고도 불리웁니다(롬 14:10). 어떻게 불리우든 신약에는 그리스도인들이 심판대 앞에 서게 된다는 사상이 있습니다. 여기서 심판대라는 말은 헬라어로 베마(bema)로서 문자적으로는 '조금 높은 계단'으로서 당시 로마시대의 '높은 좌석의 재판석'을 뜻합니다. 여기서 바울은 '우리가'라고 해서 자신을 포함시켰고 '우리가 반드시 그리스도의 심판대 앞에 드러나 각각 선악 간에 그 몸으로 행한 것을 따라 받으려 함이라'고 말합니다.

이러한 사상은 성경 전체에 걸쳐 있습니다. 고린도 전서 3장 13절에서도 그날이 공력을 밝힌다고 했습니다. 그날은 우리 그리스도인들이 주님을 만날 날입니다. 어떤 사람은 공력이 남아있어서 상을 받는다고 하였고 어떤 사람들은 나무와 풀과 짚으로 건축하여 구원을 받았지만 그들의 공력은 그날 심판대에서 불의 시험을 견디지 못하고 타버릴 것이라고 하였습니다. 그러한 사람들은 구원을 받되 불을 통과하여 받는 것 같다고 했습니다.

따라서 사도들의 갈망은 이 땅에 있을 때 주님의 기뻐하심을 구하는 것이며 또한 그리스도의 심판대 앞에서 각각 선악 간에 그 몸으로 행한 것을 따라 심판받을 때 칭찬을 얻는 것입니다. "잘 하였도다 착하고 충성된 종아". 이 음성은 주님이 다시 오실 때 상을 받는 믿는이들이 듣게 됩니다. 오늘 그리스도인들이 어떻게 살고 행하고 일하는가는 그리스도께서 다시 오셔서 심판대를 베푸실 때 다 드러나게 됩니다. 그러므로 오늘 우리는 생활을 잘 해야 할 것입니다.

착한 일을 했든 악한 일을 했든 각각 선악 간에 그 몸으로 행한 것을 하나하나 심판받게 됩니다. 로마서 14장에도 유사한 말씀이 있습니다. "네가 어찌하여 네 형제를 판단하느뇨 어찌하여 네 형제를 업신여기느뇨 우리가 다 하나님의 심판대 앞에 서리라"(10절). 이 말씀은 형제의 문제를 말하는 것이지 불신자의 문제를 말하는 것이 아닙니다. 이것은 형제들을 판단하는 문제를 다루고 있습니다. 그렇게 형제를 업신여기거나 판단하지 말라는 것입니다. 왜냐하면 우리가 다 심판대 앞에 서게 될 것이기 때문입니다.

"주께서 가라사대 내가 살았노니 모든 무릎이 내게 꿇을 것이요 모든 혀가 하나님께 자백하리라 하였느니라 이러므로 우리 각인이 자기 일을 하나님께 직고하리라"(11-12절). 모든 입이 하나님께 직고할 것입니다. 우리 몸으로 행한 일, 선악 간에 행한 모든 일이 주님이 다시 오실 때 다 그대로 드러나 심판받을 것이기 때문에 오늘 이 땅에서 그리스도인들은 행함을 매우 주의해야 하는 것입니다. "이 심판은 보상(報償)의 심판이다. 선한 일을 많이 한 성도들은 구원의 자리에서 많은 상급을 받을 것이고 악한 일을 행한 성도는 어떤 형태의 부끄러움을 받을 것이다"(이상근 주석, p. 306).

하나님 앞에 알리워졌고

11절, 우리가 주의 두려우심을 알므로 사람을 권하노니 우리가 하나님 앞에 알리워졌고 또 너희의 양심에도 알리워졌기를 바라노라

"주의 두려우심을 알므로". 바울은 장차 있을 심판대를 생각하며 살았으므로 그 심판대의 두려움을 알았습니다. 오늘날 함부로 말하고 행하는 사람은 주님의 심판대와 주님 자신을 모르는 사람입니다. 주님을 모르므로 주님의 두려우심도 모르는 것입니다. '우리가 하나님 앞에 알리워졌고'. 사도들은 지금까지 말한 방식으로 살았기 때문에 오직 하나님 앞에서 산 것입니다. 주님만을 향해서, 오직 주님만을 기쁘시게 하기 위해서 산 것입니다. 그렇게 살았기 때문에 그는 그가 하나님 앞에 알리워졌다고 말했습니다. 저는 어제 저녁에 TV에서 한 청년을 소개하는 것을 보았는데, 그는 재봉 공장에서 일하는 사람이었습니다. 겉으로 볼 때에는 아무런 명예나 부나 학식이 없는 보잘것 없는 사람이었지만 그는 노동자를 위해서, 그들의 권익을 위해서 살았으며 결국 자신의 목숨까지 바쳤습니다. 그러므로 그는 오늘날 적어도 노동자들에게는 알려진 사람이 되었습니다.

그러면 우리는 오늘 누구를 위해서, 누구를 향해서 살고 있습니까? 어떻게 하면 우리가 하나님 앞에 알리워집니까? 우리가 진정으로 이 시대에 매일매일 하나님을 향해서 살 때, 오직 주님만을 기쁘시게 하기 위해서 살 때, 틀림없이 우리 또한 하나님 앞에 알리워질 것입니다. 그러나 만일 사람을 향해서 살 뿐이라면, 사람들의 이목을 중요시하고 사람들의 평판을 중요시하며 살 뿐이라면, 그러한 사람은 하나님 앞에 알리워질 가능성이 없습니다. 그러나 그가 주목하는 바가 오직 하늘에 계신 하나님 아버지라면 그는 결국 하나님 앞에 알리워지게 됩니다.

"너희의 양심에도 알리워졌기를 바라노라". 또한 하나님께 알리워질 때 사람에게도 알려질 수 있는데, 그것은 하늘의 하나님과 이 땅의 사람이 연결되는 부분인 사람의 양심이 있기 때문입니다. 사도들의 사역은 하늘의 하나님을 향한 것이고 사람의 양심을 향한 것이었습니다. 그래서 '너희의 양심에도 알리워졌기를 바라노라' 고 말한 것입니다. 이러한 방식으로 사역하는 사람은 장래를 향해서 사는 사람입니다. 다시 말해서, 이 땅에서 보상이나 대가를 바라지 않는 것입니다.

사도들은 장래 성도들의 양심이 깨어날 것을 압니다. 그날 주님 앞에 갈 때 양심이 다 깨어납니다. 그러나 지금은 사람들이 양심의 소리대로 살지 않습니다. 양심은 사람의 깊은 속에 있고, 사람들의 이목과 평판은 눈앞에 있기 때문입니다. 그러나 참된 하나님의 종은 바깥에 있는 사람의 이목과 평판을 주의하는 방식으로 살지 않고 사람들의 양심에 알리워지는 방식으로 삽니다. 주님 앞에 가기 전에라도 심한 병에 걸리거나 심각한 환경의 타격을 받으면 양심이 깨어나게 되는데, 이 땅에서 사람의 양심만이 하늘의 하나님과 연결되며 하나님을 대표할 수 있습니다.

오늘날 믿는이들이라 할지라도 양심에 의존하여 살거나 사역하지 않고 많은 사람들의 목소리와 의견에 따라 휩쓸려 갈 수 있습니다. 그러나 사도들은 어떻게 사역했습니까? 하나님 앞에 알리워지는 방식으로, 그리고 사람의 양심에 알리워지는 방식으로 사역했습니다. 이것은 그들이 하늘을 바라보고, 하늘을 의지하여 사역했다는 것을 증명합니다. 다시 말해서 그날을 바라보고 사역한 것입니다.

마음으로 하지 않고 외모로 자랑하는 자들을 대하게 하려는 것이라

12절, 우리가 다시 너희에게 자천하는 것이 아니요 오직 우리를 인하여 자랑할 기회를 너희에게 주어 마음으로 하지 않고 외모로 자랑하는 자들을 대하게 하려 하는 것이라

"우리가 너희에게 자천하는 것이 아니요". 확실히 사람이 자신을 다른 사람들에게 추천하는 것, 천거하는 것, 알리는 것은 좋은 것이 아닙니다. 부득불 그렇게 해야 할 때가 있겠지만 하지 않을 수 있다면 하지 않는 것이 좋습니다.

여기서 바울은 "우리가 다시 너희에게 자천하는 것이 아니요 오직 우리를 인하여 자랑할 기회를 너희에게 주어 마음으로 하지 않고 외모로 자랑하는 자들을 대하게 하려 하는 것이라"고 말했습니다. 당시에 많은 사람들이 바울을 오해하고 대적하고 바울의 사역을 방해했는데, 이렇게 사도 바울의 사역을 반대하는 사람들은 주로 외모로 자랑했습니다. 그런데 지금 사도 바울은 왜 자신이 이런 방식으로 사역하고 있는지를 말하고 있습니다. 4장에서 5장에 이르기까지, 각종 어려움을 당하면서 이 땅에 어떤 소망도 두지 않고 육신적인 짐을 지고 탄식하면서 오직 하늘을 향하고 하늘로부터 오는 처소로 덧입기를 소망하며 사역하고 있다는 것을 말하고 있습니다.

왜 바울이 이것을 말합니까? 그것은 바울이 자신을 그들에게 자천하려는 것이 아니라 그렇게 사역하지 않는 사람들이 있다는 것을 알려주려는 것입니다. 그런 사람들은 무엇으로 자랑했습니까? 외모로 자랑했습니다. 즉 그들 유대주의자들은 할례라든가 유대인이라든가 율법주의라든가 하는 외적인 것을 가지고 자랑했습니다. 그러면 사도가 자신들의 사역을 말해주면서 어떤 결과를 기대한 것입니까? 고린도의 믿는이들이 외모로 하지 않고 마음 속으로부터 사도들을 자랑하게 하려는 것입니다. 바울은 자신들이 진정으로 믿는이들의 마음에 자랑거리가 되기를 원했습니다. 정당한 자랑은 좋은 것입니다.

참으로 앞선 사도들은 이러한 길을 충성되게 갔습니다. 그러면 우리도 가야 하지 않겠습니까? 그 길은 어떤 길입니까? 바로 이 땅에 어떤 소망도 두지 않고 주님을 위해 어떤 고난이라도 받으며 오직 주님만을 기쁘시게 하는 길입니다. 그들은 오직 그 날의 심판대를 바라보며, 주님을 만날 날을 사모하는 것 외에 다른 소망이 없다고 합니다. 그들은 어떤 외적인 신분이나 평판을 가지고 자랑하지 않습니다. 그들은 오직 진실한 마음으로 그들의 수고와 동기를 자랑한 것입니다. 그러한 사도들을 대할 때 믿는이들은 마음속에 자랑이 생깁니다.

그리스도의 사랑이 우리를 강권하시는도다

13절, 우리가 만일 미쳤어도 하나님을 위한 것이요 만일 정신이 온전하여도 너희를 위한 것이니

이 말씀을 보면 확실히 당시에 사도들은 미친 듯이 사역을 했습니다. 사람들은 어떤 하나님의 종들이 지나치게 열심히 사역하는 것을 보면 '그렇게까지 할 필요가 있는가' 하고 생각합니다. 이것이 무엇입니까? 소위 정상(正常)을 지나쳤다는 것입니다. 사람들 눈에 미친 것처럼 보이는 것입니다. 그러나 이 정도로 사역하지 않는 사도는 분명 좋은 사도가 아닐 것입니다. 사도 바울의 사역의 본은 미친 듯이 사역한 것입니다. 우리가 이 길을 바울과 같이 강렬한 영으로 가려면 첫째는 사물의 경중을 비교하여 거기에 자신을 드리는 것입니다. 분명 우리가 가진 영생의 소망과 우리 안에 사시는 그리스도는 이 세상 그 무엇보다 귀한 것입니다. 그것은 재물이나 행복이나 명예나 심지어 우리의 자녀나 부모나 목숨보다 귀한 것입니다. 그렇다 할 때 우리는 거기에 우리의 모든 것을 투자하는 식으로 섬겨야 마땅합니다. 실상 그것은 지나친 것이 아니라 합리적인 것입니다(롬 12:1).

또한 우리가 미친 듯이 섬기려면 주님을 섬기는 일에 대한 각별한 흥미나 열정을 갖도록 해야 합니다. 우리나라에 왔던 선교사들이 묻혀있는 양화진이라는 곳이 있습니다. 그곳에 언더우드, 아펜젤러, 등 여러 선교사들이 묻혀 있습니다. 많은 여자 선교사들도 와서 죽었습니다. 나는 그곳에 한 무덤에서 한 여자 선교사가 쓴 비석의 글을 읽었습니다. '내 목숨이 천개라면 나는 한국을 위해 다 바치겠다.' 그들은 이 나라에 와서 오래 사역하지도 못하고 풍토병에 걸려 죽은 자들이 많고 많은 어린 아이들을 잃어버렸습니다. 한 쪽에는 어린애들(infants)이 묻혀 있는 곳이 따로 있습니다. 그들은 무엇에 미쳐서 귀여운 아들과 딸들을 이국 땅 머나먼 곳에 묻어가며 고귀한 목숨을 다 바쳤습니까? 그들은 분명히 본 것이 보통 사람들과 다르고 취미가 달랐습니다. 그러기에 그런 인생을 살 수 있었던 것입니다.

요즈음 우리 가운데서 해외에 나가서 선교하는 형제들도 좀 도가 지나쳐 미친 듯합니다. 그러나 성경적으로 말하면 그것이 정상입니다. '죽으면 죽으리라' 하며 고생스럽고 위험한 데를 밀고 들어갑니다. 인도로, 네팔로, 아프리카로, 많은 나라에 들어가서 복음의 일을 하고 있습니다. 이들이 목숨을 걸고 주님을 증거하는 모습은 정말 보기에 아름다운 것입니다. 그리고 우리의 양심 속에 이런 느낌이 있습니다. '이왕 살려면 저렇게 살아야 한다.' 사도 바울은 많은 때 사람들로부터 미쳤다는 말을 들었습니다. 사람들 눈에 그렇게 보인 것입니다(행전 26:24).

그렇지만 바울은 또 어떤 때에는 이성적으로 크게 침착하여 온전한 정신을 사람들에게 나타내었습니다. "만일 정신이 온전하여도 너희를 위한 것이니". 하나님을 위해서는 미쳤다고 보일 만큼 열심일지라도 사람들에게는 걸리지 않도록 그들을 온전하게 대할 필요가 있습니다. 왜냐하면 하나님을 섬기는 우리는 모든 사람들에게 유익을 주어야 하기 때문입니다.

14절, 그리스도의 사랑이 우리를 강권하시는도다 우리가 생각건대 한 사람이 모든 사람을 대신하여 죽었은즉 모든 사람이 죽은 것이라

사도들이 왜 이렇게 미치게 되었느냐면 그리스도의 사랑 때문입니다. 물론 이 사랑은 그리스도께서 죄인인 우리를 위해 피 흘리신 구속의 사랑입니다. 한 사람이 모든 사람을 대신하여 죽으신 그 사랑입니다. 그 사랑이 우리를 강권하고 있습니다. 그리스도께서는 십자가에서 참혹하게 죽으심으로 우리에게 그분의 사랑이 얼마나 큰 것인지를 보여 주셨습니다. 우리같이 쓸모없고 죽기에만 합당한 죄인들을 위해서, 더러운 자를 위해서 하나님의 귀한 아들이 갖은 모욕과 고난을 당하시고 피를 흘리시고 죽으신 것입니다. 사랑하는 성도들이여, 그 사랑이 오늘 우리를 강권하여 이 길을 가게 하는 것입니다. 이 '강권한다' 는 말은 헬라어로 '수넥소(sunekso)' 인데, 영어로는 '제어하다(control)', '구속하다(constrain)' 등으로 번역되었습니다.

이 '강권한다' 는 말은 한 마디로 설명하기가 어렵습니다. 이 말은 빌립보서 1장에서 바울이 '내가 그 두 사이에 끼였으니' (23절)라고 말할 때 '끼였으니' 로 번역된 말과 동일한 단어입니다. 또 사도행전 18장 5절에서 바울이 실라와 디모데가 마게도냐로서 내려오니 하나님의 말씀에 붙잡혔다고 말할 때 이 '붙잡혀' 로 번역된 말과도 동일합니다. 또 누가복음 4장에 베드로의 장모가 열병에 붙들린 이야기가 나오는데, 열병에 '붙들렸다' 로 번역된 단어 또한 그와 동일한 단어입니다.

그러므로 이 말을 한 마디로 '강권한다' 고만 말하기에는 부족한 감이 듭니다. 하여간 그리스도의 사랑이 사도들을 옴싹달싹하지 못하게 만들어서 한 목표를 향해서 나아가게 하였다, 열병에 걸린 듯이 미치게 하였다는 말입니다.

"우리가 생각건대". 이 말은 '우리가 결론짓건대(we have concluded or judged)' 라고 할 수 있습니다. 헬라어로는 심판의 뜻이 들어 있습니다. 그래서 많은 영어 번역본에서 'judged' 로 번역한 것입니다. 이는 그들이 이에 대하여 완전한 판단(혹은 결론)을 내린다는 뜻입니다. "한 사람이 모든 사람을 대신하여 죽었은즉 모든 사람이 죽은 것이라". 이 '한 사람' 은 예수 그리스도입니다. 예수 그리스도께서 모든 사람을 대신하여 죽으셨기 때문에 모든 사람이 죽은 것이라는 말입니다. 그리스도 한 분이 죽으신 것이지만 그분의 죽으심은 실상 우리 모든 사람을 포함한 죽음인 것입니다. 아담 한 사람이 범죄하여 우리 모두가 죄인이 된 것처럼 그리스도 한 분이 순종하시어 우리 모두가 의인이 된 것입니다.

한 분의 어떠한 것이 모두에게 미치는 원리입니다. 실상 우주 가운데는 아담과 그리스도, 둘이 있을 따름입니다. 아담 안에 있든지 그리스도 안에 있든지 두 영역이 있을 뿐입니다. 오늘 우리가 그리스도 안에 있다면 그분이 행한 모든 것은 다 우리의 것입니다. 그분이 십자가에서 우리를 대신하여 죽으셨다 할 때 그분의 죽으심은 우리 모두의 죽음으로 간주됩니다. 하나님의 백성은 그들의 머리이시며 중보자이신 그리스도께서 골고다에서 죽으셨을 때 함께 죽은 것입니다(롬 6:2, 3, 6). 우리는 죄 때문에 영 죽어야 할 운명이었는데 그리스도께서 우리를 사랑하시므로 이 땅에 오시어 우리를 위하여 죽어주심으로 우리도 그분과 함께 죽음을 통과하게 된 것입니다. 그러므로 우리에게는 영원한 사망(지옥의 영벌)은 지나간 것입니다. 그리스도의 죽음은 우리가 죽어야 할 영원한 죽음을 끝내는 죽임이니 그분의 죽음이 실제에 있어서는 우리의 죽음이 된 것입니다. 이것이 그리스도 안에 있는 자들에게 사망이 끝났다는 의미입니다(요 5:24). 그들이 그리스도의 사랑에 강권되고 미치도록 하나님을 섬긴 데는 이와 같은 합당한 이유와 결론과 판단이 있는 것입니다.

15절, 저가 모든 사람을 대신하여 죽으심은 산 자들로 하여금 다시는 저희 자신을 위하여 살지 않고 오직 저희를 대신하여 죽었다가 다시 사신 자를 위하여 살게 하려 함이니라

주님은 모든 사람을 '위하여' 죽으셨습니다. 여기서 '대신하여' 라는 말은 헬라어로 '휘페르' 인데 이는 '대신하여' 라기보다는 '위하여' 라는 뜻입니다. 대신이라는 말은 '안티' 라는 단어가 따로 있습니다. 그렇지만 최근 발견된 파피루스에서 '휘페르' 란 단어도 대신이란 뜻으로 강력하게 쓰였으니 대신이라고 번역해서 틀릴 것이 없습니다. 어쨌든 '휘페르' 란 단어의 원래의 뜻은 '위하여' 라는 것입니다. 여기서 바울이 말하고자 하는 것은 그리스도께서 모든 사람을 '위하여' 죽으셨으니 산 자들은 마땅히 자신을 '위하여' 살지 말고 우리를 '위하여' 죽었다가 다시 사신 자를 '위하여' 살아야 한다는 것입니다. '자기애를 치유하는 것이 그리스도의 죽으심의 한 목적이다' 라고 합니다(매튜헨리). 맞다고 생각합니다. 타락한 인류의 가장 큰 문제가 자신을 위해 사는 것입니다. 결국 죄란 자신으로부터 나오고 자신을 위해 행하는 모든 행위입니다. 그에 비해 의란 결국 그리스도로부터 나오고 그리스도를 위해 행하는 모든 것입니다.

여기서 '모든 사람' 이라고 하는 말에 대하여 의견이 분분합니다. 이는 하나님의 백성에 국한한 '모든 사람' 이라고 말하는 견해가 있습니다. 아니면 온 인류적인 '모든 사람' 의 죄를 대신하여 죽으셨다는 것으로 이해합니다. 칼빈주의와 알미니안주의는 오랫동안 이 문제로 의견을 달리 하여 논쟁하였습니다. 이에 대하여 서로가 일리 있는 주장을 합니다. 어찌되었든지 믿는 자들만 '그리스도의 대신하여 죽으신 구속' 의 효과를 얻는 것은 분명합니다. 그리스도께서는 모든 사람을 '위하여' 죽으셨지만(15절) 믿는 사람들에게만 '죄를 대신하는' 구속이 적용된다고 이해하는 것이 올바를 것입니다.

누구든지 그리스도 안에 있으면 새로운 피조물이라

16절, 그러므로 우리가 이제부터는 아무 사람도 육체대로 알지 아니하노라 비록 우리가 그리스도도 육체대로 알았으나 이제부터는 이같이 알지 아니하노라

육체대로 알지 않는다는 것은 14절에 따를 때 우리는 다 죽었기 때문이며, 우리의 옛 사람은 이미 죽었음으로입니다(롬 6:6). 그리스도인으로서 우리는 사람들의 가문과 부유함의 정도와 권력, 지혜, 문벌 등을 따라 사람을 알지 않는다는 뜻입니다(벵겔). 즉 옛 창조 안에서 사람들을 보지 않는 것입니다. 사람의 옛 사람에 속한 기질과 단점 등 그 사람의 특이한 것들을 따라서 보지 않는다는 뜻도 있습니다. 사람들이 하는 말을 듣고 참고하여 사람을 아는 방식도 사람을 육체대로 아는 한 가지 길입니다. 우리가 이렇게 사람을 육체대로 알지 않게 된 것은 지난 날 자신을 위해 살던 때처럼 사람들을 내 자아 중심으로 보지 않기 때문이기도 합니다. 물론 우리는 영적인 시야로 사람을 볼 수 있게 되었기 때문입니다. 바울은 그리스도도 육체대로 알았다고 했습니다. 그가 육체대로 예수님을 알았을 때 그는 예수님을 나사렛 사람으로, 목수의 아들로, 사람들이 말하는 대로 이단의 괴수로 알았을 것입니다. 그리고 그는 주님을 핍박하였습니다.

17절, 그런즉 누구든지 그리스도 안에 있으면 새로운 피조물이라 이전 것은 지나갔으니 보라 새것이 되었도다

우리 그리스도인은 다 새로운 피조물입니다. 새 것입니다. 이전 것은 다 지나갔습니다. 그런데 어떤 사람은 주로 이전 것만 봅니다. 그러나 사도 바울은 새 것을 '보라' 고 했습니다. 형제자매들 간에 대화를 하면서 서로 관점을 말하고 판단을 할 때 들어보면 대부분 이전 것을 보고 말하고 있는 것을 봅니다. 새 것을 볼 수 있는 눈이 필요합니다. 사도 바울은 아무 사람도 육체대로 알지 않는다고 말했습니다.

과거에 바울은 그리스도도 육체대로 알았습니다. 그러나 지금은 그렇게 알지 않습니다. 그리스도는 십자가에서 죽고 부활하시어 새 창조이십니다. 영이십니다. 그러므로 오직 성령 안에서 그리스도를 알 수 있습니다. 또한 그리스도인도 마찬가지입니다. 그리스도인은 새로운 본성을 가진 새 피조물입니다. 새로운 생명을 가지고 있습니다. 새 영과 새 인격을 가지고 있습니다. 그러므로 우리는 성도들의 새 것을 볼 수 있어야 합니다. '보라 새 것이 되었도다'. 이 말씀은 새로운 피조물, 새 것을 보라는 부름입니다. 어떻습니까? 여러분에게는 새 것을 보는 눈이 있습니까? 옛것, 이전 것만을 자꾸 바라보면 새 것을 볼 수 있는 눈이 없게 됩니다. 어떤 분은 전적으로 성도들의 옛 것만 보고 판단합니다. 이는 잘못하는 것입니다. 사도는 우리에게 '보라'고 하면서 새 창조를 향하여 눈을 들라고 하십니다. 성도들마다 변화되지 않은 옛 기질이 있습니다. 변화된 새 창조의 부분도 있습니다. 사도 바울은 우리의 눈을 변화된 새 창조의 부분에 주의를 돌리라고 권하고 있습니다. 어떤 것을 주의 깊게 항상 바라보고 연구할 때 감상력이 더욱 생기는 법입니다. 새 창조도 마찬가지입니다. 우리는 주 예수님이 새 창조를 가장 잘 보시는 분이라고 압니다. 그러기에 그분은 발뒤꿈치를 잡는 자 야곱(이는 그의 옛 창조의 특징임)도 이름을 '이스라엘(새 창조의 특징임)'로 지어주시고 시몬도 '페트로스'로 지어주셨습니다. 그분은 그들의 변화된 특성과 용도들을 잘 알고 계셨습니다.

화목하게 하는 직책

18절, 모든 것이 하나님께로 났나니 저가 그리스도로 말미암아 우리를 자기와 화목하게 하시고 또 우리에게 화목하게 하는 직책을 주셨으니

이 구절에서 '모든 것'이 무엇을 의미하는가는 정의하기가 쉽지 않습니다. 모든 만물이 하나님께로부터 났으니 모든 만물이라고 해서 틀릴 것은 없습니다. 그러나 이 구절에서 모든 것은 앞 구절에서 말한 새 창조의 모든 것이라고 하는 것이 옳을 것입니다(Alford, Hodge). 새 창조의 모든 역사는 오직 하나님께로 난 것입니다. 사람의 시도나 사람의 갈망이나 역사에 의해 나온 것이 아니라 하나님의 선수적인 행동(initiative action)에서 나온 것입니다(이상근). '그리스도로 말미암아' 란 하나님과 사람 사이에 없어서는 안 될 중요한 요소입니다. 그리스도께서는 이 화목을 이루기 위해서 이 땅에 오셨으니 그는 자격을 가지신 유일한 분이십니다. 그분은 참 하나님이시오 참 사람이시니 양측에 대한 이해력이 완전하십니다. 또한 그분은 양측을 사랑하셔서 기꺼이 중보의 일을 하실 수 있었습니다. 양측의 화목을 위해 그리스도는 기꺼이 하나님의 버림을 받으시고 사람들의 모욕과 핍박을 받으시고 양측의 화목을 성립시키셨습니다. 그분은 하나님을 사랑하시고 사람을 지극히 사랑하셨기에 이런 일을 하실 수 있으셨습니다.

그럼에도 불구하고 이렇게 화목을 이뤄주신 원인자는 하나님이십니다. 그러므로 모든 것이 하나님께로부터 났다고 말하는 것입니다. 그러한 하나님께서 우리에게도 화목의 직책을 주신 것입니다. 즉 그리스도로 말미암아 우리를 자기와 화목하게 하신 연후에 화목 된 우리에게 화목하게 하는 직책을 주신 것입니다. 새 피조물로 사는 사람들은 그 직책이 화목하게 하는 직책입니다. 새 언약의 사역자의 사역은 사람들을 하나님과 화목하게 하는 사역입니다. 하나님께서는 먼저 그들을 그리스도 안에서 자기와 화목하게 하시고 그런 다음 그들에게 화목하게 하는 직책을 주셨습니다. 하나님이 하신 일이 화목케 하신 일이며 우리에게 맡기신 일이 사람들을 하나님과 화목케 하는 일입니다. 여기서 화목이란 영어로 화해(reconciliation)라는 뜻이 더 강합니다. 이는 쌍방의 적의(enmity)를 사라지게 하고 화목을 가져오는 것이기 때문입니다.

19절, 이는 하나님께서 그리스도 안에 계시사 세상을 자기와 화목하게 하시며 저희의 죄를 저희에게 돌리지 아니하시고 화목하게 하는 말씀을 우리에게 부탁하셨느니라

이 구절을 성경대로 읽기는 쉽지 않습니다. 성경대로 읽는다면 이는 화목의 진행을 보여주는 것입니다. 영어로 읽어보면 'God in Christ reconciling the world to Himself' 입니다. 이 구절에서 강조하는 것은 하나님께서 하나님과 원수이고 죄인인 우리에게 화해의 손을 먼저 내미시고 그 일을 앞장서서 수행하셨다는 말입니다. 그리고 많고도 큰 죄들을 우리 죄인들에게 돌리지 않으시고 도리어 자신들에게 화목케 하는 말씀을 부탁하셨다는 것입니다. 결국 사도들의 전파는 사람들을 하나님께로 돌이키게 하여 화목하게 하는 것이라는 말입니다. 그것은 당시 고린도 교회 성도들이 하나님과 온전하게 화목이 이루어지고 있지 않았었다는 것을 말해줍니다. 따라서 사도는 그들이 다른 것이 아니라 화목의 직책을 받았으며 그들의 화목 되지 못한 부분을 화목 되도록 노력하고 있다는 뜻입니다.

20절, 이러므로 우리가 그리스도를 대신하여 사신이 되어 하나님이 우리로 너희를 권면하시는 것같이 그리스도를 대신하여 간구하노니 너희는 하나님과 화목하라

19절은 세상이 하나님과 화목하게 되는 방면을 말합니다. 이것은 그리스도께서 사람의 죄를 위해 죽으셨기 때문에 가능한 것입니다. 이는 말하자면 복음입니다. 복음은 이 세상 죄인들을 향한 화목의 요청입니다. 20절 후반부에서는 '너희는 하나님과 화목하라' 고 했습니다. 이것은 고린도 교회에게 화목을 요청하는 것으로서 믿는이들이 하나님과 화목하게 되는 것을 말하는 것입니다.

'사신' 이란 말은 오늘날로 말하면 '대사' (ambassadors)입니다. 사역자들은 화목의 직책을 맡은 대사들인 것입니다. 그러니 사역자들은 다른 어떤 것보다도 화목하게 하는 일에 최선을 다해야 합니다. 실상은 복음을 전하는 것도 궁극적으로 보면 하나님과 화목케 하는 일이고 양육하여 성장을 돕는 것도 더욱 하나님과 화목케 하는 것이며 그리스도의 몸을 건축하는 것도 성도들 간에 깊은 화목을 이루게 돕는 것입니다. 이것이 사도들의 일이라는 것을 아는 것은 매우 중요합니다. 이러할 진대 어떤 경우라도 사역자들은 성도들이나 사람들 간에 불화를 일으키는 일에 가담해서는 안 됩니다. "화평케 하는 자는 복이 있나니 저희가 하나님의 아들이라 일컬음을 받을 것임이요"(마 5:9)

바울은 여기서 직접적으로 말합니다. "너희는 하나님과 화목 하라". 여기서 그리스도께서 사람에게 하시는 말씀이 있다는 것입니다. 사도들은 그리스도를 대신하여 말하는 사람들입니다. 그분은 사람들에게 하나님과 화목하라고 권합니다. 이러한 권면은 사랑과 권위와 정성이 담긴 권면입니다. 우리는 여기서 크리소스톰이 한 말을 기억해야 할 것입니다. "그는 하나님을 너희와 화목하게 하라고 말하지 않는다. 원수가 된 것은 너희지 하나님은 아니었기 때문이다". 당시 고린도 인들은 뭔가 하나님과 화목 되어야 할 부분이 있다는 말입니다.

말씀들을 종합해 볼 때 화목에는 첫 번째 단계가 있고 두 번째 단계가 있습니다. 세상이 하나님과 화목하게 되는 것은 예수 그리스도께서 십자가에서 흘리신 피로 말미암은 것입니다. 이는 우리의 죄들이 씻음 받을 때 화목이 이루어집니다. 그러나 20절에서 믿는이들이 하나님과 화목하게 되는 문제는 육체가 처리되어야 합니다. 그러므로 주님은 십자가에서 피를 흘려 우리의 죄를 대속하셨을 뿐 아니라 우리 존재를 십자가에 못박으신 것입니다. 이것은 14절에 있는 말씀입니다. 한 사람이 모든 사람을 대신하여 죽었다는 것은 주님이 십자가에서 죽으실 때 우리의 죄만을 위해서 죽으신 것이 아니라 우리의 인격, 우리 존재를 끝내기 위하여 죽으신 것을 말합니다. 그러면 왜 우리의 존재를 끝내셔야 했습니까? 바로 우리 자신이 더 이상 이 땅에 정착하여 살지 않도록 하기 위해서입니다. 다만 주님을 위한 인생을 살도록 그렇게 하신 것입니다.

우리가 주님을 믿어 죄사함을 받은 그리스도인일지라도 여전히 천연적인 생명과 육체 안에 남아 있다면 하나님과 완전한 화목을 이루지 못한 것입니다. 사도 바울은 고린도 성도들이 아직 하나님과 완전한 화목을 이루지 못한 것을 지적하고 있습니다. 그것은 고린도 성도들이 아직도 많은 육체적인 죄 가운데 있었기 때문입니다. 육체를 완전히 처리할 때 비로소 하나님과 완전한 화목이 이루어지는 것입니다. 우리가 구약의 성막의 모형을 보더라도 거기에는 번제단에서의 초보단계에서의 화목이 있고 성소와 지성소를 나누는 성소의 휘장(육체를 상징함)이 찢어질 때에야 보다 깊이 이루어지는 화목이 있음을 예표하고 있습니다.

그러면 사도들의 일은 무엇입니까? 먼저는 믿지 않는 사람들을 하나님께로 돌이키게 하여 그들의 죄를 사함 받게 하고 씻음 받게 하고 하나님과 화목하게 하는 것입니다. 그런 다음 주님을 믿은 사람들을 이끌어 십자가의 역사를 받아들임으로 하나님과 더 깊이 화목 되도록 역사하는 것입니다. 이것이 새 언약의 사역자들이 하는 일입니다.

21절, 하나님이 죄를 알지도 못하신 자로 우리를 대신하여 죄를 삼으신 것은 우리로 하여금 저의 안에서 하나님의 의가 되게 하려 하심이니라

'죄를 알지도 못하신 자' 는 주 예수님 곧 거룩하신 분을 가리킵니다. 그분은 죄가 없으실 뿐 아니라 아예 죄를 알지도 못하신 분이십니다. 죄를 알지 못한다는 것은 경험적으로 죄를 지어본 적이 없다는 말이니 하나님의 아들이신 주 예수님 외에는 그런 분이 이 땅에 존재할 수 없습니다. 그분이 우리를 대신해서 죄가 되신 것입니다. 여기서 우리를 위하여 '(죄로) 삼았다' 는 말은 우리를 위하여 '(죄가) 되었다' , 영어로 to be sin for us 입니다. 주 예수님이 십자가에 달리셨을 때 나와 당신들의 죄가 거기에 있었습니다. 그분은 십자가에서 여러분과 나 같은 죄인의 죄를 지시고 죄 덩어리가 되신 것입니다. 죄인이 되신 것보다 죄 자체가 되신 것은 더욱 비참하고 천히 되신 것입니다. 이는 우리를 대신하여 받으신 구주의 저주와 고난의 비참성을 대단하게 표현해주는 말들입니다. 계속적으로 바울은 이 모든 일들을 하나님이 하신 것이라고 말하고 있습니다. 그분이 왜 이렇게 하시었단 말입니까? 그것은 우리를 그분 안에서 하나님의 의가 되게 하려 함이라는 것입니다. 여기서 논의하는 것은 우리가 다만 의롭게 되는 것, 의롭다 함을 받는 것이 아닙니다. 여기서는 의에 대하여 더욱 주관적인 것을 말하고 있습니다. 그분 자체가 죄가 되신 것처럼 우리 존재 자체가 하나님의 의가 되는 것입니다.

새 언약의 사역을 통해 하나님은 이 땅에서 하나님의 의가 되는 많은 사람들을 얻고자 하십니다. 그러므로 새 언약의 사역자들은 믿는이들을 하나님과 화목케 하여 하나님의 의가 되게 하는 것입니다. 화목의 사역의 결과는 많은 사람들에게서 의를 얻어내는 것입니다. 장래 왕국에서는 의가 왕 노릇 하게 됩니다. 장차 새 하늘과 새 땅에는 의가 온전하게 거할 것입니다. 오늘 이 땅에서는 교회가 하나님의 의가 되어야 합니다. 다만 죄사함을 받아 우리가 의롭게 되는 것만이 아니라 우리 존재 자체가 의가 되는 것입니다. 그것은 완전한 화목 뒤에 오는 상태입니다. 우리가 하나님과 온전히 화목 될 때 우리는 하나님의 의가 되는 것입니다. 우리 존재 자체가 의가 될 때 우리가 무엇을 하든지 의일 것입니다.

마태복음 5장 산상수훈에도 의에 주리고 목마른 자는 배부름을 얻게 된다고 하였습니다. 구원의 문제는 은혜이지만 왕국의 문제는 의와 관련됩니다. 장래 주님이 오실 때 우리는 의의 옷을 입고 그분께 나아갑니다. 우리의 삶 가운데 죄를 갖고 있다면 완전한 화목을 누리지 못합니다. 화평과 화목은 의를 근거하여 누릴 수 있기 때문입니다. 우리는 영적 생명이 성장하면서 더욱 의에 대한 갈망을 갖게 됩니다. 의에 대하여는 주로 세 방면에서 말할 수 있습니다. 첫째는 물질 문제입니다. 의로운 삶을 살려면 어떠한 금전관계도 깨끗해야 합니다. 남의 돈을 빌리고 갚지 않는 것은 불의한 것입니다. 다른 사람에게 손실을 끼치고 보상해주지 않으려 하는 것도 의롭지 않습니다. 줄 것은 주고 갚을 것은 갚아야 합니다. 이 점에 있어서 흠이 없이 행하는 것이 의가 되는 것입니다. 말씀에는 사랑의 빚 외에는 아무 빚도 지지 말라고 했습니다. 둘째는 시간입니다. 사람들에게 시간의 약속을 했다면 지켜야 합니다. 어떤 사람은 약속을 해놓고 잊어버려 약속을 지킨 사람으로 하여금 몇 시간이나 낭비하게 하고 속상하게 만듭니다. 이것도 불의한 것입니다. 세 번째는 사람에게 상처를 주지 말아야 합니다. 가까운 아내나 남편이라고 해서 자녀라고 해서 함부로 말하고 호통을 치고 하여 사람에게 상처를 주는 행위도 의롭지 않은 것입니다. 넷째는 자신이 해야 할 일을 하지 않음으로서 다른 사람에게 해를 끼치거나 어려움을 주는 일입니다. 사람은 자신이 그 위치에서 반드시 해야 할 일이 있습니다. 길을 가다보면 자신의 차가 빠져주어야 다른 차들이 갈 수 있는 경우가 있습니다. 그때 자기가 볼 일이 있다 해서 많은 시간을 세워놓으면 뒷 차의 사람들이 큰 어려움을 당합니다. 이것은 비단 차문제만이 아니라 그 사람의 서있는 위치에 따라서 마땅히 해야 할 일을 하지 않거나 처신을 바르게 하지 않음으로 사람들에게 답답함과 길이 없게 만드는 수가 있습니다. 그리스도인은 자기만 살피면 되는 것이 아니라 다른 사람들을 살피며 때로는 자신과는 상관이 없는 일이라도 다른 사람들 때문에 뭔가를 해야 할 때가 있는 것입니다. 우리는 이러한 의의 문제에 있어서 진보가 있어야 합니다. 처음 주님을 믿었을 때는 조금 밖에 없었던 의의 갈망이 시간이 지나면서 커져야 합니다. 이것이 정상인 것입니다. 하나님은 그분의 아들을 우리를 위해 죄가 되게 하시고 우리를 그리스도 안에서 의가 되게 하신 것입니다.

이 부분의 말씀을 보면 새 피조물, 새 창조가 있고, 화목하게 하는 사역이 있고, 하나님의 의가 있습니다. 하나님의 의는 그리스도 안에 있습니다. 이것은 믿는이들이 그리스도와 유기적으로 완전히 연합되는 것을 뜻합니다. 그리스도 안에서 하나님의 의가 되는 것입니다. 하나님께 완전히 화목 된 사람들은 주님과 조금의 간격도 없이 완전히 연합된 사람들입니다. 이것이 바로 완전한 연합의 상태요 완전한 화목의 상태입니다.

사도들의 새 언약의 사역은 바로 이러한 것입니다. 믿는이들을 주님과의 완전한 연합에 이르도록 이끌어주는 것입니다. 믿는이들 가운데 아직도 다툼과 죄와 육체의 표현이 있다는 것은 그들이 아직 완전한 의, 주님과의 완전한 연합에 이르지 못했다는 것을 나타냅니다. 그것은 또한 그들이 아직 하나님과의 완전한 화목에 이르지 못했음을 보여 줍니다. 사도들은 화목하게 하는 직책을 받았으며 그 직책은 하나님의 말씀을 분배함으로 이루어집니다. 하나님의 말씀이 분배될 때 믿는이들은 더욱더 하나님과의 화목 안으로 이끌리게 됩니다. 그럴 때 이 땅에 하나님의 의라고 불리 울 수 있는 존재가 나타나게 되는 것입니다. 이는 얼마나 깊은 사상인지! 주님을 찬양합니다. 아멘.

덧붙이는 말씀

고린도 후서 6장에 들어가기 전에 고린도 전 후서를 쓴 배경을 잠시 생각해 보겠습니다. 이 서신들은 고린도 교회가 세워진 후 그 교회에 많은 문제들이 일어나자 사도 바울이 그것들을 해결하기 위해 보낸 것입니다. 그들에게 있던 열 가지 이상의 문제 중에 바울의 마음을 심히 아프게 한 일들이 있었기 때문에 바울은 큰 환난과 애통한 마음으로 이 서신을 썼으며 또 심한 책망의 말도 하였습니다. 특히 그 음행의 죄를 범한 형제에 대해서는 상당한 징계가 있을 것이라고 말했습니다.

이렇게 고린도 성도들을 심하게 책망한 후에, 고린도 후서 7장을 보면 바울이 디도를 만나 고린도 성도들이 첫 번째 서신을 받고서 슬퍼하고 회개했다는 상황을 전해 듣고 기뻐하며 감동하는 장면이 나옵니다.

그런 다음에 그는 한 면으로 그들을 위로하고 격려하며 또 한 면으로는 그들을 믿음 위에 굳게 세우고 온전케 하려는 목적으로 고린도 후서를 쓴 것입니다.

고린도 성도들을 위로하기 위해서 쓴 고린도 후서를 보면 바울은 그가 받은 고난과 환난과 위로를 통해서 그들을 위로하기를 바랐고 또 그가 고린도에 가지 않은 것에 대해 다소 오해하는 것을 설명하는 과정에서 그가 어떻게 하나님과 하나 되어 움직이는 사람인가를 말해줍니다. 그리고 그가 고린도 성도들을 책망할 때 얼마나 마음이 아팠으며 죄 지은 사람에 대한 그의 태도와 심정이 어떠했는가를 말했습니다. 그러면서 바울은 이제 그들이 그 죄 지은 형제를 용서해주기를 바랐습니다.

그러한 과정에서 바울은 새 언약의 사역자로서 그가 하고 있는 일을 고린도 성도들에게 알려주었습니다. 이와같이 고린도 후서를 통해서 우리는 사도 바울의 사역을 볼 수 있으며, 신약의 사역이 어떠한 것인가를 알게 되었습니다. 3장을 볼 때 새 언약의 사역은 그리스도의 포로들로서 많은 사람들에게 그리스도의 향기를 운반해 주는 것이며, 그리스도의 편지를 사람들 속에 새기는 것입니다. 따라서 새 언약의 사역은 구약의 사역, 즉 모세의 사역인 의문의 사역과 정죄의 사역보다 훨씬 뛰어나며 영광 가운데 있습니다. 새 언약의 사역은 그리스도의 생명을 사람들 속에 분배하여 그리스도로 조성되게 함으로 그리스도와 똑같이 되게 하는 사역인 것입니다.

그 다음 4장에서는 새 언약의 사역자들이 어떠한 과정을 통해서 그러한 사역을 수행하는가를 보여줍니다. 즉 많은 환난과 어려운 환경들을 통과하면서, 사망을 통과하면서 생명을 분배하는 사역을 한다는 것입니다.

앞장에서 우리는 5장을 다루었는데, 거기에는 그러한 사역자들의 심리가 묘사되어 있습니다. 그 사역자들은 많은 십자가의 환경을 거치면서, 죽음을 통과하면서 사람들에게 생명을 분배한다고 했습니다. 그런데 그들은 도대체 어떠한 소망을 가지고 있기에 그러한 과정을 통과할 수 있었습니까? 그들의 소망, 그들 깊은 속에 있는 갈망은 무엇이었습니까? 그것은 바로 주님과 함께 있는 것이었습니다. 그들은 진정으로 주님과 함께 있기를 소망하는 사람들이었습니다. 다시 말해서 휴거되기를 간절히 바라는 사람들이었습니다. 그들은 이 땅에 소망을 조금도 두고 있지 않은 사람들이었습니다.

이렇게 고린도 후서는 사도가 고린도 전서를 쓴 후에 고린도 성도들을 위로하고 격려하기 위해 쓴 서신입니다. 마치 부모가 자녀를 많이 책망한 후에 그를 감싸주듯이 쓴 서신인 것입니다. 그런데 그 위로하는 과정이 사도 바울이 자신을 열어 보여주는 방식이었습니다. 그가 무슨 일을 하고 있는가, 어떤 마음을 가지고 일을 하고 있는가, 어떠한 환경을 통과하면서 이런 일을 하고 있는가를 알려주는 것입니다. 자녀를 많이 책망한 부모가 자녀를 감싸줄 때 자녀가 잘못한 일도 다시 한 번 지적하면서 부모의 심정, 즉 그가 무엇을 하고 있는가, 왜 그렇게 말했는가를 이야기해 줌으로써 자녀가 부모의 사랑 안에서 견고해지며 잘 자랄 수 있도록 격려해 주는 것과 같습니다.

이러한 책인 고린도 후서가 있기 때문에 우리는 신약의 사역은 어떠한 것이며 그 사역자들은 어떠한 사람들인가를 알 수 있는 그림을 갖게 되는 것입니다.

앞장에 이어서 5장 후반부의 내용을 조금 추가하겠습니다.

사도들은 거하든지 떠나든지 주님을 기쁘시게 하는 자 되기를 열망하는 사람들이었습니다. 또 하나님을 향하여 미쳤으며 사람들을 대하여는 정신이 온전한 사람들이었습니다. 그것은 그리스도의 사랑이 그들을 강권하기 때문이라고 했습니다. 14절에서는 "그리스도의 사랑이 우리를 강권하시는도다 우리가 생각건대 한 사람이 모든 사람을 대신하여 죽었은즉 모든 사람이 죽은 것이라"고 했으며, 15절에서는 이어서, "저가 모든 사람을 대신하여 죽으심은 산 자들로 하여금 다시는 저희 자신을 위하여 살지 않고 오직 저희를 대신하여 죽었다가 다시 사신 자를 위하여 살게 하려 함이니라"고 했습니다.

바울은 하나의 결론을 가지고 있었는데, 그것은 그리스도 안에 있는 모든 사람은 다 죽었다는 것입니다. 왜 그렇습니까? 한 사람이 모든 사람을 위하여 죽었기 때문입니다. 이것은 이미 이루어진 사실입니다. 그러나 우리 편에서는 이 말씀을 깊이 상고한 다음에 우리의 것으로 결론을 지어야 합니다. 한 사람이 모든 사람을 위하여 죽으셨으므로 모든 사람이 죽은 것입니다. 우리는 이 땅에서 더 이상 살 필요가 없는 사람들입니다. 우리는 죄와 허물로 죽은 자들입니다. 완전히 부패하여져서 구제하기가 불가능한 사람들입니다. 그렇기 때문에 십자가가 있는 것입니다. 십자가는 인류 전체에 대한 하나의 판결입니다. 타락한 인류에 대한 유일한 해결책이 죽음이라는 것입니다. 사실 십자가는 우리 모두가 그곳에서 끝났다는 것을 선언하고 있습니다. 그러므로 주 예수를 믿는 우리 모두는 자신이 그리스도 안에서 죽은 자들임을 아는 사람들입니다.

그런데 우리는 여기서 한 가지 확실한 결론을 지어야 합니다. "저가 모든 사람을 대신하여 죽으심은 산 자들로 하여금 다시는 저희 자신을 위하여 살지 않고 오직 저희를 대신하여 죽었다가 다시 사신 자를 위하여 살게 하려 함이니라". 우리는 이제 이 땅에 살고 있지만 과거와는 달리 살아야 합니다. 저는 아직도 자신이 이 땅에서 할 일이 많고 소망도 많고 미련도 많다고 생각하는 사람이 있을까 염려됩니다. 그런 사람은 아직도 자신이 죽었다고 결론을 짓지 않은 사람입니다.

그러나 사도 바울은 모든 사람이 다 죽었다고 결론을 내렸습니다. 그 속에는 바울도 들어 있으므로 그는 자신이 죽었다고 결론을 내린 것입니다. 저는 우리 그리스도인들이 이 사실을 분명하게 깨닫기를 바랍니다. 이미 우리는 한 번 죽은 자들입니다. 우리는 어디에 있습니까? 무덤에 있습니다. 제가 자주 가는 시골 아파트 앞에는 무덤이 많습니다. 저는 아파트에서 자고 죽은 사람들은 무덤에서 자는데, 사실 나나 그들이나 똑같이 죽은 사람들입니다. 하나님의 눈으로 볼 때 나의 옛 사람은 이미 죽었습니다. 그렇기 때문에 유 아무개는 더 이상 살지 않고 주님이 내 안에 사시는 것입니다.

이것은 하나님의 사실일 뿐 아니라 오늘 우리의 사실이 되어야 합니다. 우리의 결론, 우리의 판단이 되어야 합니다. 우리는 확실하게 판단을 내려야 합니다. 확실하게 결론을 내려야 합니다. '나는 주님과 함께 죽었다. 지금 사는 것은 내가 아니다. 주님이 내 안에 사시는 것이다.' 이와같이 자신의 인생에 대해서 한 번은 확실하게 포기를 해야 합니다. 왜냐하면 이것이 사실이기 때문입니다.

한 형제와 자매가 결혼을 했을 때, 결혼한 것은 하나의 사실입니다. 약속을 했고, 결혼식을 올렸고, 함께 삽니다. 그런데 결혼을 하고서도 여전히 결혼을 하지 않은 것처럼 생각을 하며 살 수도 있습니다. 하나의 사실이 있고 그것을 인정할지라도 생각 속에서는 '나는 결혼을 해서 그렇게 묶이고 싶지 않다.' 라고 하며 원래 혼자 자유로이 살았던 생활에 대한 미련을 떨치지 못하는 것입니다.

그렇기 때문에 주님과 함께 죽은 사실이 있을 뿐 아니라 또한 우리의 결론도 있어야 하는 것입니다. 오늘 우리는 여기서 확실하게 장사를 지내야 하지 않겠습니까? 어떻습니까? 여러분, 더 이상 자신이 살고 싶은 마음이 있습니까? 그래서 사도 바울은 이렇게 말한 것입니다. "저가 모든 사람을 대신하여 죽으심은 산 자들로 하여금 다시는 저희 자신을 위하여 살지 않고 오직 저희를 대신하여 죽었다가 다시 사신 자를 위하여 살게 하려 함이니라"(5:15).

우리의 인생은 오직 우리를 대신하여 죽었다가 다시 사신 자, 예수 그리스도를 위하여 있는 것입니다. 앞으로의 인생은 자신의 인생이 아닙니다. 그 인생은 이미 끝났습니다. 앞으로의 인생은 오직 예수 그리스도 우리 주를 위한 인생입니다. 여기 있는 우리 모두가 이런 결론을 내렸다면 놀라운 것입니다. 우리는 다 죽었고 이제 그리스도를 위해 사는 것입니다.

그럴 때 우리는 16절에서 말한 것처럼 이제부터 아무 사람도 육체대로 알지 않는 것입니다. 이때부터 육체가 실제적으로 없어지게 됩니다. 우리가 우리의 옛 사람, 우리의 과거 인생을 그대로 가지고 있으면서 생활한다면 그것은 아직 이전 것 안에 있는 것입니다. 그러나 정말로 우리가 그리스도와 함께 죽었다는 것을 시인하고 더 이상 우리의 인생은 없으며 이제 사는 인생은 주를 위해서만 사는 인생이라면, 그것은 육체가 아닙니다.

그러므로 이렇게 말할 수 있는 것입니다. "우리가 이제부터는 아무 사람도 육체대로 알지 아니하노라 비록 우리가 그리스도도 육체대로 알았으나 이제부터는 이같이 알지 아니하노라"(5:16). 이제 우리는 그리스도인들을 대할 때 육체대로 대하지 않고 육체대로 알지 않는 것입니다.

"그런즉 누구든지 그리스도 안에 있으면 새로운 피조물이라 이전 것은 지나갔으니 보라 새것이 되었도다"(5:17). 이제 완전히 새로운 인생을 사는 것입니다. 옛 것은 끝난 것입니다. 이렇게 살 때 우리는 우리 안에 계시는 그리스도만을 의존하여 살며, 성령을 따라 살며, 자신을 부인하고 자신을 내려놓는 삶을 살게 됩니다. 이러한 삶이 바로 새 창조의 삶입니다. 이전 것은 지나가고 새 것이 되었습니다.

고린도후서 6장

2corinthians

하나님의 은혜를 헛되이 받지 말라

1절, 우리가 하나님과 함께 일하는 자로서 너희를 권하노니 하나님의 은혜를 헛되이 받지 말라

'우리가 하나님과 함께 일하는 자로서'의 원문에는 '하나님과'라는 말이 없습니다. 그러나 번역자들이 문맥을 살펴서 이 말을 삽입한 것입니다. 5장 마지막 부분에서 사도들은 하나님이 권면하시는 것같이 그리스도를 대신하여 믿는이들에게 하나님과 화목하도록 권했습니다. 따라서 사도들은 하나님과 그리스도와 동역하는 사람들임을 볼 수 있습니다. 그들은 하나님의 부탁을 받고 일할 뿐 아니라 하나님과 함께 일하는 자입니다. 하나님께 위임을 받아서 일하고 하나님의 말씀을 위탁받아서 일할 뿐 아니라 순간순간 하나님과 하나 되어 동역하는 사람들인 것입니다.

성도들을 하나님과 화목하게 하는 일은 사도들의 능력으로 되는 것이 아닙니다. 반드시 사도들이 하나님과 동역할 때 역사할 수 있습니다. 그래서 사도들은 자신들이 혼자 일한다고 하지 않고 하나님과 함께 일한다고 했으며 또한 하나님의 은혜를 헛되이 받지 말라고 했습니다. 여기서 고린도의 믿는이들은 은혜를 받기는 받았는데 그 은혜를 헛되게 할 위험에 처해 있었습니다.

그러면 어떻게 할 때 하나님의 은혜를 헛되이 받지 않을 수 있습니까? 하나님의 말씀을 더욱더 받아들이고 순종함으로써 하나님과의 화목 안에 더 깊이 들어가는 것입니다. 다시 말해서 육체와 자아와 천연적인 생명을 처리하고 돌이켜서 주님과의 연합 안에 더욱더 깊이 들어가는 것입니다. 즉 주님의 은혜가 믿는이들 속에 더 깊이 역사되게 하는 것입니다. 만일 하나님의 말씀을 듣지만 순종이 없고 자신의 육체와 자아를 처리하지 않는다면 은혜는 역사하지 않습니다. 듣기만 하고 순종치 않고 생활 가운데 적용이 없다면 분명 그것은 하나님의 은혜를 헛되이 받은 것입니다. 순종이 있어야 은혜가 헛되지 않게 됩니다. 육체의 처리가 있고 따라서 더 깊은 순종과 화목 안으로 들어가야 은혜를 받게 되는 것입니다.

2절, 가라사대 내가 은혜 베풀 때에 너를 듣고 구원의 날에 너를 도왔다 하셨으니 보라 지금은 은혜 받을 만한 때요 보라 지금은 구원의 날이로다

그런 다음, 이사야 49장 8절의 말씀을 인용하여 '내가 은혜 베풀 때에 너를 듣고 구원의 날에 너를 도왔다' 고 말합니다. 이는 바로 신약의 은혜의 시대를 말합니다. 신약의 시대는 은혜의 시대입니다. 은혜의 시대에 우리를 들어주시고 우리를 도와주시는 분이 있다고 했습니다. 지금은 은혜를 베푸시는 때요 은혜를 받을 수 있는 때입니다. 우리를 들어주시고 도와주시는 주님이 계십니다.

또 지금은 구원의 날입니다. 지금 구원받아야 합니다. 시간을 지연하면 안 됩니다. 은혜를 받고 구원을 받는 것은 기회를 놓치면 안 됩니다. 다음에 은혜를 받겠다, 구원을 받겠다고 하면 안 됩니다. 오늘 구원받아야 하고 오늘 은혜를 받아야 합니다. 어떤 사람은 기회는 오직 한번만 문을 두드린다(Opportunity knocks the door only once)고 말한 분도 있습니다. 은혜 받을 기회를 놓쳐 버리면 다시 찾아오지 않을 수도 있다는 말이니 우리는 주님이 우리에게 은혜를 주시고자 할 때 거절하지 말아야 합니다. 지금 바울은 고린도의 성도들에게 화목을 권하면서 하나님과 화목을 이루는 이것이 은혜를 얻는 것이고 구원을 받는 것이라고 말하고 있습니다. 그들은 바로 지금 이런 문제들이 일어나고 있고 그들의 상황에 대하여 치료의 말씀이 주어질 때 바로 그 때가 그 말씀에 순종하고 육체를 심판하며 하나님과의 화목을 이루어야 할 때였던 것입니다. 그 기회를 놓친다면 다시 기회가 오지 않을 수도 있으니 지금 은혜를 받아야 합니다. 지금 바울이라는 사람이 말하고 있으며 권하고 있지만 바울의 말은 '내가 하나님과 함께 권하는 것이다' 라고 말하고 있는 것입니다.

혹 나이 드신 분들은 '때가 얼마 남지 않았구나' 하고 근심하실지 모르나 나이가 많든 적든 바로 지금, 주님의 말씀이 주어지는 그 때 그 때를 주의해야 합니다. 언제나 바로 지금이 은혜를 받을 만한 때이고 구원의 날이기 때문에 그렇습니다. 나이가 많이 들어서도 주님의 은혜를 헛되지 않게 많이 받고 주님께 간 성도들이 얼마든지 있습니다. 늦었다고 한탄하지 말고 그 때 그 때 속히 은혜를 많이 받아야 합니다. 조지 뮬러(George Muller)는 몸이 약하기로 유명한 사람이었습니다. 다들 그가 일찍 죽을 것이라고 했습니다. 그러나 70세 때부터 사역 여행을 하기 시작하여 17년간이나 다녔습니다. 지구를 여덟 번 돌았다고 들었습니다. 그렇게 많은 사역 여행을 하고 주님께 갔습니다. 또 크랜머라는 순교자가 있는데, 그는 60세가 되어서야 주님을 알았다고 합니다. 그러나 조금도 부족함 없이 주님을 사랑하다가 순교를 했다는 것입니다. 결코 나이가 너무 많이 들었다는 생각을 하지 마십시오. 지금부터라도 확실하게 순종하며 주님을 사랑하면 주님이 주시는 은혜를 조금도 부족함이 없이 얻을 수 있습니다. "보라 지금은 은혜 받을 만한 때요 보라 지금은 구원의 날이로다".

새 언약의 직무

3절, 우리가 이 직책이 훼방을 받지 않게 하려고 무엇에든지 아무에게도 거리끼지 않게 하고

이제 새 언약의 사역자들의 직책을 말합니다. 이 직책은 새 언약의 직무입니다. '이 직책이 훼방을 받지 않게 하려고'. 이것은 곧 사람들을 하나님과 화목하게 하는 직책이요 사람들을 구원하는 직책입니다. 그러므로 그는 이 직책을 영광스럽게 생각했습니다. 따라서 그는 이 직책을 수행하면서 무엇에든지 아무에게도 거리끼지 않게 하고 훼방을 받지 않도록 최선을 다했다는 것입니다.

사도 바울은 정말로 새 언약의 사역자의 본입니다. 그가 어떻게 했으면 우리도 그를 따라야 합니다. 그러면 그는 새 언약의 사역자로서 어떻게 길을 갔습니까? 그가 하나님이 맡기신 일을 최선을 다해 잘하고 혹 사람들이 무리하게 대하더라도 묵묵히 참으면서 걸어갔습니다. 그럴 때 사람들은 그의 직책을 훼방할 수 없습니다. 그는 자기가 할 수 있는 대로 무엇에든지 아무에게도 거리끼지 않게 했습니다. 유대인도 그는 사역을 수행할 대상이었고 이방인도 그러했습니다. 그런데 유대인들에게 사역을 수행하려면 그들에게 거리낌이 되지 않도록 최선을 다해야 했습니다. 공연히 '나는 율법을 반대하는 사람이다.' 등등의 말을 할 때 그들의 마음이 닫힐 것입니다. 또 이방인들에게 나아가서 율법에 철저한 사람처럼 행동한다면 그의 직책을 수행하는 데 방해가 되었을 것입니다. 사도 바울은 그의 직책을 수행하는데 있어서 매우 조심했습니다.

모든 일에 하나님의 일꾼으로 자천하여

4절, 오직 모든 일에 하나님의 일꾼으로 자천하여 많이 견디는 것과 환난과 궁핍과 곤란과

"모든 일에 하나님의 일꾼으로 자천하여". 사도 바울은 그에게 일어난 모든 일을 통하여 그를 하나님의 일꾼으로 자천했다고 했습니다. 다른 사람의 천거서가 필요한 것이 아니라 그는 그의 삶과 사역 자체가 사역자로서 자천하는 것이라고 말합니다. 새 언약의 사역자들은 이와 같이 그들의 삶으로 사역자임을 자천하는 사람들이어야 합니다. 반드시 다른 사람이 그를 세워주거나 그럴듯한 평판과 이름을 가져야 하는 것은 아닙니다. 사도 바울은 자기 자신이 하나님의 일꾼 됨을 모든 일로써 자천하는 삶을 살았습니다.

그러면 어떤 삶이 그가 자신을 자천하는 삶이었습니까? 다음에 이어지는 구절들에 열거되는 모든 것들입니다. '내가 이렇게 살진대 내가 이렇게 살면 하나님의 종이라는 증거가 아니냐' 는 것입니다. 그럴 때 우리는 '맞습니다.' 라고 대답해야 할 것입니다. 그의 삶을 통해서 그가 한 모든 행동이 그가 하나님의 종인 것을 나타내 주었습니다. 그런 삶이 없고 실제의 표현이 없을 진대 남이 인정해주는 추천이 무슨 소용이 있겠습니까? 남이 세워주거나 인정을 해주어서 하나님의 일꾼이 되는 것이 아니라 새 언약의 사역자로서 바울은 자신의 모든 일과 삶을 통해서 자천할 수 있었던 것입니다. 저는 이 시대에도 이러한 사역자가 많이 나타나기를 바랍니다.

그러면 그가 어떤 항목들을 말했는지 하나하나 보겠습니다. 영문 성경에는 여기에 많은 전치사 'in(안에)' 이 있습니다. 그것은 새 언약의 사역자는 어떤 특정한 상황 안에(in)있는 사람이라는 것입니다.

먼저 많이 견디는 것 안에(in much endurance) 있음을 말했습니다. 많이 견디는 것이 첫 번째입니다. '나를 어떻게 해서 하나님의 종이라고 말할 수 있는가 하면 많이 견디었기 때문이다.' 라고 말하는 것입니다. 많이 견디는 이것은 정말 능력입니다. 수차 말씀드린 바 있지만 외국에 사역하러 나가서 어려운 일들을 겪을 때 '인내의 한계에 왔구나.' 하고 느낄 때가 있습니다. 하나님께서 우리의 견디는 역량을 증가시켜 주시지 않으면 더 이상 견딜 수가 없는 것입니다. 조금 더 참았더라면 성도들을 더 주님 앞에 세울 수 있었을 것입니다. 참지 않고 무언가 반응을 했고 조급하게 말하는 바람에 성도들을 물러가게 했고 위축되게 만들었습니다. 우리는 이런 실수가 많은 것이 사실입니다. 그만큼 부족하다는 말입니다. 바울에게 있어서 많이 견디는 것이 새 언약의 사역자로서 가장 앞선 미덕이라는 것은 매우 인상적인 말입니다.

그 다음으로는 환난과 궁핍과 곤란인데, 많이 견디는 것 다음은 환난과 궁핍과 곤란입니다. 이 용어들은 서로 비슷한 말인데 모두 아주 어려운 환경들을 뜻하는 말입니다. 영어로는 'affliction', 'hardship', 'distress' 입니다. 많이 견디는 것이 사역자의 표시라면 다음은 어려운 환경을 많이 만나는 것입니다. 이것은 바울이 새 언약의 사역자로서 상당히 곤란함과 고난의 환경 가운데 머무르는 삶을 살았다는 것을 말해 줍니다. 만일 어떤 사람이 사역자라고 하면서 항상 무탈하며 어떤 어려움도 없이 희희낙락하며 지낸다면 그는 사역자로서 자신을 사람들에게 천거할 내용이 없다는 얘기입니다. 헬라어에서 '환난' 은 내리누른다는 뜻인데, 사방에 난관이 있으나 다소 피할 길이 있는 난관을 말합니다.

그 다음 '궁핍' 이라는 말은 압제를 당한다는 뜻입니다. 이것은 사방의 억압이 심한데 피할 가능성이 아주 적은 상황을 묘사하는 것입니다. 물질적인 부족으로 말미암은 압력을 말하는 데에도 쓰입니다.

세 번째로 쓰인 '곤란'이라는 말은 졸라맨다는 뜻입니다. 환난, 궁핍, 곤란, 이 세 가지는 다 힘든 상황을 묘사하는데, 약간 살 길이 보이는 것, 조금 더 심한 것, 아예 앞길이 전혀 보이지 않는 것 등을 정도에 따라 말하는 것입니다. 바울은 항상 이런 환경 가운데 있었던 고로 남이 말해줄 필요가 없이 자기가 새 언약의 사역자의 자격이 있지 않은가 하고 자천하고 있습니다.

5절, 매 맞음과 갇힘과 요란한 것과 수고로움과 자지 못함과 먹지 못함과

다음에는 매 맞는 것과 갇힘과 요란한 것과 수고로움과 자지 못함과 먹지 못함입니다. 모두다 안에(in)라는 전치사를 사용하고 있습니다. in beatings, in imprisonment, in tumults, in labours, in sleeplessness, in hunger 등입니다. 즉 바울은 이런 상황들 안에 있었다는 말입니다. 사도행전을 보면 바울이 매 맞은 것이 여러 번 기록되어 있습니다. 사도들은 당시에 매를 맞았습니다. 그리고 감옥에 여러 번 갇혔습니다. 사도행전에 바울이 감옥에 갇힌 것이 여러 번 나오며 서신서들도 대부분 그가 옥중에서 쓴 것입니다. 또 많은 소동들이 일어나서 그가 요란함 중에 있었다고 말합니다.

사도들은 또 많은 일을 하는 수고로움 가운데 있었습니다. 데살로니가 전서 2장 9절을 보면, "형제들아 우리의 수고와 애쓴 것을 너희가 기억하리니 너희 아무에게도 누를 끼치지 아니하려고 밤과 낮으로 일하면서 너희에게 하나님의 복음을 전파하였노라"고 말합니다. 바울은 이렇게 곤란을 당하면서 거기에다 한 가지를 더해서 수고, 즉 일을 했습니다. 장막을 짓는 일이었을 것입니다. 돈을 벌어 자기와 동행들의 쓸 것을 채우면서 사역을 했습니다.

또 그는 자지 못했다고 했습니다. 사도들은 자지 못할 때가 많았습니다. 사도행전 16장 25절을 보면, "밤중 쯤 되어 바울과 실라가 기도하고 하나님을 찬미하매 죄수들이 듣더라"고 말합니다. 이것은 빌립보에서 그들이 감옥에 갇혔을 때의 일입니다. 그들은 밤에 기도하고 찬미했습니다. 또 사도행전 20장 7절을 보면, "안식 후 첫날에 우리가 떡을 떼려 하여 모였더니 바울이 이튿날 떠나고자 하여 저희에게 강론할새 말을 밤중까지 계속하매"라고 말합니다. 이와같이 어떤 때는 다음 날 떠나야 하니까 시간이 없어서 밤을 새워 가며 강론을 했던 것입니다.

데살로니가 후서 3장 8절, "누구에게서든지 양식을 값없이 먹지 않고 오직 수고하고 애써 주야로 일함은 너희 아무에게도 누를 끼치지 아니하려 함이니". 사도 바울은 밤낮으로 일을 하지 않으면 안 되었습니다. 그러다 보니 때로는 말씀을 전하느라고 잠을 못 자고 때로는 감옥에 갇혀서 잠을 못 자고 때로는 일을 하느라고 잠을 못 잤습니다.

또 사도는 먹지 못할 때도 있었습니다. 사도행전 28장에서 그가 죄수로서 로마로 압송되어 갈 때 몇 날을 먹지 못했다는 것을 볼 수 있습니다. 그 외에도 그가 굶주렸다고 말한 기록을 봅니다. 이를 통해 우리는 바울이 참으로 고난의 삶 가운데 있었다는 것을 보며 그가 참된 하나님의 종이라는 것을 알게 됩니다.

그 다음 구절을 봅시다.

6절, 깨끗함과 지식과 오래 참음과 자비함과 성령의 감화와 거짓이 없는 사랑과

사도는 고생만 한 것이 아니라 깨끗했습니다. 순수했다는 것입니다(in purity). 그러면서 또한 지식이 있었습니다(in knowledge). 그러므로 새 언약의 사역자가 되려면 앞에서 말한 많은 고난의 환경을 거칠 준비를 해야 하며 또 깨끗해야 합니다. 그리고 지식이 있어야 합니다.

이 시대에 새 언약의 사역자가 되려면 공부해야 합니다. 구약에서 신약까지 말씀을 잘 읽어야 합니다. 언어도 배우고 성경도 깊이 있게 연구할 것을 권합니다. 바울은 지식이 있었던 사람입니다. 다만 열심을 내는 것과 고생할 줄 아는 것만으로는 부족합니다. 거기에다 지식이 있어야 합니다. 오늘 이 말씀을 읽을 때 저는 새 언약의 사역자로서 자격이 없는 첫 번째 사람이라는 것을 느꼈습니다. 그럴 때 기도가 저절로 나왔습니다.

'오래 참음과(in patience)'. 이 오래 참는 것은 앞에 나온 '많이 견디는 것'과 다릅니다. 많이 견디는 것은 견딜 수 있는 용량, 양적으로 어떤 큰 어려움이 있어도 견딜 수 있는 능력을 말하는 것이고, 여기의 오래 참음은 시간적으로 얼마나 길게 참을 수 있느냐를 말하는 것입니다. 오래오래 답답한 상황을 견딜 수 있느냐는 것입니다. 바울에게는 그렇게 오래 참아야 하는 일이 많았던 것 같습니다. 그러나 또한 그는 자비했습니다. 모든 사람을 대할 때 친절하고 자비로웠다는 것입니다(in kindness). '성령의 감화와'. 또 그는 성령 안에 있었습니다(in the Holy Spirit). 이 모든 상황에서 언제나 성령 안에, 영 안에 깊이 적셔져 있었던 것입니다. 그리고 그는 거짓 없는 사랑 안에 있었습니다. 언제나 거짓 없는 사랑을 가지고 있었습니다(in genuine love).

진리의 말씀과 하나님의 능력

7절, 진리의 말씀과 하나님의 능력 안에 있어 의의 병기로 좌우하고

또 그는 진리의 말씀 안에 있었습니다(in the word of truth). 우리의 상식이나 관념에는 하나님의 종의 자격을 설명할 때 '진리의 말씀'이 첫 번째로 나와야 하는데 여기서 바울은 이것을 마지막 부분에 두었습니다. '진리의 말씀과 하나님의 능력'. 이것은 주님의 종에게 반드시 있어야 할 항목입니다. 여기의 하나님의 능력은 외적으로 기적을 일으키는 그러한 능력보다도 내적으로 생명의 변화를 가져다주는 능력이라고 믿습니다(in the power of God). 진리의 말씀을 전파할 때 사람들에게 과연 변화를 가져다 줄 수 있느냐는 것입니다. 생명의 변화를 가져올 수 있는가, 생명의 성장을 가져올 수 있는가, 생명의 전환의 역사를 가져올 수 있는가, 사람을 새롭게 만들 수 있는가, 죄와 세상에서 벗어나 주님께 나아가며 하나님과 화목되게 할 수 있는가 하는 것입니다. 여기까지에서 새 언약의 사역자들인 사도들이 처했던 상황 열여덟 가지 '안에(in)' 를 말합니다.

그 다음에 '의의 병기로 좌우하고' 가 있습니다. '좌우하고' 는 헬라어로는 '통하여' 를 의미하는 'dia' 이며 영어로는 'by' 혹은 'through' 입니다. 7, 8절에 세 번의 by 가 있습니다. 사역자는 다른 것이 아니라 의의 병기에 의해서 싸운다는 것입니다. 새 언약의 사역자들은 의가 있어야 합니다. 모든 면에서 의가 있어야 무기가 있는 것입니다. 새 언약의 사역자들은 다만 섬기는 것이 아니라 싸우며 전쟁 가운데 있습니다. 전쟁을 하려면 무기가 있어야 하는데, 그 무기는 바로 의입니다. 의는 두 가지 기능을 가지고 있습니다. 하나는 오른쪽이고 하나는 왼쪽입니다(by the weapons of righteousness for the right hand and the left). 오른쪽은 주로 공격용으로서 상대편을 제압할 수 있습니다. 즉 사탄의 입을 막을 수 있습니다. 또 한 면으로 왼쪽은 방어용으로서 원수의 공격에 대해 우리를 방어할 수 있습니다. 이와같이 의는 우리의 방패도 될 수 있고 공격하는 무기도 될 수 있습니다. 새 언약의 사역자들은 그리스도 안에서 완전히 하나님과 화목 된 자로서 하나님의 의가 된 자들입니다. 신약의 바울의 사역을 보면 그들이 가진 의가 방어도 되고 대적에 대한 공격도 됨을 보았습니다. 그들은 그들이 행한 의가 있었기에 대적들의 무너뜨리려는 악한 말들에 맞설 수 있었으며 악한 자가 구축해놓은 거짓 여론의 요새들을 공격할 수 있었습니다.

새 언약의 사역자들은 영광과 욕됨으로 말미암으며

8절, 영광과 욕됨으로 말미암으며 악한 이름과 아름다운 이름으로 말미암으며 속이는 자 같으나 참되고

또한 새 언약의 사역자들은 영광과 욕됨으로 말미암습니다. 새 언약의 사역자들은 주님을 진정으로 사랑하는 사람들에게서는 영광을 얻고 대적자들에게서는 욕됨을 얻습니다. 영광도 있고 욕됨도 있습니다(by glory and dishonor). 이 두 가지가 다 있게 되며, 이 두 가지를 통하여 사역을 합니다. 마태복음 5장 11-12절을 보면, "나를 인하여 너희를 욕하고 핍박하고 거짓으로 너희를 거스려 모든 악한 말을 할 때에는 너희에게 복이 있나니 기뻐하고 즐거워하라 하늘에서 너희의 상이 큼이라 너희 전에 있던 선지자들을 이같이 핍박하였느니라"고 말합니다. 모든 참된 선지자들은 반드시 핍박을 당하게 됩니다.

그러나 주님은 그럴 때 기뻐하고 즐거워하라고 말씀하십니다. 왜냐하면 그런 모든 악한 말을 들으면 복이 있기 때문입니다. 너희 전에 있던 선지자들도 이같이 핍박을 당하였다고 하셨습니다. 구약의 선지자들을 보면 다 배척을 당하고 돌로 맞고 죽임을 당했습니다. 신약의 사역자들도 마찬가지입니다. 실로 그들에게는 영광도 있지만 욕됨도 있습니다. 만일 좋은 말만 들으려 한다면 그는 어쩌면 하나님의 충성된 사역자가 아닐 것입니다.

또 그들은 '악한 이름과 아름다운 이름으로' 말미암습니다. 악한 이름도 있고 아름다운 이름도 있습니다. 만일 당신이 사람들에게 영광만 받고 아름다운 이름만 얻는다면 새 언약의 사역자로서는 적합하지 않은 사람입니다. 정말 그렇습니다. 구약에서 보면 거짓 선지자들이 사람들에게서 좋은 평판을 얻었습니다. 그들을 나무라고 욕하는 사람이 거의 없었습니다. 그러나 참 선지자들에게는 이 두 가지가 다 있었습니다. 그들은 시세에 야합하지 않고 하나님의 말씀을 참되게 전하기 때문입니다. 진정으로 주님을 사랑했던 사람들에게는 그들이 전하는 진리가 은혜가 되었고 축복이 되었으며 그러한 사람들은 그들을 사랑했습니다. 그런데 대부분의 많은 사람들이 그들을 못 마땅해했습니다. 그래서 그들은 악한 이름과 아름다운 이름으로 말미암았습니다. 여기까지 세 개의 '말미암아'가 있습니다. 우리는 다시 한 번 이러한 사람들이 자천할 만한 새 언약의 사역자들이라는 것을 이해할 필요가 있습니다.

그 다음 일곱 개의 '같으나(as)'가 있습니다. "속이는 자 같으나 참되고". 당시 사도들은 속이는 자로 여겨졌습니다. 이것은 지금도 믿기가 어렵습니다. 그러나 바울 같이 신실한 사람들이 사람들에게 속이는 자라고 비난을 받았다는 것입니다. 즉 새 언약의 사역자들은 반대자들에게는 속이는 자로 여겨진다는 것입니다. 그러나 그들은 참되었습니다. 과연 여러분은 이런 길을 갈 수 있겠습니까?

무명한 자 같으나 유명한 자요

9-10절, 무명한 자 같으나 유명한 자요 죽는 자 같으나 보라 우리가 살고 징계를 받는 자 같으나 죽임을 당하지 아니하고 근심하는 자 같으나 항상 기뻐하고 가난한 자 같으나 많은 사람을 부요하게 하고 아무 것도 없는 자 같으나 모든 것을 가진 자로다

그들은 또한 '무명한 자 같으나, 즉 알려지지 않은 자 같으나 유명한 자이며', '죽는 자 같으나 살고', '징계를 받는 자 같으나 죽임을 당하지 아니하고', '근심하는 자 같으나 항상 기뻐하고', '가난한 자 같으나 많은 사람을 부요하게 하고', '아무 것도 없는 자 같으나 모든 것을 가진 자'들입니다. 실제로 하나님의 종으로서 화목의 사역을 하려면 무명한 면이 필요합니다. 반대자들이나 세상적인 사람들 눈에는 무명한 자 같아야 합니다. 그러나 하나님 앞에나 진실한 사람들의 양심 안에서는 유명한 사람이야 합니다. 무명한 면이 있고 유명한 면이 있는 것입니다. 바울은 당시 평판이나 외적인 명성으로 유명했던 것 같지 않고 수고를 통하여 진실한 사람들에게 많이 알려졌던 것 같습니다. 우리는 이러한 길을 가기가 어렵다는 것을 압니다. 그러니 많은 사람이 이런 길을 택하지 않으려 할 것입니다. 외적인 유명세와 명성을 드높여 유명하게 되는 것이 아니라 넘치는 고난과 지나친 수고를 통하여 사람들의 양심에 알려지는 길입니다.

새 언약의 사역자들은 이와같이 피상적인 사람들의 눈에 속이는 자 같고 무명한 자 같고 죽는 자 같고 징계를 당하는 자 같고 근심하는 자 같고 가난한 자 같고 아무 것도 없는 자 같습니다. 그러나 실상은 그들이 참된 자이고 유명한 자입니다. 주님 안에서, 주님을 진정으로 사랑하는 자들 가운데서는 귀하게 알려진 자들입니다. 그리고 그들은 거꾸러뜨림을 당하고 징계를 당하는 것 같아도 죽임을 당하지 않고 살아 있는 자이며 항상 기뻐하는 자이고 많은 사람을 부요하게 하는 자이며 모든 것을 가진 자입니다. 이런 사람이 이 시대에도 하나님이 그분의 경륜을 이루는데 필요로 하는 새 언약의 사역자들입니다. 우리가 그러한 사람인지를 점검해 볼 때, 어떻습니까? 실로 너무나 거리가 먼 사람들임을 시인하지 않을 수 없습니다. 우리는 주님께 엎드려 간구할 수밖에 없습니다.

우리의 마음이 넓었으니

11-12절, 고린도인들이여 너희를 향하여 우리의 입이 열리고 우리의 마음이 넓었으니 너희가 우리 안에서 좁아진 것이 아니라 오직 너희 심정에서 좁아진 것이니라

새 언약의 사역자들은 마음이 넓어야 합니다. 아무리 반대하고 오해하고 심지어 공격하고 핍박을 해도 모든 사람을 대해서 마음을 넓히는 사람들입니다. 이러한 사람이 새 언약의 사역자들입니다. 당시 고린도인들은 좁아졌습니다. 고린도인들은 바울을 오해했습니다. 그들은 육체에 속했고 죄를 범했으며 그들 가운데는 분쟁이 있었습니다. 그러나 사도 바울은 그들을 향해서 입을 열고 마음을 넓혔습니다. 장성한 사람의 특징은 넓은 것입니다. 5장에는 화목케 하는 사역이 있는데, 완전히 하나님과 화목한 사람이라면 반드시 마음이 넓을 것입니다. 마음이 좁다는 것은 화목이 제대로 이루어지지 않았다는 표시이며 온전한 은혜를 받지 못했다는 표시입니다. 그러한 상태는 은혜와 구원을 더 받을 필요가 있음을 나타냅니다.

"너희가 우리 안에서 좁아진 것이 아니라 오직 너희 심정에서 좁아진 것이라". 이것은 사도 바울에게는 문제가 없는데 고린도 성도들이 좁아졌다는 것입니다. 여기서 '심정'은 빌립보서 1장 8절에서 말하는 '예수 그리스도의 심장'의 '심장'과 같은 단어입니다. 영어로는 'bowels'인데 '내장, 심장'을 가리킵니다. 속 부분들이라고도 번역할 수 있습니다. 만일 우리가 새 언약의 사역자가 되려 한다면 모든 사람에 대해서, 모든 종류의 그리스도인들에 대해서 마음을 넓혀야 합니다. 넓은 심장과 속 부분을 가져야 합니다. 즉 많은 좁은 사람들을 향하여 포용하는 마음을 가질 필요가 있습니다.

13절, 내가 자녀에게 말하듯 하노니 보답하는 양으로 너희도 마음을 넓히라

바울은 고린도 성도들을 자녀처럼 여겼습니다. 보답하는 양으로 너희도 마음을 넓히라고 했습니다. 바울은 고린도인들의 그 많은 오해에도 불구하고 전혀 마음이 좁아지지 않고 그들을 향해 마음이 넓었습니다. 그들에게 입을 열고 그들을 위했습니다. 그리고 그들에게 말했습니다. "너희도 보답하는 양으로 마음을 넓히라". 장성한 자는 어린 자가 마음이 좁아져서 돌아섰을 때 같이 마음을 닫아서는 안 됩니다. 바울처럼 그들을 향하여 마음을 열어두어야 합니다. 그들이 나쁜 말을 하고 오해를 하며 심지어 핍박을 할지라도 새 언약의 사역을 위임 맡은 사람이라면 기다리며 마음을 항상 열고 있다가 가장 합당한 때에 이와같이 권해야 합니다. "나는 아직도 당신을 기대하고 사랑하며 위하여 기도하고 있습니다. 항상 기도하고 있습니다. 마음을 넓혀주지 않겠습니까?" 아무리 강팍한 자녀라 해도 부모가 이만큼 이야기하면 이유야 어떠하든 이유를 따지기 전에 부모에게 보답하는 뜻으로라도 마음을 넓혀야 할 것입니다. 나는 이렇게 해서 결국은 그 닫혀 진 마음들이 회복된 경우를 많이 보았습니다.

믿는 자들은 분별되어야 함

14절, 너희는 믿지 않는 자와 멍에를 같이하지 말라 의와 불법이 어찌 함께하며 빛과 어두움이 어찌 사귀며

이제 구체적인 화목의 길을 말합니다. "너희는 믿지 않는 자와 멍에를 같이하지 말라". 신명기 22장 10절을 보면, "너는 소와 나귀를 겨리하여 갈지 말며"라고 말합니다. 멍에를 함께 씌우지 말라는 것입니다. 이것은 믿는이들이 믿지 않는 사람들과 멍에를 같이해서는 안 된다는 말입니다. 하나님의 자녀는 하나님의 자녀들과 함께 있는 것이 더 좋은 것입니다. 선한 사람이 나쁜 사람을 유익하게 하는 것보다 나쁜 사람이 선한 사람을 해칠 위험이 더 큽니다(매튜헨리).

또 의와 불법이 어찌 함께할 수 있느냐고 했습니다. 믿는이는 의이고 믿지 않는 사람은 불법입니다. 그 둘이 어찌 함께할 수 있겠습니까? 믿는 사람은 빛이며 믿지 않는 사람은 어두움입니다. 빛과 어두움이 어찌 사귀겠습니까?

15절, 그리스도와 벨리알이 어찌 조화되며 믿는 자와 믿지 않는 자가 어찌 상관하며

"그리스도와 벨리알이 어찌 조화되며". 벨리알은 사탄의 다른 이름입니다. 믿는이는 그리스도께 속한 자이며 믿지 않는 이는 사탄에게 속한 자입니다. 그런데 이 둘이 어찌 조화될 수 있겠습니까? 또 믿는 자와 믿지 않는 자가 어찌 상관할 수 있겠습니까?

16a 절, 하나님의 성전과 우상이 어찌 일치가 되리요

하나님의 성전은 하나님이 거하시는 곳입니다. 믿는이는 다 하나님의 성전입니다. 그리고 믿지 않는 이는 다 우상을 숭배하는 사람들입니다. 여기서 하나님의 성전은 헬라어로 '나오스(naos)' 이며, 하나님께서 임재하시는 곳, 즉 지성소를 가리킵니다. 믿는이는 다 하나님께서 거하시는 성전인데 어찌 우상과 일치가 되겠느냐는 것입니다. 결국 믿지 않는 자와 멍에를 함께 할 수 없다는 것에 대하여 여러 가지로 말하고 있는 것입니다. 결국 믿지 않는 자와 연합하는 것은 불법과 어두움의 일에 참여하는 것이며 결국은 사탄과 우상과 연루된다는 말입니다.

16b 절, 우리는 살아 계신 하나님의 성전이라 이와같이 하나님께서 가라사대 내가 저희 가운데 거하며 두루 행하여 나는 저희 하나님이 되고 저희는 나의 백성이 되리라 하셨느니라

하나님께서는 믿는이들 가운데 거하시며 그들과 동행하고 그들과 더

붙어서 행하기를 원하십니다. 그런데 믿지 않는 이들과 연합하면 어찌 되겠느냐는 것입니다. 믿는이는 결코 믿지 않는 이와 멍에를 같이하거나 함께하거나 사귀거나 조화되거나 상관하거나 일치될 수 없다는 것입니다. 특히 결혼을 하거나 절친한 친구 관계를 갖거나 동업을 하는 일에서 그렇습니다. 물론 직장에서 믿지 않는 상사 아래서 일할 수 있습니다. 그것은 동업의 관계가 아닙니다. 동업이란 그 일에서 함께 멍에를 메고 금전상 함께 결탁되는 것을 뜻합니다. 믿는 사람들은 이런 일에서 매우 조심해야 합니다.

17-18절, 그러므로 주께서 말씀하시기를 너희는 저희 중에서 나와서 따로 있고 부정한 것을 만지지 말라 내가 너희를 영접하여 너희에게 아버지가 되고 너희는 내게 자녀가 되리라 전능하신 주의 말씀이니라 하셨느니라

주님은 믿는이들, 그분의 자녀들을 부정한 중에서, 믿지 않는 사람들 가운데서 따로 분별해 내기 원하십니다. 따로 분별될 때에서야 주님은 우리를 영접하여 우리의 아버지가 되시고 우리는 그분의 자녀가 되리라고 하셨습니다. 하나님께서는 믿는이들이 참으로 분별되기를 원하십니다. 어두움에 섞여 있는 것을 기뻐하지 않으십니다.

오늘날 우리가 밝히 깨달아야 할 진리가 이 부분이라고 여겨집니다. 믿는이는 자신을 너무 신뢰해서는 안 됩니다. '나는 믿지 않는 이들과 항상 같이 생활해도 어두움이 전혀 들어오지 않을 것이다. 악함이 들어오지 않을 것이다.' 이렇게 생각하지 마십시오. 계속 그들과 함께하다 보면 어두움의 기운이 들어오게 됩니다. 세상의 물이 들어오게 됩니다. 또 이렇게 불신자들과 함께 연합되고 일치되고 연결되어 있는 것 자체를 하나님은 기뻐하지 않으십니다. 그러면 하나님은 어떤 것을 기뻐하십니까? 분별되어 나오는 것입니다. 분별되어 나올 때에 주님은 우리를 영접하신다고 하셨습니다. 이 말은 매우 특별한 말입니다. 이것은 진실한 그리스도인 무리가 아닌 이단적인 단체도 마찬가지로 적용됩니다. 그들이 세상적인 위치에 있고 주 예수 그리스도의 영과 참 진리와 생명에서 떠나있는 자들이라면, 그리고 어떤 사람이나 특이한 사상이나 이념을 위주로 하여 모이는 단체라면 그런 무리에 있을 때 자연히 어둠에 연합하게 됩니다.

원래 주님은 우리를 그분의 자녀로 삼으셨고 우리는 그분과 하나입니다. 이것은 위치상으로 이루어진 것입니다. 그러나 실제상으로, 체험상으로 우리가 어두움의 일, 즉 믿지 않는 이들과의 연결 안에 있으면 주님의 영접하심을 체험하지 못합니다. '내가 친히 너희에게 아버지가 되고 너희는 내게 아들과 딸이 되리라' 고 말씀하셨는데, 이것은 주님의 친밀한 돌봄을 뜻합니다. 만일 우리가 분별되지 못하면 이러한 친밀한 돌봄을 받지 못한다는 것입니다. 그러므로 진실한 그리스도인의 길을 걸어가기 위해 분별은 매우 중요한 것입니다.

성도들은 일체의 부정한 것에서 분별되기를 배워야 합니다. 그럴 때 주님의 사랑을 맛볼 수 있습니다. 아버지의 사랑을 맛볼 수 있습니다. "너희에게 아버지가 되고 너희는 내게 자녀가 되리라 전능하신 주의 말씀이니라 하셨느니라". 신약에서 유일하게 이곳에서만 아들들과 딸들을 말합니다. 즉 딸들이 있습니다. 구약에는 이런 표현이 있습니다(사 43:6). 분별한 아들들과 딸들에게 다정한 아버지가 되어주신다는 표현입니다. 전능하신 주님이 우리의 아버지이신데, 그분의 영접과 그분의 사랑과 그분의 자녀로 보살핌을 받을 수 있는 길이 무엇입니까? 바로 분별되는 것입니다. 모든 어두움의 일에서, 불법에서, 믿지 않는 사람에게서, 사탄적인 것에서, 우상에게서 우리 자신이 분별되어야 하는 것입니다. 그리스도인은 할 수 있는 대로 어둠의 일과 어둠의 무리들과 분별될 수록 좋은 것입니다. 에베소서에서는 '너희는 열매 없는 어두움의 일에 참여하지 말고 도리어 책망하라' 고 합니다. 음행하고 탐욕적이며 어리석고 누추한 말을 하며 우상 숭배하는 사람들 가운데 있다면 '너희는 저희와 함께 참여하는 자 되지 말라' 는 말씀을 받아야 합니다(엡 5:7). 그럴 때 주님은 우리를 영접하신다고 했습니다. 전능하신 하나님 아버지께서 우리를 영접하신다고 했습니다. '전능하신 주의 말씀이니라'. 여기서 '전능한' 이란 구약의 전능자 하나님에 대한 표현입니다. 구약에는 이와 유사한 구절들이 많이 있습니다(출 4:22, 렘 31:9, 호 1:10, 삼하 7:14, 사 43:6). 전능하신 하나님 아버지의 영접과 사랑의 돌보심을 받는 비결은 어둠에서의 분별이란 한 가지 사실을 잊어서는 안 됩니다. 이것이 성도들이 하나님께 화목케 되는 실제적인 길입니다.

고린도후서 7장

2corinthians

거룩함을 온전히 이루어

1절, 그런즉 사랑하는 자들아 이 약속을 가진 우리가 하나님을 두려워하는 가운데서 거룩함을 온전히 이루어 육과 영의 온갖 더러운 것에서 자신을 깨끗케 하자

사도 바울은 고린도 성도들에게 "사랑하는 자들아"라고 말했습니다. 원문에 더 충실하게 말하자면 '사랑을 입은 자들아, beloved!' 입니다. "이 약속을 가진 우리가". 이 약속은 우리가 부정한 것을 만지지 않고 많은 어두움과 우상과 불법과 하나님 아닌 것들에서 분별되어 따로 있게 되면 주님이 우리를 영접하시고 아버지께서는 우리를 자녀로 삼으신다는 것입니다. 우리가 이 약속을 가졌기 때문에 하나님을 두려워하는 가운데서 거룩함을 온전히 이루라고 했습니다.

'거룩함' 이란 일반적이고 속된 것, 하나님 자신이 아닌 것에서 우리 자신이 분별되는 것을 의미합니다. 이것은 위치상으로만이 아니라 성분상으로도 그러해야 합니다. 우리는 위치상으로나 성분상으로나 하나님 자신께로 분별되어야 합니다. 우리는 성분상의 거룩함을 중요시 하지만 위치상의 거룩함도 그에 못지않게 중요하다는 것을 말하고자 합니다. 우리가 속되고 죄스러우며 어둠에 속한 위치에 자신을 둘 때 우리는 쉽게 더러워지고 거룩함을 잃게 됩니다. 그러므로 깨끗케 하기 위해서는 분별되는 것이 필요한 것입니다.

여기서 사도 바울의 권면은 거룩함을 온전히 이루라는 것입니다. 즉 온전한 거룩함을 이루는 것입니다. 오늘날 많은 그리스도인들이 거룩함에 대한 충분한 인식을 갖고 있지 않습니다. 그래서 거룩함의 문제를 소홀히 합니다. 그러나 신약 성경에서 주님의 가르침을 주의 깊게 살펴볼 때 하나님 아버지께서는 그분의 자녀들이 거룩케 되기 원하심을 볼 수 있습니다.

에베소서 1장을 보면 하나님 아버지께서 우리를 선택하신 것은 그 앞에 거룩하고 흠이 없게 하려 하심이라고 말하고 있습니다. 그리고 마태복음 5장에서도 주님이 아버지의 온전하심과 같이 우리도 온전하라고 말씀하시는 것을 볼 수 있습니다. 그러므로 우리는 그리스도인인 우리가 이 땅에서 하나님 아버지의 온전하심과 같이 온전하게 될 수는 없다라든가 우리가 어떻게 온전히 죄를 버릴 수 있겠는가, 우리가 어떻게 육신적인 삶을 온전히 버릴 수 있겠는가 하면서 우리는 사람이기 때문에 육신의 약함을 가지고 있는 것이 당연한 것이라고 변명하거나 자신을 그렇게 고려해서는 안 됩니다. "아버지의 온전하심과 같이 너희도 온전하라". 이것은 주님의 명령입니다.

사도 바울도 여기서 믿는이들에게 거룩함을 온전히 이루라고 말했습니다. 그러므로 우리는 하나님 아닌 것들을 우리의 삶 가운데서 철저히 분별해 낼 필요가 있습니다. 주님이 아닌 것, 일반적이고 속된 것, 사람에 속한 것, 세상에 속한 것에서 우리가 아는 한 분별되어야 합니다. 그러한 것들을 소유하거나 만지거나 함께하거나 하지 말아야 합니다. 왜냐하면 하나님 아버지께서는 우리가 온전히 거룩해지기를 원하시기 때문입니다. 심지어 우리의 생각 속에 더러운 생각, 죄를 짓는 생각, 불순한 생각, 음란한 생각 등을 조금이라도 허락하는 것은 거룩함을 온전히 이루는 삶이 아닌 것입니다. 그런 작은 것이라도 작은 일로 생각하면 안 됩니다.

죄가 들어올 때 처음부터 크게 들어오지 않습니다. 작은 것부터 우리 속에 집어넣습니다. 그럴 때 그것이 우리 속에서 누룩이 되어 전체를 부풀게 하고 맙니다. 그러므로 믿는이들은 행여나 '이 정도쯤의 죄야 어떻게 사람이 다 피할 수 있겠는가' 하면서 작은 어떤 죄악을 마음속에 품고 있어서는 안 됩니다. 혹 어떤 이는 우리에게 '그렇게 완전한 거룩함을 말하지 마십시오. 그것은 지나친 가르침입니다.' 라고 말할지 모릅니다. 왜냐하면 웨슬리(J. Wesley) 시대에 이미 완전주의 가르침이 있었는데, 그 가르침은 죄의 뿌리를 사람에게서 완전히 뽑아낼 수 있다고 말하여 사람들이 그러한 가르침은 지나친 것이라고 단정했기 때문입니다.

물론 사람 속의 죄의 뿌리가 완전히 근절되었다는 사상은 지나친 것이며, 성경에서 그러한 사상을 발견할 수 없습니다. 그리스도의 십자가의 역사는 완전한 것이며, 우리에게 죄에서 완전히 해방되는 길을 가져다주지만 우리가 주의하지 않고 깨어 있지 않을 때, 또 믿음에서 떨어질 때는 여전히 죄를 지을 가능성은 있습니다. 뿌리가 뽑혔다고 말하는 것은 지나친 것이며, 바른 가르침이 아닙니다.

그러나 여전히 십자가의 역사는 효력이 있고, 십자가의 역사는 완전하기 때문에 우리가 그 모든 역사를 온전히 적용할 때, 우리는 죄에서 벗어날 수 있습니다.

적어도 우리는 우리가 아는 죄에서 벗어나야 합니다. 이것이 1800년대에 형제들이 말한 진리입니다. 우리가 그것이 불순한 것임을 뻔히 아는데도, 죄라는 것을 분명히 아는데도 '나는 인간이기 때문에 이길 수 없어.' 라고 말해서는 안 된다는 것입니다. 우리는 다만 거룩함을 온전히 이루라고 하시는 주님의 말씀을 감사함으로 받아야 합니다. 우리는 이 시대에 살면서 거룩함을 온전히 이룰 수가 있습니다. 만일 그럴 수 없다면 주님이 이러한 말씀을 주시지 않았을 것입니다. 그러므로 실지적인 성화(聖化)가 오늘 우리 가운데서 일어나야 합니다.

그런데 이 거룩함이 이루어지는 분위기는 하나님을 두려워하는 것입니다. 이것은 경외함이라고도 말합니다. 하나님을 두려워하는 마음, 경외하는 마음이 있기 때문에 우리는 거룩함을 온전히 이룰 수 있는 것입니다. 그러므로 우리는 범사에 하나님 두려워하기를 배워야 합니다. 작은 일, 큰일에서 그분을 두려워해야 합니다.

우리는 고린도 후서 6장 마지막 부분과 7장 시작에서 하나님께로 온전히 분별되어 거룩케 되는 문제를 말할 때 사도 바울이 하나님에 대해서 '전능한 하나님', '하나님을 두려워함' 등의 용어를 쓴 것을 주의할 필요가 있습니다. 하나님께서는 그분의 자녀들이 거룩케 되는 것을 매우 관심하시며 또 거룩하지 않은 것을 매우 싫어하십니다. 하나님의 속성은 거룩이기 때문에 그분의 자녀들은 마땅히 거룩해져야 합니다. 우리가 온전히 거룩해지는 것은 하나님께 큰 기쁨이 될 것이며 우리 또한 큰 기쁨을 가질 것입니다.

이어서 "육과 영의 온갖 더러운 것에서 자신을 깨끗케 하자"라고 말합니다. 육의 더러움이 있을 수 있습니다. 이 세상에 많은 더러움이 있기 때문에 육체를 더럽힐 기회와 가능성이 있습니다. 우리는 그러한 것에서 자신을 깨끗케 해야 합니다. 믿는이들은 마땅히 그렇게 해야 합니다. 또 영적인 더러움이 있습니다. 영을 타락시키는 것들, 우리 영을 어둡게 하는 것들, 이러한 모든 것들에서 자신을 깨끗케 분별해야 합니다. 이는 우리가 이 약속을 가졌기 때문입니다.

우리가 더욱 더 분별되어서 거룩케 되고 깨끗케 될수록 전능하신 주님 곧 우리 아버지께서 우리를 영접하여 그분의 자녀로 삼으셔서 돌보실 것이며 사랑으로 더욱 감싸실 것입니다. 많은 사람들이 뭔가 하나님을 위한 일을 해서 하나님을 기쁘시게 하려고 노력합니다. 그래서 이것도 하고 저것도 하여 그분을 기쁘시게 하고 그분의 사랑을 받으려 하지만 이 부분의 말씀(6:18-7:1)을 볼 때 우리가 하나님의 기뻐하심을 얻고 그분의 사랑을 받는 길은 무엇보다도 먼저 모든 어두움에서 나오고 부정한 것을 만지지 말고 육과 영의 온갖 더러움에서 자신을 깨끗케 하여 온전한 거룩함을 이루는 것입니다. 그럴 때 그분은 우리를 영접해 주시며 우리를 붙들어 주십니다.

너희로 우리 마음에 있어 함께 죽고 함께 살고자 함이라

2절, 마음으로 우리를 영접하라 우리가 아무에게도 불의를 하지 않고 아무에게도 해롭게 하지 않고 아무에게도 속여 빼앗은 일이 없노라

이 말씀을 볼 때 고린도 교회 성도들은 사도 바울을 오해한 것 같습니다. 그것은 주로 유대교 교사들의 거짓된 가르침과 이간시키는 일을 통해서 생긴 것입니다. 고린도 성도들은 사도 바울의 복음 전파를 통해 구원을 받아 교회로 세워졌음에도 불구하고 바울에 대해 얼굴이 변하게 되었습니다. 그러므로 바울은 6장 11절과 12절에서 그들에게 "고린도인들이여 너희를 향하여 우리의 입이 열리고 우리의 마음이 넓었으니 너희가 우리 안에서 좁아진 것이 아니라 오직 너희 심정에서 좁아진 것이니라 … 보답하는 양으로 너희도 마음을 넓히라"고 말했습니다. 그럴 뿐 아니라 여기 7장 2절에서는 "마음으로 우리를 영접하라"고 했습니다. 이러한 말은 참으로 사람들의 마음을 만지는 말입니다.

고린도 성도들이 바울을 영접하는 것은 당연한 일입니다. 사도 바울은 그들을 낳은 아비와 같은 사람입니다. 그러나 그들은 지금 사도 바울을 오해하여 그를 마음으로 받지 않는 상태에 있게 된 것입니다. 그럴 때 사도 바울은 말을 돌려서 하지 않고 직접적으로 마음으로 그를 영접해달라고 말하고 있습니다.

"우리가 아무에게도 불의를 하지 않고 아무에게도 해롭게 하지 않고 아무에게도 속여 빼앗은 일이 없노라". 사도 바울은 고린도 성도들에게 이러한 말을 하지 않으면 안 될 정도가 되었습니다. 아마 고린도 교회 성도들도 바울이 불의를 행했다거나 그들을 해롭게 했다거나 속여 빼앗았다고 생각지는 않았을 것입니다. 그러한 잘못을 하지 않았는데도 받아들이지 않는 것은 고린도 성도들이 다른 어떤 사람들이나 어떤 말들에 미혹되었기 때문입니다. 바울은 그들에게 이러한 말로 양심을 일깨워줄 필요가 있었던 것입니다.

아무에게도 불의를 하지 않고 아무에게도 해롭게 하지 않고 아무에게도 무엇을 속여 빼앗은 일이 없는데 왜 그런 순수한 사람을 영접하지 않았을까요? 아무 해도 끼치지 않은 사람을 왜 얼굴을 돌려 거절하려 했을까요? 뭔가 속임당한 것입니다. 그러므로 우리는 이렇게 바꾸어 말할 수 있습니다. 정당한 하나님의 종이 자신이 섬긴 사람들에게 아무에게도 불의를 행하지 않았고 해롭게도 하지 않았고 속여 빼앗은 일이 없는데 거절하는 상태에 이르게 되었다면, 그것은 그들이 뭔가에, 누구에게 속임을 당하여 눈이 멀게 된 것입니다.

3절, 내가 정죄하려고 이 말을 하는 것이 아니라 이전에 말하였거니와 너희로 우리 마음에 있어 함께 죽고 함께 살게 하고자 함이라

2절의 말씀을 들었을 때 고린도 성도들은 뭔가 마음에 찔렸을 것입니다. 사도 바울에게 그들이 너무 지나치게 했다는 생각도 들었을 것입니다. 바울은 그들의 그러한 심정까지도 헤아렸습니다. 그래서 바울은 정죄하려는 것이 아니라고 말했습니다. 사역자나 앞선 성도가 어린 형제들을 책망할 때 조심하지 않으면 지나치게 정죄 받게 되어 사단의 공격을 받게 됩니다. 성도들은 그들이 속임을 당하고 잘못을 했지만 그 잘못을 직선적으로 지적받을 때 충격 속에서 헤어나지 못하는 수가 있습니다. 그러니 섬기는 사람들이나 사역자들은 자신의 기질이나 방식대로, 기분대로, 어떤 일을 수행할 수 없습니다. 그들을 바로잡아 줄 때도 그들이 그런 말로 손상을 당하지나 않을까 조심하지 않을 수 없습니다. 유감스럽게도 우리는 지난 날 깊은 배려와 조심 없이 잘못한 성도들을 바로잡으려다가 성도 자체를 잃어버린 일들이 있었습니다. 주님이 이런 우리의 허물을 용서해주시기 바랍니다. 사도 바울은 이런 일을 수행함에 있어서 전문가처럼 우리에게 본을 보이고 있습니다. 즉 성도들은 노련한 사역자가 있을 때 최고의 섬김을 받게 되는 것입니다. 바울은 그들과 함께 죽고 함께 살고자 하기 위해 이런 말을 하는 것이지 정죄하기 위한 것이 아니라는 것입니다.

아마 전에 뭔가 그들에게 말했을 때에는 2절의 말은 하지 않고 3절의 말만 했을 것입니다. 즉 그들을 위로하고 세우기 위해 한 말들일 것입니다. '너희는 우리 마음에 있어 함께 죽고 함께 살아야 한다.' 이는 사도들이 그들과 함께 하나로 묶여져 서로가 없어서는 안 되는 존재라고 확인시켜준 말입니다. 사도들과 성도들의 관계는 다만 말씀의 가르침만 주고 배우고 하는 것이 아니라는 말입니다. 사도들과 성도들은 서로 마음에 있어야 하고 더 나아가 함께 죽고 함께 살아야 합니다. 이것이 동고동락, 동생동사 하는 것입니다. 새 언약의 사역자들이 사역한 결과는 이러한 관계성을 일으키는 것입니다. 사도들과 성도들의 나눌 수 없는 생명의 연결이 생겨나는 것입니다. 서로 깊은 생명의 연결, 연합이 이루어지고 깊은 속에 사랑이 있게 되는 것입니다. 그리하여 함께 죽을 수도 있고 함께 살 수도 있게 되는 것입니다. 이것이 건강한 사역으로 인하여 일어난 건강한 교회의 상태입니다. 바울의 사역을 볼 때 성도들과 사역자들과의 관계가 추상적이거나 사무적이거나 객관적이거나 하지 않습니다. 매우 가깝고 주관적입니다.

우리가 어느 나라에 가서 사도들과 성도들의 이러한 상태를 볼 때 매우 기쁘고 행복합니다. 그리고 실로 그곳에 이 시대의 주님의 간증이 있음을 느낄 수 있습니다. 참으로 생명의 분배를 받은 성도들의 표현이 거기 있습니다. 사역자 된 일꾼들을 사랑할 줄 압니다. 그들과 함께 할 줄 압니다. 또 사역자들에게는 그들과 함께 죽고 함께 살 마음이 있습니다. 그러한 마음은 누가 가르쳐서 갖는 것이 아닙니다. 그들 속에 자연히 있습니다. 우리는 이에 대해 먼데서 찾을 것이 없습니다. 우리나라에 왔던 외국의 선교사들, 양화진에 묻혀 있는 분들은 이 나라 성도들을 그만큼 사랑한 것이 틀림없습니다. 이 나라 사람들을 위해 함께 죽고 함께 살고자 했습니다. 그들이 이 나라를 위해 주님이 보낸 사도들이 아니면 누가 사도이겠습니까?

그러므로 2절에서 말한 성도들이 사도들을 마음으로 영접하지 않는 문제는 매우 큰 문제입니다. 결코 가벼운 문제가 아닌 것입니다. 우리가 거슬러 올라가서 6장을 생각해 볼 때 고린도 성도들은 뭔가 마음이 좁아졌습니다. 그리고 사도는 그들에게 믿지 않는 자들과 멍에를 같이 하지 말라고 했습니다. 또 육과 영의 온갖 더러운 것에서 자신을 깨끗케 하라고 했습니다.

이것을 볼 때 고린도 성도들은 완전히 하나님과 화목하지 않은 상태에 있다는 것을 느낄 수 있습니다. 하나님과 완전히 화목되지 않은 것은 아직 그들의 육체가 완전히 처리되지 않았기 때문입니다. 처리되어야 할 많은 것들이 있습니다. 그렇기 때문에 사도 바울을 온전히 영접할 수 있는 상태가 아니었던 것입니다. 그러므로 그들을 먼저 어두움에서, 믿지 않는 자들과의 연합에서, 많은 부정한 것들에서 분별하도록 권한 다음에 사도들을 영접하라고 말한 것입니다. 다른 말로 하면, 성도들이 그리스도 아닌 모든 것들에서 벗어날 때 사도와 하나 될 수 있는 것입니다. 성도들의 주님이 가장 기뻐하시는 상태는 사도들과 성도들이 서로 마음에 있어서 함께 죽을 수도 있고 함께 살 수도 있는 것입니다.

형제를 보내심으로 사도를 위로하심

4절, 내가 너희를 향하여 하는 말이 담대한 것도 많고 너희를 위하여 자랑하는 것도 많으니 내가 우리의 모든 환난 가운데서도 위로가 가득하고 기쁨이 넘치는 도다

예전에 우리 한국 어르신네들은 자식들을 매우 사랑했습니다. 자식들이 좀 공부를 잘하거나 좋은 대학을 가거나 성공을 하여 좋은 신분을 갖게 되면 동네 어른들하고 앉아 이야기를 할 때마다 자식 자랑을 했습니다. 그들 마음에 가득한 것이 자녀인 것 같습니다. 그리고 그들의 삶의 의미, 삶의 소망은 모두 자녀에게 있는 것 같았습니다.

마찬가지로 사도들에게는 교회가 그들의 모든 것이었습니다. "내가 너희를 향하여 하는 말이 담대한 것도 많고 너희를 위하여 자랑하는 것도 많으니 내가 우리의 모든 환난 가운데서도 위로가 가득하고 기쁨이 넘치는 도다". 예전에 우리 부모님들은 가난하여 먹을 것이 없는 때도 있고 고생을 참 많이 했습니다. 그러나 그렇게 어렵게 살아도 자식들이 잘 되면 기뻐하고 그 힘으로 사셨습니다.

확실히 사도들은 아비의 심정을 가졌습니다. 그들은 교회를 위해서, 또 복음 전파를 위해서 당하는 많은 환난 가운데 있었으면서도 교회가 잘 된다고 할 때에, 그들이 잘 자라고 건강하게 전진한다고 할 때에 그로 인해 얻은 위로 때문에 모든 것을 잊을 수 있고 모든 것을 견딜 수 있다고 말하고 있습니다. 사도들의 담대함과 확신은 교회로 인한 것이었습니다. 사도들의 자랑도 교회로 인한 것이었습니다. 교회가 약하고 교회에 어떤 어려움이 있을 때 사도들은 즉시 담대함을 잃고 기쁨을 잃었습니다. 그들은 뭔가 잃어버린 것 같았을 것입니다.

5절, 우리가 마게도냐에 이르렀을 때에도 우리 육체가 편치 못하고 사

방으로 환난을 당하여 밖으로는 다툼이요 안으로는 두려움이라

아마 이 구절은 2장에서 바울이 드로아에 이르렀을 때에 복음의 문이 열렸으나 디도를 만나지 못하여 마음(영)이 편치 않아서 그 상황을 뒤로 하고, 그 형제자매들을 작별하고 마게도냐로 갔을 때를 말한 것 같습니다.

그가 마게도냐에 이르렀을 때에 육체가 편치 못하고 사방으로 환난을 당하여 밖으로는 다툼이요 안으로는 두려움이 있었습니다. 사도들은 가는 곳마다 편치 않았습니다. 그는 2장에서 이 부분을 말할 때 개선장군이 개선행진을 하는 것으로, 포로들이 향기를 운반하는 것으로, 항상 그리스도 안에서 승리하게 하신다고 기뻐함으로 말하면서 마게도냐로 향했습니다. 그러나 실 상황은 어떻습니까? 사방으로 환난을 당하고 다툼에 직면했으며 안에는 두려움의 환경이 있었습니다. 저는 이 두려움이 밖의 상황으로 인한, 즉 위험으로 인한 두려움이라고 믿지 않습니다. 그의 이 두려움은 교회로 인한 두려움이었을 것이라고 생각합니다(박윤선 주석). 많은 사람들이 사도 바울의 이러한 섬세한 심정을 이해하지 못합니다. 조금 후에 바울은 디도로부터 소식을 듣고 큰 위로를 받으며 기뻐하는 심정을 피력합니다. 그러나 그 이전 바울은 아직 안심하지 못하고 두려움이 있습니다. 교회를 위한 염려, 무언가 편치 않은 느낌, 그것이 사도의 심정이었던 것 같습니다. 이것은 그들을 너무나 사랑하기에 생겨나는 느낌들입니다. 이해하기 어렵습니다. 어떤 사람들은 바울이 교회를 향하여 믿음이 적다고 평하겠지만 이 일에서 바울은 객관적이 되지를 못하고 있습니다. 디도로부터 그들이 좋아졌다는 보고를 듣기까지 그는 아직 두려움이 있습니다. 사랑으로 인하여 성도들의 종이 되었다고 표현해야 할까요.

6절, 그러나 비천한 자들을 위로하시는 하나님이 디도의 옴으로 우리를

위로하셨으니

여기서 비천하다는 말은 아무 것도 아닌 낮은 상태에 버려진다는 뜻이며, 어떤 번역본은 이 말을 '풀이 죽다(depress)'로 번역합니다. 이러한 구절을 읽을 때, 과연 사도 바울은 어떤 사람인가 하고 나는 생각합니다. 하나님의 종인데, 그처럼 진리가 가득한 사도인데, 여기서 말하는 것을 보면 그도 그저 하나의 사람입니다. 때로 그는 자신이 완전히 풀이 죽은 것 같다, 자신이 바닥에 버려진 것 같다고 말하고 있습니다. 다비 역에는 이 말이 'brought low(낮추다)'로 되어 있습니다. 아주 낮게 버려졌다는 뜻입니다.

바울의 심정은 마게도냐에 도착했을 때 그가 아주 비천하게 느껴졌다는 것입니다. 밖으로는 환난이 있고 다툼이 있었으며 안으로는 두려움이 있었는데, 그는 이러한 느낌을 속이지 않았습니다. 바울은 '나는 항상 두려움이 없고 항상 영적인 느낌이 아주 높고 또 항상 기쁨이 충만하다.'고 말하지 않았습니다. 오히려 그는 여기서 '나는 아주 비천한(depressed) 느낌을 갖고 있다. 나는 풀이 죽었다, 아주 낮게 되었다.'고 말하고 있습니다.

나는 며칠 전에 미국에서 온 한 형제와 이틀 동안을 내내 함께 있었습니다. 그 형제는 나를 처음 보았고 나도 그를 처음 보았습니다. 그 형제는 나에 대하여 많은 말을 들었다고 했습니다. 그 형제는 나에 대해 상상하기를 '문서 사역을 오래 했고 또 외국에 나가 전도하는 일을 많이 했기 때문에 만나면 성경을 가지고 계속 나를 가르치겠지.' 했다는 것입니다. 그런데 정작 만나 보니 진리에 대해서는 한 마디도 하지 않고 그저 편안한 아저씨와 같이 여겨졌다고 했습니다.

나는 성경에서 사도 바울이 좋은 예라고 생각합니다. 사도 바울이 그의 서신에서 쓴 말을 보면 전혀 종교적이지 않고 교리적이지 않습니다. 너무 다정다감한, 인간성이 풍부한 정서를 표현하고 있습니다. "우리가 마게도냐에 이르렀을 때에도 우리 육체가 편치 못하고 사방으로 환난을 당하여 밖으로는 다툼이요 안으로는 두려움이라 그러나 비천한 자들을 위로하시는 하나님이 디도의 옴으로 우리를 위로하셨으니". 디도가 왔을 때 그는 위로를 받았다고 했습니다. 디도가 오기 전까지 사도 바울은 그가 좌절된 상태, 비천한 상태에 있었다고 말하고 있습니다. 그런데 그런 비천한 자들을 위로하시는 하나님이 형제 디도를 보내심으로 그를 위로하셨다고 말합니다. 우리는 이렇게 큰 사도일지라도 한 형제의 옴이 그에게 그렇게도 큰 위로가 되었다는 사실을 음미해 볼 필요가 있습니다.

그런데 바울은 이 모든 일을 고린도 성도들에게 왜 알릴까요? 그것은 이 모든 자상한 표현을 통해 고린도 성도들의 마음을 만지기 위해서입니다. 이런 말들을 통해 그가 그들을 얼마나 사랑했는가를 나타내주는 것이며 그들이 마음을 열고 바울을 향하여 마음이 넓어지는데 도움이 되라고 하는 것입니다. 문제는 그들이 일으켰고 잘못은 그들이 하였는데 사도는 그들에게 상당히 약자의 편에 서있는 것을 볼 수 있습니다. 나는 하나님이 죄인인 우리를 이렇게 대우하시고 사랑하시는 것에 대해 아무 할 말이 없고 깊은 속에 눈물이 있습니다. '오, 하나님이여, 우리 같은 죄인이 도대체 무엇이관대… 사람이 무엇이관대, 주께서 저를 이처럼 권고하시나이까?'

바울이 왜 디도를 만나 위로를 받았는가 하면 디도가 고린도 교회의 소식을 가져왔기 때문입니다. 바울은 첫 번째 서신을 보낸 후에 고린도 성도들이 잘 돌이키고 회개하여 주 안에서 유익을 얻었는지에 대해 매우 궁금해 하며 염려했습니다. 그것에 대해 확신을 갖지 못했던 사도 바울은 드로아에서 복음의 문이 주 안에서 열렸어도 그 상황을 뒤로 하고 그들을 작별한 후에 마게도냐로 올라갔습니다. 그때 그는 영이 편치 않았다고 했습니다. 고린도 교회의 상황으로 인해 그는 안정된 영으로 복음을 전할 수 없었습니다.

그는 마게도냐에 이르러서도 환난을 당했는데 자신이 아주 비천하다는 심정을 가지고 있었습니다. 그때 디도가 고린도 교회 소식을 가지고 왔을 때 극심한 어려움 가운데 그가 위로를 받았다고 말하고 있습니다.

7절, 저의 온 것뿐 아니요 오직 저가 너희에게 받은 그 위로로 위로하고 너희의 사모함과 애통함과 나를 위하여 열심 있는 것을 우리에게 고함으로 나로 더욱 기쁘게 하였느니라

일단 디도의 온 것 자체가 바울을 기쁘게 했습니다. 그를 만났을 때 바울은 매우 기뻤습니다. 이러한 것이 생명의 관계입니다. 저도 때로 우리 동역자들을 만나면 마음이 들뜨기 시작합니다. 어떤 적극적인 상황을 듣기 전에도 형제들이 우리 앞에 나타난 자체로 상당한 기쁨을 얻습니다. 한번은 오랫동안 가지 못한 나라 성도들을 가볼 수 있는 길이 열렸을 때 얼마나 감사하고 기뻤는지, 흥분된 채 며칠을 보냈습니다. 우리에 의해 세워진 교회들이 잘 있고 주 안에서 잘 전진한다고 들을 때 우리는 즉시 힘을 얻으며 용기를 얻고 살맛을 얻습니다.

이 디도는 고린도 성도들에게 위로를 받았다고 했습니다. 이 사실이 또한 바울을 기쁘게 했습니다. 그들이 바울을 사모하고 그들의 상황으로 인해 애통해하고 바울에 대해 열심이 있게 되었다는 것입니다. 고린도 교회가 바울의 첫 번째 서신을 받고 회개하고 돌이키고 유익을 얻었다는 반가운 소식을 가지고 디도가 왔을 때 바울은 너무나 기뻐했습니다. 얼마나 감사한지! 하나님! 감사합니다. 교회가 이 땅에서 잘 전진하는 것보다 사도들의 기뻐할 일은 아무 것도 없습니다.

근심함으로 회개함에 이름

8절, 그러므로 내가 편지로 너희를 근심하게 한 것을 후회하였으나 지금

은 후회하지 아니함은 그 편지가 너희로 잠시만 근심하게 한 줄을 앎이라

'그러므로 내가 편지로 너희를 근심하게 한 것을 후회하였으나'. 이 얼마나 다정다감한 말입니까? 그들이 그 서신을 받고서 잘 회개하고 바울에 대한 열심을 되찾았다는 말을 들었을 때 그는 '아, 내가 편지를 보내지 말 것을.' 하고 후회를 해보았다는 말입니다.

'지금은 후회하지 아니함은 그 편지가 너희로 잠시만 근심하게 한 줄을 앎이라'. 정말 인간적입니다. 그가 고린도 전서에서 강한 편지를 보내지 않았습니까? 그 편지를 받고서 그들이 애통해하며 사모하며 다시 바울에 대해 열심이 있게 된 것을 들었을 때 바울이 '아, 내가 왜 그렇게 강한 편지를 보냈던가.' 하고 잠시 후회를 했지만 지금은 후회를 하지 않는데, 그것은 그 편지가 그들을 잠시만 근심하게 한 줄을 알기 때문이라는 것입니다.

9절, 내가 지금 기뻐함은 너희로 근심하게 한 까닭이 아니요 도리어 너희가 근심함으로 회개함에 이른 까닭이라 너희가 하나님의 뜻대로 근심하게 된 것은 우리에게서 아무 해도 받지 않게 하려 함이라

바울이 기뻐한 것은 그들이 그 편지를 받고서 근심한 까닭이 아니라는 것입니다. 사도의 성도들에 대한 사랑은 너무나 깊습니다. 그들이 근심해서 기뻐한 게 아니라 근심함으로 회개함에 이른 까닭에 기뻐했다는 것입니다.

'너희가 하나님의 뜻대로 근심하게 된 것은 우리에게서 아무 해도 받지 않게 하려 함이라'. 여기서 바울은 그들이 근심하게 된 것이 하나님의 뜻에 따른 것이라고 했습니다. 이것은 그들이 사도들에게서 아무 해도 받지 않게 하려는 것입니다. 만일 그들이 강한 말을 듣고서 돌이키지 않고 마음만 잔뜩 상해서 뒤로 넘어졌다면 그런 상황은 정말 사도 바울을 근심하게 했을 것입니다. 그럴 때 그들은 유익을 얻지 못했을 것입니다. 그러나 그들이 잠시만 근심하고 회개를 했기 때문에 바울은 매우 기뻐했습니다. 바울은 사역을 아주 잘한 것이 되었습니다. 주님의 긍휼도 있고 바울도 동역을 잘한 것입니다. 오! 하나님이여, 우리도 사역을 이렇게 잘 할 수 있도록 은혜를 베풀어주옵소서!

두 종류의 근심—하나님의 뜻대로 하는 근심, 세상 근심

10절, 하나님의 뜻대로 하는 근심은 후회할 것이 없는 구원에 이르게 하는 회개를 이루는 것이요 세상 근심은 사망을 이루는 것이니라

두 종류의 근심이 있습니다. 세상 사람들은 무슨 일이 있으면 한숨을 푹푹 쉬면서 근심을 합니다. 그것은 사망의 근심입니다. 그런데 또 하나는 하나님의 뜻대로 하는 거룩한 근심이 있습니다. 그것은 후회할 것이 없는 구원에 이르게 합니다. 그러므로 회개를 하려면 어쩔 수 없이 거룩한 근심을 하지 않을 수 없습니다. 애통해함이 필요한 것입니다. 그러나 그러한 근심과 슬퍼함은 사실 유익한 것입니다.

우리에게도 그런 때가 있습니다. 정말 빛 가운데 자신이 드러났을 때, 우리 자신의 실패와 부주의함과 무지함과 죄과가 우리를 근심하게 합니다. 그러나 그런 근심을 할 때 깊은 속에 또한 달콤함이 있습니다. '지금이라도 이런 것을 알게 되었으니 얼마나 감사한가. 여전히 모르고 있었다면 그저 계속 어두움에 있었을 텐데.' 저는 어제도 이런 생각을 했습니다. 어제 우리는 새 언약의 사역자들의 자격에 대해 살펴보았는데, 말씀을 준비하면서 저는 '야, 이거 정말 큰일났군. 나는 너무 잘못 일을 했구나. 많은 부분에서 말씀대로 살지 못했구나.' 하고 생각을 하니 근심이 되었습니다. 그러나 저는 너무 오래 근심하지는 않았습니다. 저는 스스로에게 이렇게 말했습니다. '이제 새 천 년이 시작되지 않았는가. 나도 새롭게 시작을 해야지'.

이러한 하나님의 뜻대로 하는 근심에는 후회함이 없습니다. 여러분, 근심 중에는 후회하지 않는 근심이 있습니다. 그것은 곧 하나님의 뜻대로 하는 근심입니다. 저는 이번에 과거의 부주의함과 실수와 무지함을 인해 근심했지만 그것이 하나님의 뜻대로 하는 근심이었다고 믿습니다. 하나님께 감사합니다.

하나님의 뜻대로 하는 근심에 수반되는 일곱 가지 회개

11절, 보라 하나님의 뜻대로 하게 한 이 근심이 너희로 얼마나 간절하게 하며 얼마나 변명하게 하며 얼마나 분하게 하며 얼마나 두렵게 하며 얼마나 사모하게 하며 얼마나 열심 있게 하며 얼마나 벌하게 하였는가 너희가 저 일에 대하여 일절 너희 자신의 깨끗함을 나타내었느니라

이러한 것들은 하나님의 뜻대로 하게 된 근심 안에 있는 요소들입니다. 진정한 회개에는 이런 요소들이 있습니다. 사도 바울은 고린도 성도들이 첫 번째 서신을 받고 회개할 때 이런 일곱 가지 상황이 있었다는 것을 하나하나 지적해주면서 참으로 기뻐했습니다. 하나님의 뜻대로 하는 근심에 수반되는 회개에는 이 일곱 가지가 포함됩니다.

첫째는 간절함입니다. 얼마나 간절하냐는 것입니다. 간절하다는 것은 헬라어로 '스포덴(σπουδην)' 으로서 무관심하거나 등한시하는 것이 아니라 아주 정성이 깊은 것입니다. 그들은 다시 매우 간절해졌습니다.

그 다음 "얼마나 변명하게 하며". 변명은 헬라어로 '아폴로기안(apologian)' 인데, 이것은 고린도 성도들이 고린도 전서를 받고 자기들이 잘못한 것을 인정하고 사도 바울 앞에서 용서를 비는 태도를 가졌다는 것입니다.

"얼마나 분하게 하며". 분함은 헬라어로 '아가낙티시스(αγανακτησισ)'

이며, 이 말은 과거에 무지함으로 죄를 지은 사실이 얼마나 통분한지 자신을 책하는 말입니다. 그렇게 한 것을 분하게 여겼다는 말입니다.

"얼마나 두렵게 하며". 두려워함은 헬라어로 '포브온(φοβον)' 인데, 그들이 회개할 때 하나님을 두려워하는 마음이 생겨났다는 말입니다. 과거의 잘못된 행위, 교만함, 무지함을 생각할 때 '참으로 하나님께서는 그처럼 계속 잘못하는 나를 용서하며 인내하고 계셨구나.' 하면서 두려움을 느끼게 되는 것입니다.

"얼마나 사모하게 하며". 사모하게 한다는 것은 헬라어로 '에피포테신(επιποθησιν)' 인데, 이것은 사도 바울에 대한 그들의 사모함이 다시 일어났다는 것입니다.

"얼마나 열심 있게 하며". 이것은 바울에 대해서 다시 열심 있는 마음이 다시 회복되었음을 가리킵니다.

"얼마나 벌하게 하였는가". 벌했다는 것은 아마도 범죄한 형제에 대해서 또는 자신들 스스로에 대해서 책망하기도 하고 벌하기도 한 상태를 가리킬 것입니다.

"너희가 저 일에 대하여 일절 너희 자신의 깨끗함을 나타내었느니라". 그들은 그 모든 범죄한 일에서 자신들이 분별되었음을 나타내고 당시 고린도 교회의 부정하고 죄악 된 상황에서 그들 자신이 깨끗하게 되기를 원했습니다. 이 상황은 그들이 완전히 회개함으로 구원에 이른 것입니다. 오! 이런 상태는 바울의 마음을 크게 기쁘게 한 것입니다.

오직 우리를 위한 너희의 간절함이 나타나게 하려 함

12절, 그런즉 내가 너희에게 쓴 것은 그 불의 행한 자를 위한 것도 아니요 그 불의 당한 자를 위한 것도 아니요 오직 우리를 위한 너희의 간절함이 하나님 앞에서 너희에게 나타나게 하려 함이로라

"그런즉 내가 너희에게 쓴 것은". 이것은 고린도 전서를 가리킵니다. 바울은 고린도 전서를 16장까지 써서 고린도 교회에게 보냈는데, 이것은 불의 행한 자를 위한 것이 아니요(고린도 전서 5장에 있는 간음을 범한 자를 가리킬 것임) 불의 당한 자를 위한 것도 아니라는 것입니다. 이것은 '오직 우리를 위한 너희의 간절함이 하나님 앞에서 너희에게 나타나게 하려 함' 입니다.

바울이 고린도 전서를 보낸 후에 고린도 교회 성도들은 바울에게 책망을 받고 돌이켰습니다. 돌이킨 결과 고린도 성도들에게 바울에 대한 사모함이 다시 일어났습니다. 열심이 다시 일어난 것입니다. 사랑이 다시 꽃피었습니다. 그래서 바울은 이렇게 말했습니다. "내가 너희에게 쓴 것은 불의 행한 자를 위한 것도 아니고 불의 당한 자를 위한 것도 아니다. 오직 우리를 위한 너희의 간절함이 하나님 앞에서 너희에게 나타나게 하려 함이다".

이것은 매우 깊은 말입니다. 정말 깊은 영적 인식에서 나온 말이며 하늘에 속한 용어입니다. 밖으로 바울은 범죄를 처리했습니다. 고린도 교회 문제를 처리했습니다. 그런데 사실은 사도 바울이 그 편지를 왜 썼느냐 하면 그 문제를 처리하려고 한 것이 아니라 '우리에 대한 너희의 사랑이 하나님 앞에서 다시 나타나게' 하기 위해서였다는 것입니다. 바꾸어 말하면, '이 모든 상황이 겉으로는 불의를 행한자나 당한자의 일을 처리하기 위한 것 같으나 실은 우리에 대한 너희의 간절함이 다시 한 번 나타날 기회를 준 것이다.' 라는 것입니다. 여기에 결국은 사랑만 있고 어떤 일 처리가 없습니다. 오늘날 많은 곳에서 일의 처리는 있지만 사랑이 없는 것을 봅니다. 바울은 모든 문제나 상황이 그들 안에 있는 사랑의 표현의 기회일 뿐이라고 말합니다.

여기서 제가 거듭 말하고 싶은 것은 사도들과 교회의 관계입니다. 교회가 건강하다면 교회와 사도들과의 관계가 마땅히 이러해야 합니다. 깊은 심정이 회복되어야 합니다. 간절함과 열심이 회복되어야 합니다.

사도들은 이 시대에 주님을 대표하는 사람들입니다. 성도들이 그들을 사랑하고 그들에 대해 열심을 내는 것이 당연한 일 인 것입니다.

여기까지 말하고서 저는 여러분에게 몇 마디 드리고 싶습니다. 앞에서 고린도 후서는 바울이 고린도 성도들을 위로하기 위해 보낸 편지라고 말한 바 있습니다. 그런데 이제 7장에 와서 사도 바울은 디도에게서 교회의 소식을 구체적으로 들은 다음에 자기의 심정을 말하고 있습니다. 7장에는 어떤 교리가 없습니다. 바울의 심정을 그대로 나타낸 것뿐입니다. 오늘날 우리가 성도들을 잘 돌보려면 진리를 가지고서 그들에게 진리를 가르칠 수 있어야 할 뿐 아니라 그들에 대한 자상한 관심과 배려와 돌봄과 사랑을 가져야 합니다.

앞에서 제가 한 형제에 대해 말했지만, 여러분은 어떤 사람에게 진리만 계속 주입해주면 그가 좋아할 것이다, 그리고 잘 자랄 것이다 라고 생각하겠지만 그렇게 해서는 안 됩니다. 여러분이 정말로 열매 맺는 가지가 되려면 사람들에게 편안한 사람이 되어야 합니다. 필요할 때 적절하게 진리를 주면 됩니다. 먼저는 다정다감한 지체가 되어야 합니다. 그럴 때 사람들은 여러분이 오는 것을 좋아할 것입니다.

만일 여러분이 사람들에게 갈 때 지식만 한 아름 전해주면 처음 한두 번은 듣겠지만 나중에는 듣지 않으려 할 것입니다. 세상에 딱딱한 교리를 계속 듣고 싶어 하는 사람이 없습니다. 우리가 사람들을 섬기려 한다면 편안한 마음으로 사람들에게 나아가 그들의 친구가 되는 것입니다. 그러면 고린도 후서 7장은 우리에게 무엇을 보여줍니까? 바울이라는 사람이 과연 어떠한 사람인가입니다. 사역이란 그 사람의 어떠함과 분리될 수 없습니다. 그 사람의 인격 자체입니다. 바울은 사람들을 만날 때 마다 어떤 고급의 지식만을 이야기하는 사람이 결코 아닙니다. 자기의 심정을 믿는이들에게 그대로 알려주고 그의 됨됨이를 보여주며 그들과의 주관적이고 친밀한 교통을 추구했던 사람입니다. 우리도 바울의 사역으로부터 많은 것을 배울 수 있습니다.

고린도 교회가 회개함으로 더욱 많이 기뻐함

13절, 이로 인하여 우리가 위로를 받았고 우리의 받은 위로 위에 디도의 기쁨으로 우리가 더욱 많이 기뻐함은 그의 마음이 너희 무리를 인하여 안심함을 얻었음이니라

"이로 인하여 우리가 위로를 받았고". 이것은 고린도 교회가 돌이켜 회개하고 구원에 이른 것입니다. 그래서 사도들은 위로를 받았습니다. "우리의 받은 위로 위에 디도의 기쁨으로 우리가 더욱 많이 기뻐함은". 그 소식을 들은 바울은 위로를 받았으며 고린도 교회를 다녀와서 모든 소식을 전한 디도의 기쁨으로 그가 더욱 기뻐하게 되었다는 것입니다. "더욱 많이 기뻐함"이란 아주 넘치게, 말할 수 없이 기뻐하는 것을 뜻합니다.

"그의 마음이 너희 무리를 인하여 안심함을 얻었음이니라". 여기서 마음은 원문에서 '영' 입니다. 즉 그의 영이 너희 무리를 인하여 새롭게 되었다, 신선하게 되었다는 뜻입니다(his spirit has been refreshed).

14절, 내가 그에게 너희를 위하여 자랑한 것이 있더라도 부끄럽지 아니하니 우리가 너희에게 이른 말이 다 참된 것같이 디도 앞에서 우리의 자랑한 것도 참되게 되었도다

"내가 그에게 너희를 위하여 자랑한 것이 있더라도". 아마도 바울은 디도와 함께 있을 때 그 앞에서 고린도 교회를 많이 자랑했던 것 같습니다. 그리고서 그를 고린도 교회에 보냈습니다. 그런데 그 자랑한 것이 부끄럽지 않게 되었다는 것입니다. "우리가 너희에게 이른 말이 다 참된 것 같이 디도 앞에서 우리의 자랑한 것도 참되게 되었도다". 바울이 자랑했던 고린도 교회가 역시 좋았으며 바울의 자랑은 헛되지 않았다는 뜻입니다.

15절, 저가 너희 모든 사람들이 두려워하고 떪으로 자기를 영접하여 순종한 것을 생각하고 너희를 향하여 그의 심정이 더욱 깊었으니

디도가 고린도 교회에 갔을 때, 원래 그들은 교만해 있었지만(고전 4장), 모든 사람들이 두려워하고 떪으로 그를 영접하여 순종했습니다. 그것을 생각할 때 디도는 그들에 대한 심정이 더욱 깊어졌습니다.

16절, 내가 너희를 인하여 범사에 담대한 고로 기뻐하노라

여기서 '담대하다'는 신뢰한다는 뜻입니다. 즉 '이제는 내가 너희를 범사에 완전히 신뢰하게 되었다(perfect confidence, RSV).'고 말하는 것입니다. 또한 용기로도 번역합니다(good courage, RV). 사도가 교회를 신뢰하여 담대함과 용기를 갖는 것은 작은 일이 아닙니다. 주님이 크게 기뻐하실 일이기 때문입니다. 어린아이를 물가에 둔 것처럼 교회가 아슬아슬한 상태에 있는 것은 건강한 것이 아닙니다. 사도 바울은 이번에 고린도 전서를 보내고 디도가 소식을 가져옴으로써 큰 확신을 갖고 담대하게 되었습니다. 바울은 크게 감사했을 것입니다. '하나님 감사합니다. 교회가 굳게 섰습니다. 사탄은 무너뜨리려 했지만, 하나님, 교회는 다시 새롭고 영광스럽게 일어났습니다. 감사합니다. 하나님, 아멘.' 나는 오늘날 교회들이 혹 잘못이 있더라도 회개하고 돌이켜서 하나님과 사도들의 큰 기쁨이 될 수 있는 상태에 이르기를 원합니다.

고린도후서 8장

2corinthians

고린도 후서 8장과 9장은 우리가 알듯이 연보의 문제를 다루는 부분입니다. 바울은 고린도 후서 5, 6, 7장을 통해서 고린도 성도들을 위한 화목의 사역을 수행했습니다. 그런 다음 7장 마지막 부분에 이르러 화목의 사역이 충분히 이루어졌을 때 바울은 연보의 문제를 다루기 시작합니다. 그러나 바울은 고린도 성도들에게 곧바로 연보의 문제를 말하지 않고 먼저 마게도냐 교회들이 어떻게 연보했는가를 말하면서 시작하고 있습니다.

풍성한 연보

1절, 형제들아 하나님께서 마게도냐 교회들에게 주신 은혜를 우리가 너희에게 알게 하노니

마게도냐에는 우리가 잘 아는 빌립보 교회가 있고 데살로니가 교회가 있습니다. 그리고 베뢰아도 있습니다. 사도행전 16장에는 바울의 2

차 전도 여행에 관한 기록이 있고 그때 마게도냐에 가게 된 경위가 나옵니다. 그는 밤에 마게도냐 한 사람이 자기를 도우라는 환상을 보고 그곳에 가서 전도하게 되었습니다. 첫 번째로 간 곳이 빌립보입니다. 다음은 데살로니가로 갔고 다음은 소위 신사적인 사람들이 있는 베뢰아로 간 것입니다. 하나님께 감사한 것은 그가 가는 곳마다 어려움도 있었지만 열매가 있었다는 것입니다. 그때 교회들이 세워진 것입니다. 이번에 유럽에서 사역하고 있는 우리 형제들이 마게도냐에 들렀는데, 2000년이 지난 오늘날 데살로니가에서 한 무리의 좋은 성도들을 만나 집회를 가졌다고 했습니다.

하나님께서 이 마게도냐에 있는 교회들에게 은혜를 주셨다고 했는데, 그 은혜란 그곳 성도들이 하나님께 풍성한 은혜, 곧 연보를 드린 것을 말합니다. 이 장에서는 연보, 헌금을 은혜라고 말하고 있습니다. 그들이 매우 가난한 가운데서 유대의 가난한 성도들을 위해서 많은 물질을 드린 것은 은혜가 아니면 할 수 없습니다. 그래서 바울은 그들의 연보하는 행동을 은혜라고 표현했습니다.

2절, 환난의 많은 시련 가운데서 저희 넘치는 기쁨과 극한 가난이 저희로 풍성한 연보를 넘치도록 하게 하였느니라

'환난의 많은 시련'과 '넘치는 기쁨', '극한 가난'과 '풍성한 연보', 매우 대조되는 상황이며 매우 반대되는 단어들입니다. 환난의 많은 시련이 있는데 넘치는 기쁨이 있고 극한 가난이 있는데 풍성한 연보가 있습니다. 여기서 시련이라는 말은 헬라어로 '도키메(dokime)'인데, 이것은 순수함을 시험하기 위해서 단련시키는 것입니다.

마게도냐 성도들은 환난의 많은 시련 가운데 있었습니다. 많은 시련이 있을 때에서야 그리스도인들은 그들의 참된 것, 그들의 순수함이 증명될 수 있습니다. 그들은 이러한 많은 시련 가운데서 넘치는 기쁨을 유지할 수 있었습니다. 또 그들은 극한 가난 가운데 있었는데, '극한 가난' 이란 헬라어로 '헤 카타 바쑤스 프토케이아(ἣ κατα βαθους πτωχεια, 박윤선. p. 133)' 로서 그 뜻은 그릇에 담긴 물건이 다 없어져 밑바닥까지 드러났다는 것입니다. '바쑤스' 란 말은 밑바닥이란 말입니다. 즉 이것은 아무 것도 없어서 바닥이 드러날 정도로 가난한 상태를 말합니다. 이런 상황이 오히려 그들로 풍성한 연보를 하게 했다는 것입니다.

여기서 연보라는 말에 대해 영문 성경에서는 오늘날 흔히 쓰는 용어들, 'donation', 'giving', 'offering' 이라는 말을 쓰지 않고 'liberality(관대함)' 라는 말을 썼으며, 어떤 번역본에서는 헬라어 '하플로테토스(ἅπλοτητος, 박윤선. p. 134)' 라는 말을 'singleness(단일함)', 'simplicity(단순함)' 으로 번역했습니다. 어쨌든 여기서 사도 바울은 연보에 대해 매우 특별한 말을 사용했습니다.

주님께 물질을 드리는 것, 특히 가난한 성도들을 위해서 물질을 드리는 것은 단일한 것이며 또는 관대한 것이라는 말입니다. 단순함, 관대함이라는 단어가 연보를 말하는 데 사용되었습니다. 이것을 볼 때 확실히 주님께 물질을 드리는 사람은 단순한 마음, 단일한 마음을 가진 사람입니다. 이렇게 할까 저렇게 할까 하고 궁리가 많은 복잡한 사람은 연보를 하기가 어렵습니다. 계속 궁리를 하다 보면 애초에 드리려고 했던 금액이 줄어들기 시작하는데, 결국 시간이 오래 지나면 헌금하려던 느낌이 없어지게 됩니다. 그처럼 복잡한 사람에게서는 풍성한 연보가 나오지 않습니다. 그러므로 여기서 '단순함' 이라는 말을 사용하는 것입니다. 단순하다고 해서 연보를 아무렇게나 정성 없이 하는 것을 의미하는 것은 아닙니다. 깊은 사랑과 계획과 준비가 포함되므로 그만큼 심사숙고 하면서 드리는 것이 필요합니다. 복잡하다는 것은 물질에 대하여 복잡한 계산을 하는 것을 뜻합니다. 그들은 그러한 복잡한 계산 없이 단순한 마음으로 드린 것입니다. 힘에 지나도록 풍성한 연보를 했습니다.

은혜와 성도 섬기는 일

3절, 내가 증거 하노니 저희가 힘대로 할 뿐 아니라 힘에 지나도록 자원하여

헌금에는 두 종류가 있는데, 힘대로 하는 헌금이 있고 또 힘에 지나도록 하는 헌금이 있습니다. 자기 힘대로 하는 헌금은 다소 일반적인 것입니다. 그러나 좀 더 특별한 것은 자기 힘에 지나도록 하는 헌금입니다. 우리가 이 시대에 주님을 기쁘시게 하기를 원하는 마음이 있어서 물질을 드리고자 한다면 힘에 지나도록 해야 합니다. 그들이 더욱 귀한 것은 다른 사람의 강요나 권면에 의해 어쩔 수 없이 한 것이 아니라 자원하여 했다는 것입니다.

4절, 이 은혜와 성도 섬기는 일에 참여함에 대하여 우리에게 간절히 구하니

이 사건은 외적으로는 물질이 부요한 이방의 성도들이 유대의 궁핍한 성도들을 구제한 것인데, 그 행위를 은혜라고 했고 성도를 섬기는 일이라고 했습니다. 분명히 물질적인 것이지만 그것이 생명 안에서 영 안에 계신 하나님의 뜻에 따라 수행될 때 영적인 가치가 있고 하나님의 은혜에 속한 것이며 하나님이 받으심직한, 성도를 섬기는 일로 여겨집니다. 가난한 성도를 섬기는 것, 가난한 사람들을 위해 우리의 물질을 쓰는 것, 이 모든 것이 은혜라는 것을 보아야 합니다.

은혜는 두 가지로 생각할 수 있습니다. 한 면으로 우리가 정말로 어려운 환경 안에 있을 때 주님으로부터 은혜를 얻어서 그러한 상황을 넘어갈 수 있습니다. 주님은 그런 상황에서 우리에게 은혜 주시기를 기뻐하십니다. 고린도 후서 12장에서 사도 바울은 그의 몸에 가시가 있을 때 주님께 세 번 구했고 주님은 그 가시를 없애주시지 않고 은혜를 족하게 해 주셨습니다. 우리가 어떤 고통과 괴로움을 통과할 수 없을 때 그것을 통과하게 하는 것은 은혜입니다. 또한 한 면으로 이 은혜는 가난한 성도들에게 주는 것입니다. 이 물질은 정말 우리 손에서 나가기가 어렵습니다. 사람들에게 그냥 주기가 어려운 것입니다. 가난한 사람들이 있다 하더라도 우리 소유를 그들을 위해서 아낌없이 준다는 것은 은혜가 없이는 불가능한 것입니다. 그러나 주님이 들어오시면 물질이 나갑니다. 삭개오를 보십시오. 그가 세리요 부자였지만 주님을 만났을 때 재산의 절반을 팔아서 가난한 자들에게 주겠다고 했습니다. 주님을 얻고 나니까 물질은 아무 것도 아닌 것으로 여겨지는 것입니다.

주님이 없는 사람들에게는 물질이 그의 전부입니다. 그러나 주님을 얻은 사람들에게는 물질이 아무 것도 아닌 것입니다. 그토록 가난했지만 그 물질을 털어서 더 가난한 사람들을 공급해주었던 마게도냐 교회들의 행위야말로 은혜였으며 성도를 섬기는 것이었습니다. 이런 일에 대해서 마게도냐 성도들은 사도들에게 간절히 구했다고 했습니다. 그들은 사도 바울과 그 일행들에게 가서 그들도 유대의 형제들을 돕는 연보를 드리게 해달라고 간청을 했다는 것입니다. 오늘날 우리 가운데서도 이러한 아름다운 은혜의 역사가 있기를 소망합니다. 사도들에게 은혜에 참여하게 해달라고, 성도를 섬기는 일에 동참하게 해달라고 간구하는 것은 아름답습니다. 그리고 사도 바울은 그것을 받아들였습니다.

5절, 우리의 바라던 것뿐 아니라 저희가 먼저 자신을 주께 드리고 또 하나님 뜻을 좇아 우리에게 주었도다

물론 바울은 하나님의 뜻 안에서 이러한 연보를 기대했을 것입니다. 그러나 기대하지도 않았을 때 마게도냐 교회들이 먼저 자신들을 주님께 드리고 물질을 사도들 앞에 가져왔습니다. 우리는 여기서 하나님께서도 우리같이 무익하고 초라한 죄인들에게 기대하는 것, 바라는 것이 있을 수 있으시다는 귀한 생각을 해봅니다. 어떤 때 하나님은 우리가 그분을 진정 사랑하는지를 시험해보십니다. 그것은 구약에서 아브라함에게 이삭을 바치라고 하신 데서도 알 수 가 있고 신약에서 주님이 베드로를 부르시면서 "네가 이것들보다 나를 더 사랑하느냐"고 물으신 데서도 알 수 있습니다(요 21장). 바울은 이것이 하나님의 뜻이라고 하였습니다. 우리가 이 땅에서 어떤 일을 수행하고 드린다할 때 그것이 하나님의 뜻에 일치된다는 것을 안다면 얼마나 귀한 것일까요? 그들은 사도가 바라던 것, 기대하던 것 이상을 드렸습니다. 주님도 우리에게 어느 일을 하기를 원하시고 또 어느 정도의 한도를 원하시는 것이 있을 것입니다. 그러나 우리가 힘을 다해서 행하며 자원하여 드린다면 주님은 매우 기뻐하실 것입니다. 우리는 이 땅에서 주님을 그렇게 기쁘시게 해드릴 수 있기 원합니다. 주님의 기뻐하심보다 더 귀함이 없습니다. 우리가 이 땅에서 그분의 뜻을 이행하고 그분을 기쁘시게 할 수 있는 것보다 더 귀한 것이 없습니다.

당시 마게도냐 성도들은 물질을 사도들에게 준 것이 아니라 주님께 드린 것입니다. 마게도냐 성도들은 먼저 자신을 주님께 드렸습니다. 물질을 드리기 전에 마음과 자신이 먼저 드려져야 합니다. 온 마음과 자신이 주님께 드려지지 않은 물질은 주님이 기뻐하시지 않는 물질입니다. 그러므로 우리가 무언가를 드린다고 할 때 먼저 우리 자신이 주님께 드려져야 합니다. 우리 자신을 먼저 주님께 드리면 자연히 물질을 드릴 수 있게 됩니다. "하나님 뜻을 좇아 우리에게 주었도다". 이렇게 마게도냐 성도들이 유대에 있는 교회들을 위하여 물질을 드리는 것은 하나님의 뜻이라고 했습니다. 우리도 과거에 연보를 많이 해보았지만 때로 우리는 이러한 느낌을 갖게 됩니다. '우리가 이때 물질을 드리는 것은 진정 주님이 기뻐하시는 것이고 주님의 뜻이다.' 그러므로 그들은 하나님의 뜻을 좇아 사도들에게 드렸던 것입니다.

모든 일에 풍성한 것 같이 은혜에도 풍성하게 하라

6절, 이러므로 우리가 디도를 권하여 너희 가운데서 시작하였은즉 이 은혜를 그대로 성취케 하라 하였노라

여기에서 사도 바울은 고린도 교회로 돌아옵니다. 고린도 교회의 연보는 디도를 통해서 시작되었습니다. 디도는 바울이 없는 동안 고린도 교회를 오고간 형제입니다. 디도가 고린도 교회에 갔을 때 유대에 있는 성도들의 상황을 교제했을 것이고 많은 이방의 교회들이 그 실행에 동참하고 있다는 사실을 말해주었을 것입니다. 그때 고린도 교회도 그 연보에 참여하기를 바랐을 것입니다. 그리고 디도는 그것을 인도해 주었을 가능성이 있습니다. 그래서 바울은 디도를 통해서 시작된 연보의 역사, 은혜(여기서는 헬라어로 '카리스, χαρις')를 그대로 성취하라고 권했습니다. 이러한 귀한 역사를 시작했지만 성취하지 못하면 그것도 소용이 없습니다. 주님의 일을 할 때 많은 믿는이들이 좋은 시작을 갖지만 중도에 그만두는 것을 종종 보는데 참으로 안타까운 일입니다. 좋은 일을 시작했으면 반드시 이것을 성취해야 합니다. 하나님의 뜻에 따라서 하나님 앞에 서원하고 드리기로, 섬기기로 하였는데 성취하지 못하면 그것은 아름답지 않으며 온전하지 않습니다. 그래서 바울 사도는 그 시작한 은혜를 성취하기를 권했습니다. 사역자들은 성도들이 필요한 때에 드리는 마음을 가질 수 있도록 도움을 주어야 할 뿐 아니라 실제로 그 드림을 성취할 수 있는 도움까지도 주어야 합니다. 이것은 마치 어머니가 어린 자녀의 학교에 들어가도록 하는 일을 도와주어야 할 뿐 아니라 학교에 들어가서 공부도 잘 하고 좋은 상급학교에 들어가는 것까지 도와주어야 하는 것과 같습니다.

7절, 오직 너희는 믿음과 말과 지식과 모든 간절함과 우리를 사랑하는

이 모든 일에 풍성한 것같이 이 은혜에도 풍성하게 할지니라

'너희는' 은 고린도 교회를 말합니다. 고린도 교회는 믿음이 있었습니다. 믿음은 모든 영적인 역사의 기본이 되는 것입니다. 그분이 하신 말씀을 믿고 그분과 연합하여 사는 모든 일들이 믿음에 속한 것입니다. 그의 말씀과 계시와 역사를 믿는 것입니다. 그리고 여기 '말' 이 있는데 헬라어로 '로고스(λογος)' 로서 객관적인 지식에 따라 하는 말입니다. 고린도 교회 성도들은 아주 말을 잘했던 것 같습니다. 믿음이 있었고 말을 잘했고 지식이 있었습니다. 영적이며 객관적인 지식이 있었습니다. 그리고 모든 간절함이 있었는데 성도들이 미지근하거나 차겁지 않고 간절한 것이 있었다는 것입니다. 이러한 것이 우리에게 필요합니다. 많은 나라를 다녀보고 도시를 방문해보면 매우 심정이 간절한 곳이 있습니다. 그러나 어떤 곳은 유감스럽게도 뜨겁지 않은 상태에 있기도 합니다. 시간이 많이 걸릴 것 같은 곳도 있습니다. 이 고린도 교회는 여러 가지가 좋았습니다. 말과 지식과 간절함이 풍성했으며 사도를 사랑하는 것도 좋았습니다. 특히 고린도 전서를 받고서 사도 바울에게 변명하게 되었고 두려워하게 되었으며 사모하고 간절하게 되었습니다. 사도 바울에 대한 사랑이 다시 일어났습니다.

사도 바울이 그들에게 "이 모든 일에 풍성한 것 같이 이 은혜에도 풍성하게 할지니라"고 말한 것을 보십시오. 바울 사도는 그 모든 것을 성취할 수 있도록 탁월한 언사를 사용하고 있습니다. 이러한 믿음, 말, 지식들은 영적인 은사입니다. 영적인 덕성들입니다. 그러나 이 연보의 문제는 실제적인 것입니다. 내적이고 영적인 덕성들과 주님께 드리는 외적인 일은 균형이 맞아야 합니다. 지식이 많고 말도 잘 하고 아주 간절하기도 하고 많은 것이 좋은데 연보를 드리는 문제에는 아주 인색하여 기꺼이 하려 하지 않는다면 무엇인가 균형잡히지 않고 아름답지 않은 것입니다. 이러한 면에서 여러 가지 좋다면 저러한 면에서도 부족하지 말고 좋아야 함을 사도 바울이 가르치고 있는 것입니다. 말이나 지식은 풍성하고 좋은데 연보 방면은 좋지 않을 수도 있다는 말이 되겠습니다.

8절, 내가 명령으로 하는 말이 아니요 오직 다른 이들의 간절함을 가지고 너희의 사랑의 진실함을 증명코자 함이로라

이 8장을 시작할 때부터 사도 바울은 고린도 교회 성도들에게 "디도 편에 들으니까 연보를 한다고 들었는데 그 연보가 어떻게 실행되었느냐"는 식의 명령 형태로 말하지 않고 '다른 이들의 간절함'으로 격려하듯이 말했는데, 그 다른 이들은 마게도냐의 성도들입니다. 마게도냐 성도들의 간절함으로 고린도 성도들의 헌신의 마음을 불러일으킨 것입니다. 주님의 방식은 그분의 자녀들을 어떻게든 격려하고 부축임을 주어서 모든 일이 자원하는 것이 되도록 하십니다. 이것이 주님의 방식입니다. 언제나 위로하시고 격려하시고 부드럽게 인도하십니다. 할 수 있는 대로 명령으로 요청하는 것을 피하십니다. 우리가 주님의 이러한 성품을 알진대, 그분의 자녀들을 어떻게 대하는가를 알진대, 섬기는 우리가 과연 어떻게 그들을 섬겨야 할지를 배우게 됩니다.

바울은 마게도냐 성도들이 지극히 가난하고 어려운 환경 가운데서 지극히 풍성한 연보를 한 모습을 알려주면서, 즉 다른 사람의 간절함을 가지고 고린도 성도들의 주님에 대한 사랑의 진실함을 증명하고자 한다고 했습니다. 결국 바울이 말하고자 하는 것은 "너희들이 진정으로 주님을 사랑한다면 이 일에 있어서도 기꺼이 순종하려 할 것이다. 그리고 그렇게 진실로 드리며 순종하는 것을 보인다면 그것이 너희가 과연 주님을 사랑한다는 것을 증명한 것이다."라고 한 것입니다.

여기서 우리는 사도 바울이 얼마나 거칠지 않고 섬세하고 다정다감하며 사람들의 마음을 만지는 사람인가를 볼 수 있습니다. 우리더러 이 서신을 쓰라고 했다면 8장 1절부터 "디도 편에 듣자 하니까 고린도 교회에서도 시작했다고 하는데 그것을 중지하지 말고 계속하는 것이 좋다."라고 했을 텐데, 사도 바울은 마게도냐 교회들이 극한 상황 가운데서 연보했던 아름다운 이야기들을 그들에게 들려줌으로써 다른 사람들의 간절함을 가지고 고린도 교회 성도들의 주님을 사랑하는 많은 미덕들을 일깨워주면서 "이 일도 너희들이 잘해줄 것을 믿는다. 이것이 너희의 주님에 대한 사랑의 증명이 될 것이다."라고 말합니다. 그는 우리와 많이 다릅니다. 정말 이러한 것은 우리에게 가르쳐 주는 바가 매우 큽니다.

부요하신 자로서 너희를 위하여 가난하게 되심은

9절, 우리 주 예수 그리스도의 은혜를 너희가 알거니와 부요하신 자로서 너희를 위하여 가난하게 되심은 그의 가난함을 인하여 너희로 부요케 하려 하심이니라

이제는 고린도 교회 성도들에게 주 예수님이 어떻게 하셨는가를 알려줌으로 주 예수님이 하신 것을 보고 그들로 배우고 따라서 행해야 함을 일깨워주고 있습니다. 우리 주 예수 그리스도의 은혜. 주 예수님은 부요하신 분이십니다. 그분은 만왕의 왕이요 만주의 주이시며 하나님과 동등 되시며 영광의 보좌에 계신 분이십니다. 그러나 그분은 우리를 위하여 가난하게 되셨습니다. 그분은 이 땅에 오실 때 정말 가난하게 오셨습니다. 말구유에 출생하셨고 나사렛 마을에서 목수의 아들로 그렇게 가난한 인생을 사셨습니다. 그렇게 부요하신 분이, 온 우주 만물이 그분의 것인데도 이 땅에 오실 때 아무 것도 없는 가난한 가정에 출생하시고 그곳에서 자라셨으며 이 땅에서 인생을 사실 때 거하실 집도 없으셨습니다. 여우도 굴이 있고 공중의 새도 거처가 있지만 인자는 머리 둘 곳이 없다고 하셨습니다. 우리는 요한복음을 읽을 때 한 번 크게 감동을 받은 적이 있습니다. 요한복음 7장 후반부에서 사람들은 주님을 잡으려하고 그분에 대하여 함부로 판단하고 힐문하고 하였습니다. 그런 연후에 마지막 절과 8장의 시작에 짧은 하나의 장을 나누는 상황 전환의 말이 있습니다. "각각 집으로 돌아가고"입니다. 이렇게 7장을 마칩니다. 그런 후에 8장은 "예수는 감람산으로 가시다"로 시작합니다. 주님을 판단하고 좇던 무리들은 다 돌아갈 집이 있었다는 말입니다. 그러나 우리 구주 예수님은 돌아갈 집이 없으셨습니다. 그래서 사람들은 '집 없는 예수' (homeless Jesus)라고 말했습니다. 8장 2절을 보시면 '아침에 다시 성전에 들어오시니 백성이 다 나오는지라' 고 합니다. 백성들은 다 집에서 왔겠지만 우리 주 예수님은 산에서 내려오셨습니다. 당신이 만일 그 상황을 생각해본다면 우리의 죄를 위해 오신 주님에 대하여 십자가만이 감동스러울 뿐 아니라 그분의 인생 자체가 감동이라는 것을 아시게 될 것입니다.

확실히 주님은 가난하게 되신 분입니다. 왜 그분이 가난하게 되셨습니까? 우리를 부요케 하기 위해서입니다. 그분의 가난하게 되심은 우리를 부요케 하기 위한 것입니다. 이것이 바로 예수 그리스도의 은혜입니다. 마게도냐 성도들이 유대에 있는 성도들보다 약간 더 부유했기 때문에 줄 수 있었다면 그 준 것은 은혜이며 고린도 교회 성도들이 만일 유대에 있는 성도들에게 준다면 그것 또한 은혜입니다. 그런데 가장 큰 은혜는 하나님 아들 예수 그리스도께서 영광의 보좌를 버리고, 부요한 모든 위치를 버리고 이 땅에 오셔서 가난하게 되셨다는 것입니다. 그것은 우리를 부요케 하기 위한 것입니다. 이것이 바로 예수 그리스도의 은혜입니다. 그분이 그렇게 마른 땅에서 나온 줄기같이 가난한 땅에 태어나셔서 인생을 사시고 결국 십자가에 죽고 부활하신 것은 다 우리에게 은혜를 주시기 위한 것입니다. 그분은 그렇게 자신을 쏟아 부어서 그분의 부요함이 우리의 것이 되게 하셨습니다. 왜 그분이 낮아지셨습니까? 우리 같은 죄인을 구원하기 위해서입니다. 하나님이 사람이 되신 것은 높으신 하나님, 부요하신 하나님이 우리와 같은 형편으로 낮아지셔서 오셨다는 것을 의미합니다. 왜 낮은 인간으로 오셨습니까? 우리 같은 낮은 인간을 하나님같이 부요하고 영광스럽게 하기 위해서입니다.

오늘도 우리는 주 예수님의 은혜를 받은 자로서 같은 길을 가야 합니다. 같은 길을 갈 수 있다면 그것도 우리의 은혜입니다. 우리보다 더 궁핍하고 어렵고 고통당하는 성도들을 위해서 물질을 비우고 소유를 내어놓는다면, 그것은 우리가 오늘 누릴 수 있는 은혜입니다. 주님이 가난하게 되셨듯이 우리도 다른 가난한 사람을 위해서 가난한 길을 걸어갈 수 있다면, 그것은 오늘 이 시대에 우리가 가진 은혜인 것입니다.

그러므로 우리 그리스도인들은 가난한 성도들, 가난한 사람들을 외면해서는 안 됩니다. 잠언 19장 17절을 보면 "가난한 자를 불쌍히 여기는 것은 여호와께 꾸이는 것이니 그 선행을 갚아 주시리라"고 말합니다. 가난한 자를 돌보아주는 것은 하나님이 기뻐하시는 바입니다. 이 말씀에서 우리 그리스도인은 가난한 자를 돌아보는 것에 대해 느낌이 없어서는 안 된다는 것을 말씀드리고 싶습니다. 새 언약의 사역은 하나님과 화목하는 것입니다. 또 모든 어두운 것에서 분별되는 것입니다. 또 새 언약의 사역을 실행하기 위해서는 다정다감하고 섬세하고 인간적으로 성도들을 보살필 필요가 있습니다. 뿐만 아니라 새 언약의 사역자들은 가난한 자들을 관심하는 사람들입니다. 사도 바울은 가난한 자들을 마땅히 교회가 공급하고 돌봐야 한다고 말하고 있습니다.

만일 우리가 온전히 하나님과 화목 된 사람들이라면 가난한 자들에 대한 느낌이 있게 됩니다. 사도 바울은 하나님과 온전히 화목 된 사람이었습니다. 뿐만 아니라 사방으로 환난을 당하고 다툼과 두려움과 여러 말들 속에 있었습니다. 그는 자기 자신이 비천하다고 느낄 정도의 상황 가운데 있었습니다. 그는 풍부에 처한 적도 있고 비천에 처한 적도 있다고 했습니다. 이렇게 주님의 사역자들로서 믿는이들로서 온전히 하나님과 화목하고 완전히 주님께 순종하면서 주님이 허락하신 환난과 핍박과 어려움을 감당하는 사람들에게는 분명히 가난한 자들에 대한 인식이 있게 될 것입니다. 역대로 주님을 사랑하는 충성된 성도들은 가난한 자들에게 관심이 있었습니다. 영국의 다비(J.N. Darby)는 시간이 있는대로 가난한 자들에게 가서 도움을 주고 시간을 함께 보냈다고 합니다. 그 외에도 많은 주님의 참된 종들이 그렇게 하였습니다.

그러나 반대로 이러한 길을 걸어가지 않고 그리스도인의 길을 간다고 하지만 편안한 길을 구하고 교회 안에서까지 지위를 얻으려 하고 큰 무리와 성공을 관심하고 많은 사람들이 자기의 말을 잘 듣는가 안 듣는가를 관심하고 넓은 길을 가려고 하는 사람들에게는 가난한 사람들이 보일 리가 없습니다. 그러므로 고린도 후서 8장과 9장은 그러한 사람들에게는 지위가 없습니다. 그러므로 새 언약의 사역자에게는 성도들을 잘 관심하고 보살피는 7장까지만 있어서는 안 되고, 한 단계 더 나아가면 가난한 자들이 나오게 됩니다. 비록 우리가 가난할지라도 가난한 자들을 돌아보며 뭔가를 줄 수 있다면 그것이 바로 참되게 하나님과 화해된 자들의 표시인 것이요 넘치는 은혜라는 말입니다. 이것이 8장입니다. 우리는 확실히 고린도 후서에서 신약의 사역의 정수를 남김없이 보게 됩니다. 얼마나 감사한지! 주님을 찬양하지 않을 수 없습니다.

10절, 이 일에 내가 뜻만 보이노니 이것은 너희에게 유익함이라 너희가 일 년 전에 행하기를 먼저 시작할 뿐 아니라 원하기도 하였은즉

이러한 일, 주님의 은혜를 힘입어서 가난한 자들을 돕는 이 일은 성도들에게 크게 유익한 것이라고 말해주고 싶습니다. 실상 성도들이 연보를 드리는 것은 손해가 아니라 유익한 것입니다. "너희가 일 년 전에 행하기를 먼저 시작할 뿐 아니라 원하기도 하였은즉". 고린도 교회는 일 년 전에 이 연보의 일을 시작했습니다. 실상 마게도냐보다도 먼저 시작한 것입니다. 마게도냐는 늦게 시작하였지만 일찍 거둔바가 되었고 고린도는 현재 늦게 시작했기 때문에 일찍 성취한 마게도냐의 은혜를 힘입어 성취해야 하는 상황에 이른 것입니다. 바울이 귀한 사역자라는 것은 고린도 같이 물질에 있어서 인색하고 말이 많은 교회일지라도 포기하지 않고 드리는 일에 있어서 한 몫을 갖게 해주고 참여할 기회를 부여한다는 것입니다. 우리 같다면 그들 같은 처지에서는 물질에 대하여 영원히 말하지 않으리라는 마음을 가질지도 모릅니다. 그러나 바울은 그들의 유익을 위해 자아를 버리고 다시 그들을 하나님과 화해케 하여 드리는 일에서도 빠지지 않고 유익을 얻도록 격려하고 있습니다. 하나님 나라의 일 가운데 참 배워야 할 것이 많습니다.

마음에 원하던 것과 같이 성취하되

11절, 이제는 행하기를 성취할지니 마음에 원하던 것과 같이 성취하되 있는 대로 하라

주님께 드리는 것, 헌신하는 것, 모든 것의 원칙이 마찬가지입니다. 원하는 마음으로 해야 합니다. 연보를 하려면 두 가지가 따라줘야 합니다. 드릴 마음이 있어야 하고 실제로 드릴 것이 있어야 합니다. 그런데 우리가 경험한 바에 의하면 할 마음이 있으면 할 물질이 생기게 됩니다. 그러나 마음에 있다하더라도 실제로 성취하지 못할 수가 있으니 사도는 그것을 촉구해주는 것입니다. 이같이 사역자들은 성도들이 마음으로 작정한 것을 성취하도록 마음을 고취시키는 것도 해야 할 한 가지 일입니다.

12절, 할 마음만 있으면 있는 대로 받으실 터이요 없는 것을 받지 아니 하시리라

11, 12절을 보면 이런 모든 연보를 성취하는 것에 있어서 마음의 원함이 중요하다는 것입니다. 그리고 원하는 대로 하라고 합니다. 강요나 억지가 아닌 마음의 원함대로 하라는 것입니다. 왜 이러한 사도의 권면이 필요했냐면 시간이 지날 때 성도들 마음속에서 원했던 것이 사라지기 때문입니다. 그러므로 원하던 마음을 일깨워줌으로 시작한 것이 온전히 이루어질 수 있도록, 성취될 수 있도록 도와주는 것입니다. 하나님은 우리의 외모보다 마음을 보십니다. 그러므로 우리가 드리는 단마음을 귀하게 보신다는 말입니다. 하나님은 우리가 참되게 드리고자 하는 마음으로 드릴 때 열납해 주십니다. 이 땅에서 우리의 드리는 물질을 하나님께서 받아주시는 것보다 귀한 일은 없습니다.

평균케 하려 함이라

13절, 이는 다른 사람들은 평안하게 하고 너희는 곤고하게 하려는 것이 아니요 평균케 하려 함이니

사도 바울은 자녀들에게 가르침을 주는 자상한 아비와 같이 하나님의 뜻을 설명하고 있습니다.

14-15절, 이제 너희의 유여한 것으로 저희 부족한 것을 보충함은 후에 저희 유여한 것으로 너희 부족한 것을 보충하여 평균하게 하려 함이라 기록한 것같이 많이 거둔 자도 남지 아니하였고 적게 거둔 자도 모자라지 아니하였느니라

이것은 출애굽기 16장 18절에 있는 말씀입니다. 이스라엘 백성들이 광야에서 만나를 거둘 때 있었던 일입니다. 그들은 안식일 전 날에는 아침에 만나를 주우러 가서 다른 날보다 배를 주워 와야 했습니다. 왜냐하면 그 다음날은 안식일이므로 만나가 내리지 않았기 때문입니다. 어떤 사람은 욕심이 많아서 더 많이 주워왔지만 냄새가 나고 썩어버렸습니다. 소용이 없게 되었다는 것입니다. 많이 거둔 자도 남지 아니하였고 적게 거둔 자도 모자라지 아니하였다는 것은 하나님이 그분의 백성들을 관리하시고 공급하시고 양육하실 때 평균케 하고자 하는 뜻이 담겨져 있는 말씀입니다.

이러한 말씀의 원칙에 따라 사도 바울은 현재 유대에 있는 성도들이 궁핍하고 곤고한 상황에 처해 있고 고린도 성도들은 조금 더 여유가 있으니까 지금 그들을 조금 돕고 고린도 성도들이 어려울 때에는 그들이 도와야 한다고 말합니다. 이것이 하나님 나라의 법도입니다. 우리가 오늘 이러한 법칙을 안다면 교회 안에서 어떤 사람은 물질을 너무 많이 가지고 부자로 살며 어떤 사람은 먹을 것도 없이 사는 것은 하나님의 백성 가운데서 아름다운 광경이 아니라는 것을 보아야 합니다. 물질을 하나님으로부터 많이 공급받는 사람들은 반드시 평균케 하시는 하나님의 뜻을 알아서 가난한 사람들에게 물질을 내보내는 것을 배워야 합니다. 어느 날 가난한 성도들이 물질에 부요하게 되었을 때 그보다 더 가난한 사람들이 나타나면 그들에게 다시 물질을 내보내야 합니다. 이렇게 하여 그분의 백성들이 평균케 되어서 골고루 양식을 먹고 사는 것을 하나님은 기뻐하십니다. 오늘 우리는 외국의 선교지에 이것을 실행할 수 있기 원합니다. 우리는 몽골, 중국, 캄보디아, 에디오피아 등 많은 가난한 나라의 선교지가 있습니다. 우리 한국 성도들은 잘사니 못사니 해도 그들 보다 낫습니다. 우리가 만일 조금씩만이라도 물질을 저축하여 보내준다면 그들의 어려운 사정을 도울 수 있습니다. 그런 일이 있을 가능성이 희박하지만 우리는 장래를 모릅니다. 언젠가 우리가 어려워지고 그들이 부유해질 때 그들이 우리를 도울 수 있는 것입니다.

우리 교회 안에도 마찬가지입니다. 오늘 비교적 부유한 가정들이 있고 가난하고 생활이 어려운 성도들이 있습니다. 그 부유한 사람들은 가난한 사람들을 좀 도울 수 있습니다. 그들이 직업을 가질 수 있는 길도 열어줄 수 있고 여러 면에서 도움을 서로 서로 줄 수 있습니다. 그럴 때 언젠가 새롭게 도움을 받아 일어난 가정들이 다른 어려운 성도들을 도울 수가 있는 것입니다. 그들은 자신들이 도움을 받아본 경험이 있기 때문에 그런 도움이 얼마나 감사하고 절실한 것인지를 잘 알 수 있습니다. 하나님의 백성들은 이렇게 평균케 하는 역사가 필요한 것입니다.

디도의 마음에도 간절함을 주시는 하나님

16-17절, 너희를 위하여 같은 간절함을 디도의 마음에도 주시는 하나님께 감사하노니 저가 권함을 받고 더욱 간절함으로 자원하여 너희에게 나아갔고

이 부분은 이 연보를 취급하고 운반하는 문제입니다. 15절까지는 고린도 교회가 이 연보를 성취하는 것을 격려하기 위해 기록한 말씀들이고, 16절부터는 그들이 연보를 성취했을 때 그 연보를 다루고 운반하는 문제입니다. 고린도에서 연보를 받아 유대의 가난한 자들에게 공급해 주어야 하는데, 이 연보를 거두어서 목적대로 쓰여 질 때까지 이 물질을 어떻게 다룰 것이냐는 문제를 16절부터 기록합니다. 이 연보에 대해 사도 바울은 혼자 하지 않고 동역자들과 함께 물질을 다루었습니다.

"너희를 위하여 같은 간절함을 디도의 마음에도 주시는 하나님께 감사하노니 저가 권함을 받고 더욱 간절함으로 자원하여 너희에게 나아갔고". 사도 바울은 이미 간절함이 있는 사람입니다. 어떤 간절함입니까? 이 은혜의 일을 성취하고자 하는 간절함입니다. 이 간절함이 디도의 마음에도 있었다는 것입니다. 사도 바울은 디도의 마음에도 같은 간절함이 있는 것을 보고 기뻐했으며 하나님께 감사했다고 했습니다. 디도는 원래 주님으로부터 받은 간절함이 있었지만 또한 사도로부터 권면을 받을 때 더욱 간절함이 생겼으며 자원하여 나아갔습니다. 고린도 교회에 가서 그 연보를 거두어서 운반해야 할 일이 있었는데, 디도가 해야 했습니다. 그는 그러한 일에 있어서 바울과 같은 간절함이 있는 사람이었습니다. 그때 바울은 그의 간절함을 보고 그에게 권했습니다. 여기에서 우리는 사역이란 그 사람의 마음속에 선한 갈망과 간절한 원함을 가진 사람들에 의해 수행되어진다는 원칙을 봅니다. 모세나 바울에게도 그들이 하나님이 부르시기 전에 그들 속에 하나님을 섬기고자 하는 갈망이 강하게 들어 있었습니다. 하나님은 그분의 일에 대해 아무 관심도 없는 그런 사람을 불러 사용하시지 않습니다. 하나님은 우리에게 자유의지를 주셔서 그분을 섬기는 일에 소원과 갈망을 갖게 하시고 그런 연후에 기쁨으로 섬기는 것을 기뻐하십니다.

또한 여기서 우리는 사도와 동역자들과의 관계를 볼 수 있습니다. 인도하는 사도라 하더라도 동역자들에게 그들 속에 어떤 소원이나 갈망도 없는데 다만 밖에서 권위로 명령해서 들으라고 하지 않았습니다. 사도 바울은 그들 속에서 일어나는 하나님의 역사를 주의하고 주님이 그들 속에 주신 은혜를 보고 그에 따라 권면했으며 그럴 때 동역자들은 더욱 간절함을 갖고 자원하여 나아갔습니다. '사도 바울이 가라고 하니까 나는 그저 아무 느낌도 생각도 없는데 바울의 명령을 내 사명삼아 간다' 라고 하지 않았습니다. 디도는 자원하여 갔다고 말하고 있습니다. 우리의 동역자들이 우리와 함께 동역할 때 이러한 광경이 있음을 주께 감사드립니다. 우리는 우리의 동역자들을 전제 군주나 독재자가 통치하듯이 다스리기를 원치 않습니다. 우리는 우리의 동역자들 안에 하나님이 주신 은혜와 갈망을 관심합니다. 여기서 간절함이라는 말을 했는데 '간절함' 은 영어로 'earnest', 'diligent' 입니다. 간절한 사람은 부지런한 사람입니다. 우리의 동역자들을 볼 때 그들 속에 정말 간절한 사모함이 있습니다. 저에게도 이미 같은 사모하는 마음과 간절함이 있습니다. 그럴 때 우리는 동역자들에게 해외 많은 나라에 나아갈 것을 권면하고 그들은 더욱 확신과 기쁨으로 나아가는데, 그러한 나아감은 자원하여 나아가는 것입니다.

연보로 인하여 아무도 훼방하지 못하게 하려 함이니

18절, 또 저와 함께 한 형제를 보내었으니 이 사람은 복음으로서 모든 교회에서 칭찬을 받는 자요

물질에 관하여 조심하는 바울의 태도입니다. 아무리 선한 마음과 동기로 물질을 취급한다지만 주의 종들은 물질을 객관적으로 다루어야 합니다. 반드시 복수로 두 사람, 세 사람이 함께 물질을 취급할 때 안전합니다. 그래서 사도 바울은 한 사람을 더 보냅니다. 오늘날 교회 안에서 칭찬을 받는 성도가 되는 것은 매우 중요합니다. 어떤 이들은 자기의 이름이 하늘의 생명책에만 잘 기록되었으면 된다고 생각하는데, 오늘 현재 교회 안에서 당신에 대한 평판은 똑같이 중요합니다. 모든 교회에서 칭찬을 받는 사람이 되어야 합니다. 그러므로 사도 바울은 그를 천거했습니다. 어떤 신학자들은 이 사람이 '누가'일 것이라고 말합니다. 어쨌든 사도 바울의 일행 중 한 사람일 것이라고 추측합니다. 당시 교회에서 칭찬 받는 사람이 하나님의 말씀인 성경에 그대로 기록된 것이니 생명책에 기록된 것으로 보아도 무방할 것입니다.

19절, 이뿐 아니라 저는 동일한 주의 영광과 우리의 원을 나타내기 위하여 여러 교회의 택함을 입어 우리의 맡은 은혜의 일로 우리와 동행하는 자라

이 사람이 어떤 사람입니까? 사도 바울과 동행하는 자라면 동역자 중 한 사람일 것입니다. 이 한 사람 한 사람을 선택하는 데 있어서 사도 바울이 얼마나 신중했는가를 우리는 볼 수 있습니다. 사도 바울의 부담과 뜻과 일치된 사람 중에서 여러 교회의 인정도 있어야 하고 사도의 무리 가운데에서도 기쁨이 있고 교회 가운데에서도 칭찬이 있어야 합니다. 또 교회의 택함과 인정이 있어야 합니다. 그러한 사람만이 이러한 은혜의 일, 연보를 운반하는 일에 사도와 동행하는 사람이 될 수 있습니다. 어쨌든 바울은 한 사람을 선정하는데 있어서도 매우 신중했습니다. 주의 일꾼들은 매사를 이와같이 신중하게 수행하고 사람도 선택하고 해야 합니다. 그렇지 않으면 일을 그르치게 됩니다.

20절, 이것을 조심함은 우리가 맡은 이 거액의 연보로 인하여 아무도 우리를 훼방하지 못하게 하려 함이니

우리는 여기서 주님의 일을 하는데 있어서 바울의 조심성있는 태도를 볼 수 있습니다. 사도 바울은 이러한 물질을 다루는 문제를 매우 조심했습니다. 이 물질은 정말 사탄이 가장 잘 사용하는 무기와 같습니다. 사탄은 주님의 종들을 무너뜨리기 위해 종종 물질을 사용합니다. 주님의 종들은 물질을 다루는 데 있어서 매우 조심해야 하는데 이에 대하여는 아무리 강조하여도 지나치지 않습니다.

주 앞에서만 아니라 사람 앞에서도 선한 일에 조심하려 함

21절, 이는 우리가 주 앞에서만 아니라 사람 앞에서도 선한 일에 조심하려 함이라

이 말씀은 잠언 3장 4절에 있는 말씀을 인용한 것입니다. 여기에서 '조심한다' 고 한 말이 어떤 영문 성경에는 'provide(예비하다)', '존귀한 것을 위하여 준비한다' 라고 번역되어 있고 또 다른 성경에는 '미리 고려하다', '사전에 고려하다', '사려 깊게 숙고하다' 는 뜻의 말로도 번역되어 있습니다. 사도 바울은 이러한 거액의 연보를 취급하는 데 있어서 아무도 사도들의 일을 훼방하지 못하게 하려고 사전에 이러한 일을 다루는 것에 있어서 고려하고 준비했다는 것입니다. 여기에서 우리가 볼 수 있는 것은 사도 바울이 이러한 일을 다루는 데 있어서 얼마나 주의 깊고 신중하고 사려 깊게 행동했는가 하는 것입니다. 한 가지 한 가지가 다 우리에게 지침이 되고 가르침이 되고 도움이 되는 말씀들입니다. 그는 하나님 앞에서만이 아니라 사람 앞에서도 이런 식으로 행했습니다.

어떤 사람들은 자신들이 물질을 취급함에 있어서 스스로 결백하다고 주장하지만 사람들은 여러 가지로 상상을 하게 됩니다. 또한 사탄은 사람들의 생각 속에 많은 나쁜 생각들을 집어 넣어줍니다. 그러므로 새 언약의 사역자들은 물질을 취급함에 있어서 사전에 충분히 숙고함으로 무엇이 더 존귀한 것인지를 고려하는 방식으로 행해야 합니다. 그럴 때 주님의 역사가 훼방을 받지 않게 됩니다. 우리는 주님 앞에서만 깨끗하면 되는 것이 아니라 사람 앞에서도 훼방을 받지 않도록 조심해야 합니다. 그러므로 사도 바울은 한 형제, 두 형제 추가해서 함께 이 일을 다루도록 안배했습니다.

그런데 한 사람, 두 사람을 선정하는 것도 아무렇게나 사도 바울과 친한 사람으로 하지 않았습니다. 교회 안에서, 성도들 가운데서 칭찬을 받는 사람들로 하게 했습니다. 그러므로 새 언약의 사역자들은 모든 면에서 아주 조심성 있고 사려 깊고 주의 깊은 방식으로 사역을 하는 사람들임을 볼 수 있습니다.

동역자는 주님의 일에 대한 간절함이 있어야 함

22절, 또 저희와 함께 우리의 한 형제를 보내었노니 우리가 여러 가지 일에 그 간절한 것을 여러 번 시험하였거니와 이제 저가 너희를 크게 믿음

으로 더욱 간절하니라

여기 또 한 형제를 보내는데, 그가 '아볼로' 일 것이라고 하고, 또 어떤 사람은 '두기고' 일 것이라고 합니다. 우리 같으면 22절까지 말을 안 해도 '아, 이제 이정도면 충분하다.' 라고 했을 텐데 사도 바울은 여기에 한 사람을 더 추가했습니다. 여기 디도가 있고 또 한 형제가 있고 또 한 사람을 택하였는데, 이 사람은 여러 가지 일에서 그 간절함이 시험되었다고 말합니다. 이 말씀을 보면 주님의 동역을 하는 사람은 반드시 주님의 일에 대한 간절함이 있어야 할 뿐 아니라 시험되어지는 원칙이 있습니다. 그것이 있어야 서로 서로 동역을 할 수 있게 됩니다.

우리와 함께 사역하는 많은 형제자매들이 있습니다. 내가 확신하거니와 하나님의 사역에 있어서 동일한 간절함이 있어야 할 뿐 아니라 시험을 거쳐야 합니다. 사도 바울은 여러 번 그 형제가 이러한 일을 할 수 있는지 시험을 해보았다고 했습니다. 여러모로 시험해보았을 것입니다. 그럴 때 이 형제가 동일한 간절함을 갖고 있다는 것을 확인한 것입니다. 사람은 어떤 순간적인 충동이 있어서 어떤 일을 원하는 수도 있고 진실한 갈망이 있어서 원하는 수도 있습니다. 우리는 어떤 사람이 순간적인 충동에 의해서 간절한 마음을 표시할 때 조금 시간이 필요하다는 것을 느끼게 됩니다. 또한 우리는 당장 그의 간절함의 진실성을 금방 확인할 도리가 없습니다. 그러므로 시험이 필요한 것입니다. 그가 만일 진실하게 간절함을 가진 자라면 시간 안에서 확인이 될 것입니다. 그러나 아닌 경우는 얼마의 시간이 지날 때 변질된 신앙자로 발견됩니다.

바울은 한 형제가 이 사역의 일을 할 수 있는지 여러 가지 일에 그 간절한 것을 여러 번 시험했다고 말합니다. 이는 주의 일이기 때문입니다. 우리는 주의 일을 투기 하듯이 할 수 없다는 것을 알아야 합니다. 투기를 하는 사람은 해보다가 안 되면 다른 방식으로 하고 또 안 되면 또 다른 방식으로 하면 됩니다. 바울은 한 형제를 선정하였고 그 형제는 고린도 성도들을 신뢰하는 마음을 가졌습니다. 이제 그가 고린도 교회 성도를 더욱 믿게 되니까 그 간절한 마음이 더욱 커졌다는 것입니다. 그러므로 이 형제는 이제 이 일을 할 수 있게 되었습니다.

23절, 디도로 말하면 나의 동무요 너희를 위한 나의 동역자요 우리 형제들로 말하면 여러 교회의 사자들이요 그리스도의 영광이니라

디도에 대한 말입니다. 디도는 항상 바울과 교제가운데 있는 동무이며 함께 일하는 동역자입니다. 또 교회의 사자요 그리스도께 영광이 되는 사람입니다. 동무(partner)란 바울과의 영적 교제 안에 친밀한 관계성을 말하는 것이요, 동역자(fellow-worker)란 바울과 일에 있어서의 일치를 말하며, 교회의 사자(messengers)란 교회의 보내심을 받은 자(apostolos, 헬)를 말하며, 그리스도의 영광(a glory)이란 그 형제의 우수하고 뛰어난 경건성을 언급함입니다. 그리스도의 종들은 마땅히 그분께 영광이 되는 사람들이 되어야 합니다. 이 모든 말은 다 연보를 취급하는 일을 맡을 동역자를 천거하는 말입니다. 바울은 먼저 디도에 대하여 말하다가 다시 모든 보내는 형제들을 함께 일컬어서 '우리 형제들은' 이라고 합니다. 바울은 이러한 사람들이 연보의 일을 다룰 것이라고 말하고 있습니다. 주의 일을 매우 주의 깊고 섬세한 방식으로 하는 것에 대해 깊은 인상을 받습니다.

24절, 그러므로 너희는 여러 교회 앞에서 너희의 사랑과 너희를 대한 우리 자랑의 증거를 저희에게 보이라

바울의 글을 많이 읽으면 그가 말하는 특징을 알 수 있습니다. 무엇을 하면 확실하게 하는 성격이 있는 것 같습니다. 24절의 말씀은 무엇을 뜻합니까? 한 마디로 꼭 해야 된다는 말입니다. 그의 성품은 어떤 일이든지 결코 풀어놓지 않습니다. 그가 주님을 닮았으니 주님이 그러한 분이십니다. '여러 교회 앞에서 너희의 사랑과 너희를 대한 우리의 자랑' 이미 여러 교회 앞에서 고린도 교회의 사랑을 말하고 자랑하는 말을 했다는 것입니다. 그러므로 연보를 반드시 해야 한다는 것을 말합니다. 이것이 사도의 마음이요 또 하나님의 마음입니다. 하나님은 무엇이든지 말하고 원했던 것을 분명하고 확실하게 해 내고 성취하는 것을 기뻐하시는 것 같습니다. 추상적이어서 항상 좋은 생각만하고 뜬 구름 속에 사는 사람은 실제가 없는 사람이고 주님이 기뻐하시지 않습니다. 주님의 일을 하는 사람이라면 매사에 정말로 분명하게 성취하도록 해야 합니다. 하나님은 그분의 자녀들이 이렇게 성취하는 것을 너무나 기뻐하십니다. 그래서 하나님은 사도 바울을 귀하게 쓰셨을 것이라고 여겨집니다.

고린도후서 9장

2corinthians

고린도 후서 8장과 9장은 연보에 관한 내용을 다루고 있습니다. 고린도 후서를 공부하는 많은 사람들이 아마도 저와 같이 8장과 9장에 오면 고린도 교회의 헌금 문제를 다루는 장들이라고 생각하면서 그리 중요한 요점을 발견하지 못하고 그 장들에 무게를 두지 않을 것입니다. 중요한 영적 진리가 없다면서 지나칠지도 모릅니다. 그러나 연보의 문제는 가벼이 다루어질 수 있는 문제가 아닙니다. 우리가 다 아는 바와 같이 고린도 후서는 새 언약의 사역을 다루는 책입니다. 새 언약과 새 언약의 사역자의 어떠함을 잘 묘사해주고 있는 한 권의 책이 고린도 후서입니다. 고린도 후서는 고린도 전서 다음에 있습니다. 고린도 교회에 여러 문제가 있었을 때 사도 바울이 고린도 전서를 통해 많은 해결책을 주었습니다. 따라서 고린도 전서에는 강한 책망이 들어 있는 많은 표현이 있습니다. 바울은 그가 너무 심하게 징계하고 책망했다고 느꼈기 때문에 그들이 돌이키고 회개했다는 소식을 들은 후에 마음에 상당한 위로와 격려를 받고서 고린도 후서를 씀으로 고린도 교회 성도들의 마음을 위로하고 격려하여 교회가 더 견고하게 서 갈 수 있도록 도왔습니다.

연보에 관한 장인 고린도 후서 8장과 9장 앞에는 그들을 위로하면서 새 언약의 내용을 설명하는 것이 있습니다. 그 내용은 다음과 같습니다.

"새 언약의 사역자는 그리스도의 포로들로서 그리스도의 향기를 운반하는 자들이며 그리스도의 편지를 성도들 마음속에 새기는 자들이다. 그러한 사역자들은 그리스도의 복음의 영광의 광채를 비추는 자들이다. 그들은 보배를 질그릇 안에 담은 자들 같은데 그것은 능력의 지극히 큰 것이 그들에게 있지 않고 하나님께 있음을 알게 하기 위한 것이다. 그들은 또한 항상 예수 죽인 것을 몸에 짊어지고 예수의 생명이 그들의 몸에 나타나는 삶을 살았다. 이런 삶을 통해 그들의 겉사람은 날로 후패해 가나 속사람은 날로 새로워졌다. 그들의 소망은 이 땅에 있지 않고 장래에 있었다. 이 땅의 어려움과 환난은 잠시적인 것이며 그들의 원하는바 속사람이 날마다 새로워짐을 통한 영광스런 변화는 장차 있는 영원한 영광의 중한 것을 원하기 때문에 그들은 그것을 더 원했다. 그들은 육신을 가지고 있지만 이 땅에 소망을 두지 않고 하늘로부터 오는 처소로 덧입혀져 휴거되기를 간절히 소망하는 자들이었다. 그러므로 그들은 육신을 떠나 주님과 함께 있을 욕망이 가득했으나 그들이 떠나든지 거하든지 주님만을 기쁘시게 하기를 원했다. 그들은 그리스도의 사랑의 강권함을 받은 자들이다. 그러므로 그들은 하나님을 향해서 미친 듯이 섬겼고 사람들에게는 온전한 정신으로 섬기기를 원했다. 그들은 새 창조 안에 살면서 화목의 사역을 수행했다. 그들은 하나님으로부터 화목의 직책을 부여받아 많은 사람들을 하나님과 화목하게 하는 그리스도의 대사와 같은 직분을 수행했다".

바울은 고린도 교회 성도들이 아직 하나님과 완전히 화목 되었다고 느끼지 않았기 때문에 그들에게 하나님과 화목하라고 권하고 지금은 은혜 받을 만한 때요 구원의 날이므로 하나님의 은혜를 헛되이 받지 말라고 말했습니다. 그리고 그들에게 마음을 넓히고 많은 어두움의 일 가운데서 분별되어 이방인들과 멍에를 같이 하지 말라고 했습니다. 또 더러운 것을 만지지 말고 육과 영의 더러운 것에서 자신을 깨끗이 하라고 했습니다. 이 모든 말씀들은 새 언약의 사역의 일들이었습니다. 간단하게 표현한다면 새 언약의 사역은 믿는이들이 하나님과 완전히 화목 하는 것입니다. 하나님과 연합하여 결과적으로 믿는이들이 그리스도 안에서 하나님의 의가 되는 것입니다.

우리는 7장까지에서 사도 바울이 이미 회개하고 돌이킨 고린도 교회 성도들을 위로하며 주님과 온전히 화목케 하는 말씀을 했음을 볼 수 있습니다. 그런 다음 8장에서 그들 가운데 이미 시작되고 있었던 연보의 문제를 다루는 것을 봅니다. 사도 바울은 그것도 매우 주의 깊은 방식으로 마게도냐 성도들의 귀한 헌신을 예로 들어 그들의 간절함과 충성됨을 소개하고 그로 말미암아 고린도 교회 성도들이 주께 기쁨으로 드릴 수 있도록 권면하고 격려하는 것을 보았습니다. 연보하는 것이 작은 일 같지만 작은 일이 아닙니다. 마음에서 우러난 연보, 하나님의 뜻과 함께하는 연보는 적은 것이 아닙니다. 그러므로 사도 바울은 8장에서 연보를 은혜라고 표현했습니다. 은혜에는 여러 종류가 있습니다. 6장에서 그는 하나님의 은혜를 헛되이 받지 말라고 했습니다. 은혜를 헛되이 받지 않기 위해서는 모든 육체적인 일에서 나오고 부정한 것들에서 분별되어야 합니다. 그들은 속생명이 정말로 회복되고 강화되며 주님과의 깊은 연합을 이루어야 합니다.

거기에서 더 나아가 은혜가 더 강화되려면 당시에 궁핍함 가운데 있었던 유대 성도들의 상황을 돌볼 필요가 있었습니다. 그들이 은혜를 영적으로만 회복하는 것으로는 무언가 부족합니다. 당시에 유대에는 기근이 있었기 때문에 많은 성도들은 배고픔과 궁핍함 가운데 있었습니다. 그러므로 당시 유럽에 있는 이방인의 교회는 그들보다 형편이 낫기 때문에 유대에 있는 성도들을 돌볼 필요가 있었습니다. 가난한 성도들을 돌보는 것은 그리스도의 교회가 마땅히 실행해야 할 항목입니다.

그런데 8장과 9장에 있는 가난한 성도를 돌보는 일에 참여하는 것은 그리 낮은 것이 아닙니다. 7장까지에 있는 바와 같이 하나님과의 충분한 화목이 이루어지지 않는다면 8장과 9장에 있는 물질을 드려서 가난한 성도들을 돌볼 수 있는 은혜를 받는 데까지 이르기가 어렵습니다. 그냥 드리는 물질이 아니라 마음을 다하여 기꺼이 드리는 물질, 하나님의 뜻대로 드리는 연보는 도달하기 어려운 높은 경지라는 것을 시인하지 않을 수 없습니다. 그러므로 저는 여러분이 그리스도인 생활 가운데서 마음속에서 우러난 연보, 가난한 성도들을 위하여 드리는 것이 결코 작지 않다는 것을 볼 수 있기 바랍니다.

8장과 9장에 있는 연보의 내용이 고린도 후서 열세 장 중 가벼이 지나칠 수 없는 것임을 볼 수 있기 바랍니다. 교회가 영적으로 낮고 문제가 있으면 연보의 일을 할 수 없습니다. 그들은 실상 마게도냐 교회들보다 연보를 먼저 시작했습니다. 그러나 고린도 교회의 문제들로 인하여 연보의 일은 잠시 지연되었습니다. 이제 모든 어려움들이 지나가고 다시 연보의 일을 할 수 있게 된 것입니다. 이와같이 교회는 전진하다가 문제가 일어나면 전진이 멈추어지며 한동안 사탄적인 공격과 맞서서 싸우게 되고 대적의 공작이 물러가면 다시 멈추었던 일이 재개되는 것입니다. 이는 마치 12장의 아론과 미리암의 모세를 비방한 사건이 일어났을 때 온 이스라엘이 일주일동안 진행하지 못했던 것과 유사합니다. 고린도 교회도 사단의 공격으로 분열적인 일과 누룩이 들어왔고 바울의 사역은 이 모든 일들을 퇴치하는데 힘을 다 하였습니다. 결과로 그들은 모든 일이 회복되었고 다시 원래 전진하던 자리에서부터 다시 시작하고 있습니다.

고린도 후서는 새 언약의 사역에 관한 것입니다. 화목케 하는 사역은 사람들을 영적으로만 돌보는 것, 즉 육체에서 영으로, 천연적인 생명에서 영적인 생명으로 돌이키는 문제만이 아닙니다. 좁은 마음이 넓혀지고 부정한 것들에서 분별되는 것만이 아닙니다. 그들이 주님의 은혜를 얻어 충분한 화목이 이루어진다면 다른 믿는이들을 물질적으로도 돌볼 수 있는 상태에까지 이르러야 하는 것입니다. 그것은 더욱 전진된 은혜가 필요한 일입니다. 그러므로 6장에서 은혜를 헛되이 받지 말라고 하면서 마음을 넓히는 문제, 부정한 것에서 분별되어 자신을 깨끗케 하는 것 등 많은 문제를 언급했습니다. 더 나아가 많은 육적인 것들에서 분별되어 주님과의 깊은 연합 안에 들어갈 뿐 아니라 8장과 9장에 올 때 그들이 주님의 뜻과 합하고 사도들의 위임과 하나 되어 가난한 성도들을 돕는 데까지 동역할 수 있어야 그 은혜가 더욱 큰 것입니다. 그러므로 8장에서는 연보라는 말 대신 은혜라는 말을 사용했습니다. 화목의 사역이 하나님의 은혜를 받아서 하나님의 은혜에 참여하고 은혜를 이루는 일이라면 8장과 9장에 있는 내용이 매우 중요하게 다루어져야 한다는 것을 강조하고 있는 것입니다.

성도를 섬기는 일에 대하여

1절, 성도를 섬기는 일에 대하여 내가 너희에게 쓸 필요가 없나니

가난한 자들을 공급하고 돌보는 것이 성도들을 섬기는 것입니다. 사도 바울은 8장 4절에서도 연보를 해서 가난한 자들의 필요를 채우는 것을 은혜라고 표현했으며 9장에 와서는 성도를 섬기는 일이라고 표현했습니다. 마게도냐에 있는 성도들은 그 일에 자신들도 참여하게 해달라고 사도에게 구한 바 있습니다. 여기에서 우리는 교회 생활이 다만 영적인 것만 추구하는 것이 아니라 반드시 실제적으로 성도들을 섬기는 것임을 보아야 합니다. 오늘날 신앙이 지식이나 영성에만 치우친 경우가 많이 있습니다. 그에 비해 우리가 성경에서 보는 바울의 사역은 매우 실질적인 부분이 많습니다. 바울은 물질적으로 궁핍한 성도들을 돌보는 일을 영적인 가르침 못지않게 중하게 다루고 있습니다. 우리는 이로서 사역이 현실을 무시한 것이 아니라는 것을 알게 됩니다. 바울은 영적인 가르침만이 아니라 '성도를 섬기는 일' 또한 중히 다룬 것입니다.

2a절, 이는 내가 너희의 원함을 앎이라

사도 바울은 고린도 교회 성도들의 심정을 알고 있었습니다. 그들 속에는 이미 성도들을 섬기고자 하는 원함이 있었던 것입니다. 정당한 그리스도인이라면 그들에게는 하나님을 섬기는 것이나 성도들을 섬기는 것이 본능과도 같은 것입니다. 성도들이 궁핍과 어려움 가운데 있을 때 그것을 돕고자 하는 마음이 속에서 일어나는 것은 정상적인 것입니다. 바울은 고린도 교회 성도들의 그러한 원함을 알았습니다. 바울은 그들의 원함을 알았기 때문에 성도를 섬기는 일에 대하여 그들에게 쓸 필요가 없다고까지 말했습니다. 이것도 역시 바울의 섬세한 사역의 한 면모입니다. 그는 이미 있는 그들의 심정을 헤아렸기 때문에 이 일을 처음부터 시작하듯이 말하지 않습니다. 우리는 대화에 있어서 상대방의 마음속에 가진 심사를 알 때 가장 존중하는 식의 대화를 할 수 있다는 것을 압니다. 누구든지 상대방의 마음에 있는 것을 잘 알지 못하고 자기의 일만을 성취해가려는 식으로 대화를 하게 되면 상대방과의 대화가 귀하게 존속되기가 어렵습니다.

2b절, 내가 너희를 위하여 마게도냐인들에게 아가야에서는 일 년 전부터 예비하였다 자랑하였는데 과연 너희 열심이 퍽 많은 사람들을 격동시켰느니라

아가야 지방은 고린도 교회를 포함합니다. 8장에서 바울은 마게도냐 교회들의 간절함을 가지고 고린도 교회를 격려했습니다. 그런 사도 바울이 9장에서는 마게도냐인들에게 아가야에서는 일 년 전부터 예비하였다고 고린도 교회를 자랑했습니다. 그는 고린도 교회와 아가야에 있는 성도들의 헌신, 가난한 자들을 위해서 드리려는 마음에 대해서 듣고 마게도냐인들이 격동되었다고 말합니다. 누가 먼저 이런 좋은 일을 시작했는지는 분명치 않지만(먼저는 고린도 교회일 것이고 다음에 마게도냐 일 것이다) 고린도 교회의 가난한 성도들을 돌보려는 마음이 마게도냐 성도들의 영을 불사르고 마게도냐 성도들이 극한 가난 가운데서 성도들을 위해 드린 것이 고린도 교회 성도들을 일깨우는 요소가 되었습니다. 이렇게 교회들은 이 나라 저 나라, 이곳저곳에서 일어나면서 다른 교회들을 서로 격려하고 부축하며 적극적으로 영향을 줄 수 있습니다.

형제들을 보낸 것은

3절, 그런데 이 형제들을 보낸 것은 이 일에 너희를 위한 우리의 자랑이 헛되지 않고 내 말한 것 같이 준비하게 하려 함이라

이 형제들은 8장 후반부에 있는 디도와 다른 두 형제입니다. 이제 디도와 다른 두 형제를 고린도에 보냈는데 이들은 연보를 거두어 유대에 전달하는 일을 바울과 함께 맡을 것입니다. 거액의 연보이기 때문에 사도 바울은 이것을 혼자 다루지 않고 정말 갈망 있고 간절함이 있는, 교회 안에서 많은 성도들에게 인정함을 받는 몇몇 사람과 함께 연보의 일을 다루고자 하였습니다. 그러면서 바울은 이들을 왜 고린도 교회에 보냈는지 설명하고 있습니다. 바울이 고린도 교회에 형제들을 보낸 것은 그들을 미리 보내서 사도가 한 자랑이 헛되지 않도록 일깨워 은혜를 완전히 성취하게 하기 위한 것입니다.

4절, 혹 마게도냐인들이 나와 함께 가서 너희의 준비치 아니한 것을 보면 너희는 고사하고 우리가 이 믿던 것에 부끄러움을 당할까 두려워하노라

사도 바울은 마게도냐 형제들과 함께 고린도에 방문할 가능성을 말하고 있습니다. 마게도냐는 고린도 윗 지방이고 고린도는 그 아래에 있습니다. 만일 사도 바울이 예루살렘 등지에서 고린도로 가려면 마게도냐를 거쳐야 합니다. 이렇게 해서 마게도냐 형제들과 함께 고린도에 가게 되었는데, 바울은 그곳 마게도냐 성도들에게 고린도에 대해서 자랑을 했습니다. "그들에게는 성도들을 섬기는 열심이 있다. 그들은 유대에 있는 성도들을 위해서 일 년 전부터 예비하고 있다." 그런데 마게도냐 성도들과 함께 고린도에 갔을 때 그들이 준비치 아니한 것을 보면 그들은 고사하고 사도가 이 믿던 것에 부끄러움을 당할까 두려워한다고 했습니다.

3절과 4절은 사도 바울이 세 형제를 왜 고린도 교회에 미리 보냈는지를 설명해줍니다. 이것이 사역자들의 섬세함입니다. 그들은 교회를 다룰 때 거친 방식으로 다루지 않고 자세하게 형제들을 보낸 이유를 설명해주고 그들의 일이 하나님 앞에서 아름다움과 사랑 안에서 부드럽게 이루어질 수 있도록 이끌어주고 있습니다. 이러한 모든 것들은 지금도 주님을 섬기는 우리에게 좋은 본이 되고 있습니다. 우리는 이러한 말씀을 통해서 바울이 왜 세 형제들을 고린도에 보냈는지 알 수 있습니다. 고린도 교회는 사도의 이 편지를 읽고 세 형제가 온 이유를 앎으로써 그들이 해야 할 것을 빈틈없이 기꺼이 준비할 수 있게 되었습니다.

5절, 이러므로 내가 이 형제들로 먼저 너희에게 가서 너희의 전에 약속한 연보를 미리 준비케 하도록 권면하는 것이 필요한 줄 생각하였노니 이

렇게 준비하여야 참 연보답고 억지가 아니니라

이 말씀도 4절에 이어서 세 형제를 고린도에 보낸 이유를 설명하고 있습니다. 바울은 연보라 하지 않고 축복이라고 했습니다. 연보에 대한 헬라어는 '율로기아스(ευλογιας)' 입니다. 이 단어는 축복이라는 뜻을 가지고 있습니다. 하나님의 뜻에 따라서 드리는 물질은 다만 물질이 아니라 드리는 자에게나 받는 자에게 다 축복이 됩니다. 그러므로 8장에서는 연보에 대해 말할 때 은혜라는 말을 사용하고 9장에서는 축복이라는 말을 사용했습니다. 돈이라는 말은 가급적 사용하지 않는 것이 좋은 것 같습니다. 이 세상에서는 돈으로 인해 많은 문제가 일어납니다. 돈 때문에 많은 사람들을 비방하고 욕합니다. 물질은 사탄이 사용하는 무기입니다. 이 세상에 살면서 주님을 위해 일하는 사람에게 돈은 자칫하면 시험거리가 됩니다. 저도 때로 '돈이 없는 세상이 왔으면…' 하고 생각합니다. 돈이 없는 세상이 옵니다. 천국에는 돈이 없습니다. 사도 바울은 8장과 9장에서 물질 문제를 다룰 때 돈이라는 말을 전혀 사용하지 않고 그것을 은혜와 축복으로 표현했습니다.

"이렇게 준비하여야 참 연보답고 억지가 아니니라". 우리말로 '억지'라고 번역된 말은 원래 탐심(covetousness)을 뜻합니다. 사전에 잘 준비하지 않으면 억지로 연보를 하게 되는 상황이 발생합니다. 그들이 원래 가졌던 마음을 일으켜서 기꺼이 헌금하는 것은 축복이고 참 연보다운 것이나 만일 갑자기 해야 하는 상황이 와서 별로 내키지 않은 마음으로 하는 것은 탐심이 됩니다. 아까운 마음으로 내는 것이므로 참 연보가 아니라 탐심이 된다는 의미입니다.

하나님은 즐겨내는 자를 사랑하시느니라

6절, 이것이 곧 적게 심는 자는 적게 거두고 많이 심는 자는 많이 거둔

다 하는 말이로다

'적게' 라는 말은 '아깝게(sparingly)' 라는 뜻을 가지고 있습니다. 적게 심는 것은 아주 인색하게 심는 것을 뜻합니다. 적게 심는다는 것은 물질을 드릴 때 인색하게 드리는 것을 말합니다. 또한 '많이' 는 헬라어로 '율로기아이스(ευλογιαις)' 인데, 이것은 '축복의 원칙으로', '축복을 목적으로', '축복으로' 라는 뜻입니다. 이것은 적게 심는다는 말과 대조됩니다. 적게 심는 것은 인색함과 아까운 마음으로 심는 것이지만 많이 심는 것은 관대하고 풍성하게, 즉 축복으로 심는다는 뜻입니다.

가난한 자들에게 주는 것과 주님께 드리는 것은 다 심는 것입니다. 그것은 낭비하는 것이 아닙니다. 그러므로 반드시 거둘 수 있게 됩니다. 바울은 여기에서 심고 거두는 것을 이야기 하고 있습니다. 고린도 성도들도 그렇게 부요하지 않았을 것입니다. 그러나 바울은 지금 그들에게 드릴 것을 권하고 있습니다. 그 드리는 것은 없어지는 것이 아니라 씨를 심는 것과 같다고 말합니다. "너희들이 적게 심는다면 적게 거두고 많이 심는다면 많이 거둘 것이다." 이것은 믿는이들이 주님께 드리는 것을 두려워하지 말아야 한다는 의미입니다. 주님께 합당하게 드리는 것은 심는 것이기 때문입니다. 심으면 거두게 됩니다. 적게 심으면 적게 거둡니다. 어떤 이는 적게 심고서 많이 거두기를 기대합니다. 그러나 그런 일은 일어날 수 없습니다. 많이 심는 사람, 축복으로 심고 기쁨으로 심는 사람은 많이 거두게 됩니다.

7a절, 각각 그 마음에 정한 대로 할 것이요

8장에서 말한 바와 같이 드리는 문제에서는 그 마음이 중요합니다. 그 마음에 정한 대로 하라고 말합니다.

7b절, 인색함으로나 억지로 하지 말지니 하나님은 즐겨 내는 자를 사랑하시느니라

'인색함' 은 원문에서 '근심' 을 뜻합니다. '억지' 라는 말은 6장 4절의 '궁핍' 이라는 단어와 똑같은 헬라어입니다. 다시 말하면 '인색함으로나 억지로 하지 말지니' 는 '근심이나 궁핍함으로 말지니' 라는 뜻입니다. 그런데 '억지' 또는 '궁핍함' 은 '내리누르다', '압박하다', '강요하다' 의 뜻을 가지고 있습니다. 이 말에 대한 헬라어는 '아나케스(αναγκης)' 입니다. 이 말에 의하면 헌금을 하는 것이 기쁨과 누림이 되지 않고 환난이 되는 것 같습니다. 압박과 강요 속에서 드리는 것은 기쁨이나 축복이 되는 것이 아니라 재난이 됩니다. 이렇게 드리는 사람은 하나님의 기뻐하심을 받지 못합니다. 각각 그 마음에 정한 대로 할 것이요 근심하면서 강요와 압박을 당하는 것 같이 하지 말라고 말합니다. 하나님은 즐겨내는 자를 사랑하십니다. 이것은 신명기 15장 7절과 연결되는 말씀이며 또한 잠언 22장 9절을 조금 바꾸어 인용한 말씀입니다. 우리는 하나님이 즐겨내는 자를 사랑하신다는 것을 기억해야 합니다.

8절, 하나님이 능히 모든 은혜를 너희에게 넘치게 하시나니 이는 너희로 모든 일에 항상 모든 것이 넉넉하여 모든 착한 일을 넘치게 하게 하려 하심이라

여기의 '모든 은혜' 는 '각양 은혜' 를 말합니다. '넉넉하여' 는 '모든 것에 자족하다' 는 말입니다. 연보를 하는 사람들은 스스로 풍족하고 넉넉하다고 느끼지 않으면 연보를 할 수 없습니다. 실지로 많은 물질이 있어서 넉넉하기 때문이 아니라 주님이 그러한 마음을 주십니다. 그러한 사람들이 착한 일을 넘치게 할 수 있습니다. 이것이 은혜입니다. 하나님은 우리에게 은혜를 주시는 분입니다. 그 넉넉함은 물질의 넉넉함이 아닌 마음의 넉넉함일 것입니다. 이미 자신이 가지고 있는 것이 넉넉하다고 여겨 자족하는 마음이 있는 사람들이 남에게 줄 수 있습니다. 하나님은 능히 은혜를 넘치게 하심으로 이것을 우리에게 이루어주십니다.

의의 열매를 더하게 하시리니

9절, 기록한바 저가 흩어 가난한 자들에게 주었으니 그의 의가 영원토록 있느니라 함과 같으니라

이것은 시편 112편 9절 말씀입니다. 가난한 자들에게 주는 것은 의입니다. 가난한 자들에게 물질을 공급해주는 것은 은혜요 축복입니다. 하나님은 진정으로 기꺼이 이렇게 하는 자들을 사랑하십니다. 뿐만 아니라 이렇게 하는 것은 영원토록 있는 의입니다. 우리가 주님을 만날 때 이기는 자들은 빛나고 깨끗한 세마포를 입게 되는데, 그 세마포는 성도들의 옳은 행실, 즉 의의 행실입니다. 우리가 그리스도인 생활 가운데서 행하는 모든 일들이 다 주님 앞에 드러나 심판받게 될 것입니다. 그런데 우리가 어떻게 의의 옷을 입을 수 있습니까? 우리의 일상생활 가운데 성령께 순종하여 행한 일들이 한 올 한 올 그 옷을 짜게 됩니다. 우리는 주님이 오실 때 그 옷을 입고 주님을 맞게 됩니다. 무엇이 의(義)입니까? 가난한 자들에게 흩어 주는 것도 하나님이 기뻐하시는 의 가운데 하나입니다.

10절, 심는 자에게 씨와 먹을 양식을 주시는 이가 너희 심을 것을 주사 풍성하게 하시고 너희 의의 열매를 더하게 하시리니

하나님은 우리에게 의의 열매가 가득하기를 원하십니다. 어떤 사람은 이 땅에 살면서 의의 열매를 조금 맺을 뿐입니다. 이것은 마치 옷을 짜다 말아서 주님 앞에서 팔이나 다리 등 몸의 일부분에만 옷을 입는 것과 같습니다. 예복을 온전히 입고 주님을 만나야 하는데 주님을 위해 성령을 따라 행한 의의 행동들이 너무 적습니다. 그 열매가 너무 부족하다는 의미입니다. 하나님은 이것을 기뻐하시지 않습니다. 하나님은 우리에게 씨와 먹을 양식을 주시는 분입니다. 오늘 우리는 씨와 먹을 양식을 가지고 있습니다.

"씨와 먹을 양식을 주시는 이가 너희 심을 것을 주사". 주님은 반드시 우리에게 심을 것도 주신다고 하셨습니다. 그러므로 우리는 많이 심어야 합니다. 심는다는 것은 곧 가난한 자들에게 흩어 주는 것입니다. 하나님이 주시는 대로 한다면 풍성한 열매를 맺게 됩니다. 우리가 풍성한 열매를 맺지 못하는 이유는 하나님이 주신 것을 다 착복하기 때문입니다. 여러분은 하나님이 여러분에게 주시지 않았다고 할지도 모릅니다. 하나님이 정말 여러분에게 주시지 않았다면 여러분은 공급을 받는 사람이 될 것입니다. 궁핍하기 때문입니다. 여러분들이 주어야 할지 말아야 할지 스스로 자신을 분별할 수 있어야 합니다. 유대의 성도들처럼 너무나 궁핍하기 때문에 지금 받아야 하는 사람인가, 아니면 주님이 풍성히 주셔서 나누어 주어야 할 사람인가를 여러분이 스스로 알 것입니다.

연보를 인하여 하나님께 감사와 영광을 돌림

11절, 너희가 모든 일에 부요하여 너그럽게 연보를 함은 저희로 우리로 말미암아 하나님께 감사하게 하는 것이라

'저희'는 유대에 있는 교회들입니다. 사도들의 사역의 목표는 하나님께 대한 감사를 산출하는 것이라는 말을 한 적이 있습니다. 다시 말하면 믿는이들이 가난한 성도들에게 헌금했을 때 그들은 그 공급을 받고 틀림없이 하나님께 감사를 드릴 것입니다. 하나님은 헌신과 기타 많은 제물을 받으셔야 할 분이십니다. 뿐만 아니라 하나님께는 반드시 감사의 제물이 필요합니다. 왜냐하면 하나님은 은혜와 긍휼과 모든 것을 주시는 분이기 때문입니다. 그분은 가난한 자를 동정하시는 하나님이시요 모든 필요를 돌보아주시는 아버지이십니다. 이 땅에서는 하나님에 대한 응답과 반향이 있어야 합니다. 그것이 무엇입니까? 바로 감사입니다. 이 모든 일은 이 땅에서 신실한 성도들, 특히 사도들이 감당하고 있습니다. 고린도 교회나 마게도냐 교회들이 이렇게 물질을 드려서 유대에 있는 성도들을 공급할 때 그 결과는 많은 감사의 제물이 하나님께 올라가는 것입니다.

12절, 이 봉사의 직무가 성도들의 부족한 것만 보충할 뿐 아니라 사람들의 하나님께 드리는 많은 감사를 인하여 넘쳤느니라

'이 봉사의 직무' 는 연보를 하는 일을 말합니다. 성도들의 부족한 것을 보충하는 것은 일차적으로 가장 중요한 것입니다. 지금 이 일을 하는 것은 가난한 자들을 돌보시는 하나님의 뜻이기 때문입니다. 그렇게 할 때 많은 사람들에게서 하나님께 드리는 감사가 일어날 것입니다. 그러므로 새 언약의 사역자들은 그들의 사역을 통해 많은 성도들에게서 하나님께 드리는 감사를 산출합니다.

13절, 이 직무로 증거를 삼아 너희의 그리스도의 복음을 진실히 믿고 복종하는 것과 저희와 모든 사람을 섬기는 너희의 후한 연보를 인하여 하나님께 영광을 돌리고

'이 직무' 는 연보를 하는 일을 말합니다. 감사뿐 아니라 영광이 있습니다. 사도들은 그들의 사역을 통해서 많은 사람들에게서 감사를 산출하고 하나님께 영광 돌리는 것을 산출하기를 바랐습니다. 이것이 바로 하나님의 기쁨이 되기 때문에 그렇습니다. 사도 바울의 뜻은 여기에 그치지 않고 아주 깊었습니다. 그것은 이 연보의 일이 이방인들이 그리스도의 복음을 진실히 믿고 복종하는 것에 대한 증거가 된다는 것입니다.

우리가 당시의 상황을 생각해볼 때 유대인들은 자신들이 하나님께 특별한 민족이라는 생각을 떨치지 못하고 있었을 것입니다. 하나님을 믿는 일에 관한 한 유대인들은 그것이 자신들의 것이라고 믿었습니다. 그런데 바울을 통해서 이방에 교회들이 일어나고 하나님의 백성들이 생겨났을 때 유대인들이 그 상황을 완전히 받아들이기는 어려웠을 것입니다.

그러나 여기 한 사도가 있습니다. 그 사도의 이름은 바울입니다. 바울은 그리스도의 몸이 한 새사람, 즉 이방인도, 헬라인도, 자유자도, 종도 없는 새 창조라는 이상을 가진 사람입니다. 그는 이 한 새사람 안에는 민족적인 차별, 유대인과 이방인의 차별이 없어야 한다는 것을 분명히 보고 알았습니다. 그런데 이방인에 대한 부담을 받고 이방에 가서 교회를 일으킨 사역자가 바로 바울입니다. 그가 사역을 하고 있는데 당시 유대에 기근이 일어났습니다. 이방의 교회들 속에서 유대의 성도들을 돕고자 하는 원함이 일어났습니다. 그때 바울이 하나님과 동역하여 그들의 물질을 유대에 있는 성도들에게 공급한다면 유대에 있는 성도들은 틀림없이 하나님께 영광과 감사를 돌릴 것입니다. 그 드림이 하나의 증거가 되어 유대인들이 과연 이방인도 진실하게 그리스도의 복음을 순종하고 참되게 하나님을 믿으며 진정으로 하나님의 백성을 섬기는 마음을 가졌다는 것에 대해 깊은 심정을 갖고 이방의 믿는이들을 받아들였을 것입니다. 이렇게 해서 실제적으로 이 땅에서 유대인과 이방인이 한 몸으로 이루어지게 됩니다. 결과적으로 그들은 깊은 연합을 갖게 되었을 것입니다. 밖으로 볼 때에는 물질을 거두어서 궁핍한 자들의 필요를 채워주는 것이지만 사도 바울 속에는 아주 깊은 뜻이 있었던 것입니다. 고린도 교회 성도들에게 연보를 권면하고 격려하면서 바울은 8장과 9장에서 그의 심정을 보여줌으로써 한 면으로는 그들이 연보하도록 격려하고 또 한 면으로는 하나님이 이러한 상황에서 무엇을 원하시고 사도의 마음은 무엇을 원했는가를 알려주고 있습니다.

지극한 은혜와 말할 수 없는 은사

14절, 또 저희가 너희를 위하여 간구하며 하나님의 너희에게 주신 지극한 은혜를 인하여 너희를 사모하느니라

이것이 사도 바울의 기대이며 갈망입니다. '저희'는 유대의 믿는이들입니다. 유대의 믿는이들이 이방의 교회들로부터 돌봄을 받고 하나님께 영광을 돌릴 뿐 아니라 이방의 교회들을 위하여 간구할 것이며 그들에게 주신 지극한 은혜를 인하여 그들을 사모할 것이라고 말합니다. 유대의 믿는이들은 이방의 믿는이들이 한 연보를 지극한 은혜라고 생각했을 것입니다. 사실 이방인들의 생활도 그리 여유 있고 충분하지 않았을 것입니다. 유대인들은 이방인들에 대해 마음을 넓게 열지 않았을 수도 있습니다. 의심스런 눈으로 보았을 수도 있고 마음이 차가울 수도 있으며 이방인들을 향해 높은 자세를 유지하며 그들을 잘 대하지 않았을 수도 있습니다. 이런 상황 중에서 유대인들에게 환난이 임했습니다. 그런데 이방인들 가운데서 넘치는 연보가 나와 그들에게 공급과 도움이 되었을 때 유대인들의 느낌은 말할 수 없었을 것입니다. 그들은 이러한 것을 지극한 은혜라고 했습니다. 유대인들이 생각할 때 이런 것은 지극한 은혜였습니다. 그들이 '너희'를 사모한다고 했습니다. 여기에서 우리는 이 땅에 사도들이라는 존재가 정말 필요하다는 인식을 갖게 됩니다. 누가 이런 일을 합니까? 하나님의 심정을 많이 갖고 하나님의 뜻을 많이 아는 사도들에 의해 이런 연결과 연합이 이루어집니다.

15절, 말할 수 없는 그의 은사를 인하여 하나님께 감사하노라

'말할 수 없는' 은 '묘사할 수 없는(indescribable)' 입니다. 14절에서는 지극한 은혜라고 했으며 15절에서는 말할 수 없는 은사라고 했습니다. 여기에 대해 두 가지 견해가 있습니다. 어떤 사람들은 이방인들, 고린도 교회와 마게도냐 교회, 유럽에 있는 교회들이 유대에 있는 교회들의 형편을 돌보기 위해 극한 가난 속에서 물질을 드린 것이 말할 수 없는 은사라고 봅니다. 또 어떤 사람들은 하나님의 말할 수 없는 은사는 그분의 아들 예수 그리스도라고 말합니다. 예수 그리스도 그분이 은혜로서 우리에게 주어지셨는데, 그분이야말로 말할 수 없는 하나님의 은사라고 해석하는 사람도 있습니다. 하나님은 말할 수 없는 은사(gift)를 주시는 분이십니다. 아들 그리스도를 주신 것은 말할 것도 없이 측량할 수 없는 은사이고 우리가 선한 마음으로 그분을 섬기기 원하고 드릴 때 우리의 생각하는 것이나 원하는 것에 넘치도록 부어주시는 분이십니다. 즉 그분은 우리의 작은 헌신과 섬김에 풍성하게 응답하심으로 우리로 하여금 할 말이나 묘사할 입이 없게 만드십니다. 우리가 그분께 섬기고자 드리며 수고한 것은 너무나 작은 분량인데 비하여 그분의 은사(선물)는 항상 상상을 초월합니다.

우리는 9장에서 많은 감사를 보게 됩니다. 오늘 우리 그리스도인들 가운데 하나님께 대한 감사가 부족합니다. 우리의 섬김을 통해서 사람들로부터 감사를 산출하는 것이 부족한 부분도 있습니다. 사역하는 자들은 항상 하나님의 뜻 안에서 성도들에게 섬김과 드림을 격려하여야 할 필요가 있으며 많은 성도들로 하여금 감사의 제물을 드릴 수 있도록 해야 합니다. 이것이 오늘날 교회들에 있어야 할 광경입니다.

고린도후서 10장

2corinthians

우리는 고린도 후서 10장부터 바울의 사도 직분에 대한 변호를 볼 수 있습니다. 이제 우리는 고린도 후서의 후반부에 이르렀습니다. 화목의 사역을 끝내고 연보의 문제를 다룬 후, 10장에 올 때 바울은 고린도 교회에 역사한 사탄의 일들을 드러내고 하나하나 물리치기 시작합니다. 그리고 자신의 사도 직분에 대해 변명합니다.

그리스도의 온유와 관용으로 권하고

1절, 너희를 대하여 대면하면 겸비하고 떠나 있으면 담대한 나 바울은 이제 그리스도의 온유와 관용으로 친히 너희를 권하고

우리는 이 구절을 이해하기가 어렵습니다. 바울은 자신이 성도들을 대면하면 겸비하고 떠나 있으면 담대하다고 했습니다. 이 말은 아마도 바울을 대적하는 사람들이 바울에 대하여 송사한 말들을 그대로 사용하여 반격태세를 취한 것입니다. 이 말이 무엇을 뜻하는지, 바울과 고린도 교회 성도들은 그 사정을 잘 알 것이라 생각합니다. 어쩌면 바울이 그들을 대할 때는 말이 시원치 않다는 것을 겸비(혹은 나약, 시원치 않음)하다고 한 것이며 떠나서 편지를 쓸 때는 뭔가 강하고 담대한 것을 말하는 것입니다. 이 말이 고린도 전서를 받고 그 강한 톤에 대하여 비난하는 대적 자들의 말일 수도 있을 것입니다. 그들은 바울이라는 사람이 함께 있을 때는 부드럽고 나약한데 떠나면 강하게 나온다고 한 것 같습니다. 어찌하든 사람들에게 바울의 사역자 된 권위를 실추시키려고 하는 말입니다. 그들이 그렇게 말함으로써 뭔가 변덕스럽고 일관성이 없는 것 같고 육체로 행하는 사람같이 보였을 것입니다. 그러나 바울은 그것이 어느 정도 사실이라고 말합니다. 그것은 상황이 그렇게 만든 것입니다. 바울은 그들을 대하여 복음을 전하고 섬길 때 겸손함으로 자신을 낮추어서 했습니다. 그러나 대적 자들의 공격이 있고 교회에 죄악과 비진리가 들어올 때 바울은 강할 수밖에 없었던 것입니다. 그러니 외면적으로 볼 때 성도들 앞에서 사도 바울은 상당히 겸비했으며 떠나 서신을 쓸 때 상당히 담대했습니다. 이 모든 것이 사실일지라도 그는 육체 안에서 행한 것이 아니라고 말하고 있습니다.

지금 떠나있는 바울은 사람들의 말과 같이 담대한 것이 아니라 그리스도의 온유와 관용으로 그들을 권한다고 했습니다. 지금 사도 바울은 떠나 있는 중입니다. 떠나 있는 상태에서 강하게 하지 않고 온유와 관용으로 친히 그들을 권하고 있습니다. 그가 담대했던 것은 그가 멀리 있기 때문이 아니라 그들의 상태가 그렇게 만들었고 그들 가운데 주님을 대적하는 것들이 있었기 때문입니다. 그러기에 사도 바울은 담대했었지만 지금은 다시 그리스도의 온유와 관용으로 그들을 권하고 있습니다. 이러한 간단한 말로 바울은 대적자들의 판단하는 말들을 잠재웁니다. 바울은 담대할 때도 그리스도 안에서 담대한 것이었고 온유하고 관용하는 것도 그리스도 안에서의 온유와 관용입니다. 그러한 것이 육체 안에서의 비겁함이나 정책이 아닙니다. 바울은 주님과 온전히 하나

된 사람입니다. 그러므로 그가 고린도 교회 성도들에게 무언가를 권면하고 말할 때 그 영과 표현은 그리스도로부터 나온 것입니다.

2절, 또한 우리를 육체대로 행하는 자로 여기는 자들을 대하여 내가 담대히 대하려는 것같이 너희와 함께 있을 때에 나로 하여금 이 담대한 태도로 대하지 않게 하기를 구하노라

바울이 담대한 것은 육체대로 행하는 자들에 대해서입니다. 바울이 이런 말을 한 이유는 사도가 담대한 태도로 대할 때 자칫하면 성도들이 세움을 입지 못하고 해를 당하기 때문입니다. 바울은 성도들이 사도와의 관계에 있어서 어려움을 당할 수도 있다고 느꼈습니다. 그러므로 바울은 육체대로 행하는 자들에 대해서 반대하는 태도를 분명히 하고 있습니다. 그들이 옳지 않다는 것을 말하고 있는 것입니다. 육신은 하나님을 기쁘시게 할 수 없습니다. 육신의 생각은 하나님과 원수가 됩니다. 그러므로 그것에 대해 사도는 마땅히 담대한 태도를 취하는 것입니다.

그러나 바울의 원함은 고린도 성도들과 함께 있을 때 그들에게 담대한 태도로 대하지 않는 것이었습니다. 여기서 바울은 육체로 대하는 자들이나 육적으로 나오는 사람들에 대하여 물러서지 않는 것을 볼 수 있습니다. 육적으로 나오는 사람들에게 약하게 물러서는 것은 주님의 종들의 바람직한 태도가 아닙니다. 바울은 육체대로 행하는 사람들에게 결코 양보하지 않았다는 것을 볼 수 있습니다. 그러나 바울은 주의 종으로서 그렇게 성도들에게 육적인 사람들에게 대하듯이 담대하게 대하는 것이 바람직하지 않다는 것을 말해주고 있습니다. 이것으로 보아 주님의 종들이 세우려고 하는 성도들에 대하여 강하고 책망하는 어조로 대하는 것은 그리 바람직하지 않다는 것을 알 수 있습니다. 그렇게 할 때 성도들이 유익을 많이 얻지 못합니다.

바울은 고린도 성도들을 담대한 태도로 대하지 않기를 구한다고 했습니다. 바울이 그리스도의 온유와 관용으로 성도들을 권하려고 한 이유는 바울이 연약하거나 물러섰기 때문이 아니라 성도들이 유익을 얻지 못할까봐 염려했기 때문입니다. 따라서 사역자들은 교회에 어려운 일이 일어났을 때 급히 일을 처리하기 위해 대드는 것이 현명하지 못한 것입니다. 그럴 때 성도들이 세움을 입기가 어렵습니다. 성도들에게 문제와 어려움이 생겼을지라도 그들에게 충분한 시간을 주고 합당한 충고와 지도 하에 둘 때 자연히 일이 해결되는 경우가 많습니다. 그러나 성도들 편에서도 참고해야 할 사항은 있습니다. 정당한 성령의 사역자가 성도들에 대하여 담대하게 되는 것은 매우 위험하다는 사실입니다. 바울은 여기서 이러한 위험을 말하고 있다고 믿습니다. 많은 학자들이 이 구절에 대하여 합당한 이해를 갖지 못합니다. 이는 체험적인 말씀이기 때문입니다. 이런 상황을 체험하지 않고는 이것이 무엇을 말하는지 이해하기 어렵습니다.

바울은 지금 반대자들을 직면하고 있습니다. 그들은 바울에 대하여 여러 폄하하는 말을 하고 있습니다. 성도들을 미혹하기 위해서이며, 바울의 가르침으로부터 떼어내기 위한 전략입니다. 그런 상황은 바울을 담대하게 하는 것입니다. 바울은 자신을 육체로 행한다고 하는 자들에게 담대하게 되었습니다. 그렇지만 그는 성도들에게는 그런 태도로 대하게 되지 않기를 바란 것이며, 바울은 사역자인 자신이 성도들에게 담대한 태도로 대하는 것이 유익이 없다는 것을 알고 있었습니다. 바울이 고린도 인들에게 담대하게 대하지 않도록 기도한다고 말한 것은 간접적으로 성도들에게 대적자들의 영향을 받지 않기를 촉구하는 말입니다.

대적자들과 고린도 성도들 중에 어떤 사람들은 바울을 육체대로 행하는 자로 여겼습니다. 바울을 오해하고 공격한 사람에게 담대히 대하려는 것 같이 성도들에게도 담대히 대하려는 마음이 바울에게 있었지만 그렇게 대하는 것이 그들에게 유익하지 않다는 것을 알기에 그렇게 대하기를 원치 않았습니다. 즉 바울의 말은 자신이 강하고 담대했던 것은 대적자들과 육체로 행하는 자들을 향한 것이었다는 것이고 세워지고 양육을 얻어야 할 너희 성도들에 대하여는 겸비하게 대하고 있다는 말입니다. 바울은 언제나 사람들을 담대하게 대할 수 없는 사람이 아닙니다. 그가 그렇게 성도들을 겸비하게 대하는 것은 그들을 주 안에서 세우기 위한 것이며 그렇게 함이 악한 자를 패배시키는 길이라는 것입니다. 성도들은 겸비함 안에서 온유와 관용으로 대하는 가운데 양육을 가장 효과적으로 얻을 수 있는 것입니다.

3절, 우리가 육체에 있어 행하나 육체대로 싸우지 아니하노니

반대자들은 바울이 육체대로 행하는 사람이라고 비난했습니다. 그가 육체대로 행하기에, 만나면 나약하게 살살 대하고 떠나면 강하게 나온다고 한 것입니다. 바울은 이런 반대자들에 대하여 엄하고 담대하게 대하려 한 것입니다. 담대하게 대하려 한다면 그들에 대한 것이라는 말입니다. 만일 바울이 그들 말대로 멀리 있을 때 담대하게 대하는 사람이라면 지금도 고린도 교회에 멀리 있기에 그에게서 매우 강한 말이 나갔을 것입니다. 그러나 바울은 자신의 육체를 십자가에 못박은 사람입니다. 그러므로 그는 자신의 육체의 느낌을 따라 말하거나 행하지 않습니다. 그는 오히려 그리스도의 온유와 관용으로 겸비하게 말하고 있습니다. 그는 자신의 육체를 십자가에 못박아 죽음에 넘기 우고 그리스도의 온유와 관용으로 성도들을 권하고 있습니다. 따라서 바울은 육신을 입고 있으니 육체에 있어 행하는 것은 사실이지만 육체대로 싸우지 않는다고 한 것입니다. 그는 현재 그의 사역을 싸우는 것(전투)이라고 하였습니다.

이것은 바울이 어떻게 전쟁하는가를 알려주는 것입니다. 영적 전쟁에 있어서는 목적이 중요할 뿐 아니라 어떻게 하는가, 즉 그 사람의 됨됨이와 태도가 중요합니다. 여기 1, 2, 3절의 논조의 중점은 자신이 왜 이렇게 하며 무엇을 위하여 하는가를 말하기 전에 다만 어떠한 태도로 (그리스도의 온유와 관용으로) 행하며 어떻게 싸우는가를 말함에 있습니다. 즉 이런 일을 당할 때 그가 어떠한 사람이며 어떠한 태도로 일을 하는가를 말해주고 있는 것입니다. 그것은 하나님의 역사에 있어서 목표가 아닌 그 사람의 어떠함과 됨됨이와 태도가 중요하다는 것을 말합니다. 이 말씀은 매우 인상적입니다. 이 말씀에서 바울은 자신이 어떻게 싸웠는가를 설명하고 있습니다. 이는 또한 바울의 인격과 사도적 권위와도 관계가 있습니다. 성령의 강력이 역사하도록 싸우는 방식은 담대한 태도로 하는 것 보다, 그리스도의 온유와 관용으로, 육체를 사용하지 않는 가운데서 되어 진다는 것을 암시하고 있습니다. 이는 사역하는 사람들에게 매우 참고가 되는 말씀이라고 하겠습니다.

4절, 우리의 싸우는 병기는 육체에 속한 것이 아니요 오직 하나님 앞에서 견고한 진을 파하는 강력이라

지금 사도 바울은 싸우고 있습니다. 고린도 후서를 쓰면서 눈물을 흘리며 간청하고 권면하며 가르치고 있습니다. 이것은 한 면으로는 가르치는 것이고 또 한 면으로는 싸우는 것입니다. 당시 고린도 교회에는 사도에 대해 강한 오해가 있었습니다. 사도를 반대하고 대적하고 교만한 사람들이 있는 상황에서 사도는 강하고 담대하게 대했습니다. 이것이 영적인 전쟁을 하는 길입니다. 반대하고 공격하는 사람들에 대해 나약하고 겸비하게 대한다면 그 전투는 이미 끝난 것입니다. 이럴 때 우리는 나약하고 위축되는 자신을 십자가에 못박을 준비를 해야 합니다. 자신의 육체는 십자가에 못박고 강하고 담대한 영을 세워야 합니다. 바울은 디모데에게 하나님이 우리에게 주신 영이 두려워하는 영이 아니요 능력과 사랑과 근신의 영이라고 하였습니다. 그러나 양육되어져야 할 성도들은 힘을 다하여 그리스도의 온유와 겸손으로 대하는 것이 비결입니다. 이것이 영적 전쟁에서의 승리의 비결입니다.

"우리의 싸우는 병기는 육체에 속한 것이 아니요 오직 하나님 앞에서 견고한 진을 파하는 강력이라". 그리스도와 하나 되어 성령 안에서 온유와 관용으로 사람들을 권하고 가르칠 때 그것은 육체가 아니요 하나님 앞에서 견고한 진을 파하는 강력입니다. 목소리가 크고 싸우는 듯한 태세가 강력이 아닙니다. 겸비와 온유와 관용 가운데서 성도들을 권하며 대하는 것입니다. 결국 견고한 진은 사람의 생각 속에 있습니다. 사람의 마음속에 사탄의 견고한 진이 있습니다. 그러한 견고한 진을 파하기 위해서 사도들은 전쟁을 하고 있습니다. 사도들의 싸우는 병기는 육체에 속한 것이 아니요 오직 하나님 앞에서 견고한 진을 파하는 강력이라고 했습니다.

5절, 모든 이론을 파하며 하나님 아는 것을 대적하여 높아진 것을 다 파하고 모든 생각을 사로잡아 그리스도에게 복종케 하니

"모든 이론을 파하며 하나님 아는 것을 대적하여 높아진 것을 다 파하고 모든 생각을 사로잡아 그리스도에게 복종케 하니". 5절은 바울이 전투하는 대상물들입니다. 사도들이 파한 것은 모든 이론과 하나님 아는 것을 대적하여 높아진 것입니다. 이것들을 다 파하고 생각을 사로잡아 그리스도에게 복종케 한다고 했습니다. 고린도 성도들 가운데는 많은 이론, 옳고 그름을 따지는 것, 상상, 하나님 아는 것을 대적하여 높아진 것이 있었습니다. 즉 교만한 생각과 안다고 하는 것이 있었습니다. 그러나 그것은 참된 영적 지식이 아니고 하나님도 아닙니다. 사도는 그러한 높아진 것을 그리스도에게 복종케 하려고 했습니다. 무엇을 아는가 모르는가가 문제가 아니라 그리스도에게 복종하는 가가 문제입니다. 사도 바울이 파괴해야 할 대상들은 주로 이론과 교만과 모든 헛된 생각들입니다. 결국 영적인 전투지는 사람의 생각입니다. 사탄도 사람의 생각에 많은 무익한 사상들을 주입함으로써 그리스도에게 불복하게 만듭니다. 그러므로 대적자들은 바울에 대하여도 많은 상상적인 사상들을 지어내어 성도들의 생각에 집어넣은 것입니다. '바울은 이러한 사람이다, 저런 사람이다.' 말을 들을 때 성도들의 생각 속에 바울에 대한 어떤 그림이 그려지고 더 이상 하나님의 귀한 말씀이 들어오지 않게 됩니다. 대적자들은 특이한 이론을 만들어서 그들에게 주입하였으며 율법과 족보 이야기와 현란한 성경지식을 심어주어 매우 교만하게 만들어 놓았습니다. 따라서 그들은 살아계신 주님께 순종하지 않는 상태가 되어버린 것입니다. 바울은 이 모든 것을 파하고 그리스도께 복종케 하려고 싸우고 있는 중에 있습니다.

먼저 돌이켜진 한 무리가 필요함

6절, 너희의 복종이 온전히 될 때에 모든 복종치 않는 것을 벌하려고 예비하는 중에 있노라

고린도 교회에 대적자들의 영향으로 복종치 않는 사람들이 있게 되었습니다. 바울은 모든 복종치 않는 사람들을 벌하려고 예비하고 있다고 했습니다. 이것은 두렵고 강한 말입니다. 그러나 바울은 지금 온유한 영으로 쓰고 있습니다. 모든 복종치 않은 것을 벌하려면 '너희' 복종이 온전히 되어야 한다고 했습니다. 여기서 '너희'는 누구입니까? 고린도 교회 성도들입니다. 고린도 교회 성도들의 일부가 복종케 되기를 사도 바울은 소망하는 것입니다. 한 무리가 복종케 될 때 모든 복종치 않는 것들을 벌할 수 있기 때문입니다. 주님과 동역하기 위해서는 모든 교회, 온 성도들이 다 돌이켜야 합니다. 그러나 먼저 돌이켜진 한 무리가 있어야 돌이키지 않은 사람들을 해결할 길이 있게 됩니다.

주님은 반드시 이렇게 역사하십니다. 계시록 2장과 3장에서 우리는 이기는 자의 원칙을 보는데, 주님은 이기는 자들을 필요로 하십니다. 이기는 자들을 얻어야 그들을 통해서 다른 이를 건질 수 있는 길이 있게 되기 때문입니다. 이것은 구약부터 신약까지 하나님께서 역사하시는 원칙입니다. 그러므로 먼저 자신을 드려야 합니다. 먼저 복종 안에 들어가야 주님이 기뻐하십니다. 그럴 때 다른 복종치 않은 사람들에 대해 하나님이 책망하고 징계하실 수 있는 길이 열립니다. 여기에서 사도는 복종치 않는 사람들을 벌한다고 했습니다. 왜 복종치 않겠습니까? 그것은 이론이 있고 하나님 아는 것을 대적하여 높아진 것이 있기 때문입니다. 그리스도께 사로잡히지 않은 생각이 있기 때문에 복종치 않고 거스르는 것입니다. 사도 바울의 전쟁은 이러한 것들을 다 파해서 그리스도께 복종시키는 것입니다. 이를 위해서는 복종된 한 무리가 필요합니다. 이런 사람이 있어야 복종치 않는 사람들을 처리할 길이 있게 됩니다.

너희는 외모만 보는 도다

7절, 너희는 외모만 보는 도다 만일 사람이 자기가 그리스도에게 속한 줄을 믿을진대 자기가 그리스도에게 속한 것같이 우리도 그러한 줄을 자기 속으로 다시 생각할 것이라

이 당시에도 사람들은 외모를 중시했습니다. 그때 유대교 교사들이 있었는데 고린도 교회에서 문제를 일으킨 사람들이 바로 그들입니다. 그들은 와서 율법을 가르치고 높이는 반면 사도 바울의 사역은 격하시켰습니다. 당시 율법을 전한 유대교도들의 세력은 강했을 것입니다. 그 이유는 당시 진리의 가르침과 복음의 흐름이 예루살렘으로부터 왔기 때문입니다. 예루살렘과 유대를 거쳐 왔습니다. 그런데 바울은 이방의 사도입니다. 그는 물론 유대인이지만 이방에 교회를 세우기 위해 하나님이 일으키신 그릇입니다.

복음이 흘러나온 그곳 사람들은 아마 유대인 사이에서 많은 인정을 받았을 것입니다. 그들은 예루살렘에 다니면서 율법과 할례를 전했습니다. 그와 반대로 바울은 외모나 명망이나 모든 면에서 유대인들로부터 '그가 누구냐?' 라는 대우를 받았습니다. 고린도 성도들은 바울이 가르친 진리보다 그 외모로 인해 실족했을 것입니다. 고린도 성도들이 유대교 교사들의 말을 더 중요시 여기는 단계에까지 이른 것입니다. 이로부터 당시에 사도 바울이 사역하기가 매우 어려웠을 것이라는 점을 추측해 볼 수 있습니다. 예루살렘으로부터 와서 사람들이 듣기에 정규 방송과 같은 말을 하기 때문에 바울의 말은 지방 방송과 같이 들린 것입니다. 사도 바울이 사역을 잘 하여 교회를 세웠다 할지라도 유대교 교사들이 와서 휩쓸고 가면 고린도 교회는 매우 많은 손상을 입었습니다. 그러므로 사도 바울은 다시 싸워야 했습니다. "너희는 외모만 보는도다 만일 사람이 자기가 그리스도에게 속한 줄을 믿을진대 자기가 그리스도에게 속한 것 같이 우리도 그러한 줄을 자기 속으로 다시 생각할 것이라". 지금 우리가 이 말씀을 읽으면 바울이 왜 이런 말까지 할 필요가 있었을까 하고 생각할 것입니다. 어떤 사람들은 자신들이 그리스도에게 속했다고 말했습니다. 이것은 다른 사람은 그렇지 않다고 말하는 것입니다. 고린도 교회 성도들은 유대교 교사들이 와서 가르쳤을 때 이 사람들이 그리스도에게 속했다는 인상을 받았습니다. 그들은 외모를 보고 그렇게 판단했을 것입니다.

"자기가 그리스도에게 속한 줄을 믿을진대 자기가 그리스도에게 속한 것같이 우리도 그러한 줄을 자기 속으로 다시 생각할 것이라". 사도 바울은 "너희들이 그리스도에게 속했다면 우리도 그리스도에게 속했다."라고 말하지 않으면 안 되었습니다. 여기에서 우리는 바울이 당시에 얼마나 어려운 상황에서 사역을 했었는지 볼 수 있습니다. 여기서 어떤 사람들은 자신들만이 그리스도에게 속한 사도들인 것처럼 사도권을 독점하려 한 것이고 성도들도 외적인 것을 생각하며 그렇게 판단하게 된 것입니다. 따라서 바울은 매우 작은 사람이 되어버렸고 그리스도의 세움을 입은 사도로 인정되지 않는 지경까지 간 것입니다. 바울은 다른 사람의 사도권도 부정하지 않으면서 겸손히 자기의 사도권을 인정해주기를 바라고 있습니다. 그의 관대하고 보편적이며 초월한 태도를 볼 수 있습니다.

여기서 우리가 반드시 깨닫고 넘어가야 할 것은 우리와 실행이 같지 않은 믿는이들도 그들이 예수 그리스도를 구주로 영접했다면 그들도 그리스도에게 속한 자라는 것입니다. 그런데 교만한 사람들, 하나님 아는 것을 대적하여 높아진 사람들(특히 당파심이 강한 사람들)은 자신들만 그리스도에게 속하고 다른 사람은 그렇지 않은 줄로 생각합니다. 오늘날 우리나라에도 자신들의 단체 외에는 구원이 없다는 곳이 많습니다. 그러한 가르침을 받은 사람들은 자신들만 그리스도께 속하였다고 생각하게 되어 있습니다. 우리는 어떤 믿는이들이 우리와 같지 않은 실행을 하고 말씀에 대한 해석에 있어서 차이가 좀 있더라도 한 주를 믿고 한 성령을 받았다면 다 그리스도께 속한 자로 받아들여야 합니다. 우리가 이렇게 넓혀진 마음을 가져야 아버지께서 기뻐하십니다. 이것이 성도들의 보편적인 태도입니다. 그럴 때 우리는 진정으로 이 시대에 한 몸을 이룰 수 있습니다.

주께서 주신 권세는 사람을 세우려고 하신 것이니

8절, 주께서 주신 권세는 너희를 파하려고 하신 것이 아니요 세우려고 하신 것이니 내가 이에 대하여 지나치게 자랑하여도 부끄럽지 아니하리라

부드러운 언행을 하면서도 성도들을 파괴하는 것이 있고 강하면서도 세우는 것이 있습니다(이상근). 대적자들은 부드럽고 온유한 것 같았지만 결과는 성도들을 무너뜨리는 것이었습니다. 바울은 자신이 권위를 가지고 있다고 여겼습니다. 그러나 그 권세는 주님이 주신 것으로 사람을 파하려는 것이 아니요 세우려는 것이라고 했습니다. 바울은 자신의 사역을 통해서, 주님이 주신 권세를 통해서 사람을 세우려고 했으며 그것으로 사람이 파해지는 것을 원치 않았습니다. 바울은 강하든 약하든 사람들을 세우기 위한 사람이었습니다. 그가 강할 때는 그들을 회개케 하기 위한 것이었고 그가 약하며 눈물을 흘릴 때는 그들을 위로하기 위한 것이었습니다. 사역자들은 그들의 사역으로 성도들을 세우는가 파하는가의 문제가 있습니다. 잘못하면 사도들은 권위를 갖고 있으므로 사람을 파할 수도 있습니다. 그 권위가 매우 강한 것이기 때문입니다. 그러나 바울은 하나님이 자신에게 주신 권위를 최대한으로 사람들을 살리는 데 썼습니다. 바울은 최선을 다하여 성도들을 세우는 데 자신의 권위를 사용하였기 때문에 이에 대하여 지나치게 자랑하여도 부끄럽지 않다고 말했습니다. 저는 저를 포함하여 이 땅의 사역자들이 이러한 바울의 말을 마음에 깊이 새기고 사역할 수 있기 바랍니다. 우리의 사역을 통해 한 사람이라도 파괴되거나 손상당하지 않기를 바랍니다. 그리고 그것이 우리의 자랑이 될 수 있기를 바랍니다.

9-10절, 이는 내가 편지들로 너희를 놀라게 하려는 것 같이 생각지 않게 함이니 저희 말이 그 편지들은 중하고 힘이 있으나 그 몸으로 대할 때는 약하고 말이 시원치 않다 하니

사람들은 바울을 평가했습니다. 바울의 편지는 매우 중하고 힘이 있으나 몸으로 대할 때는 약하다고 했습니다. 바울의 신체는 그렇게 강한 것 같지 않습니다. 일설에 의하면 사도 바울의 키는 작고 생김새는 그리 준수하지 않고 병약했다고 합니다. 그러한 것이 사람들에게 시험거리가 되었습니다. 바울은 또 유창하게 말을 잘 한 것 같지도 않습니다. 그러나 예루살렘에서 온 유대교 교사들은 추측하건대 바울보다 말을 훨씬 잘 했을 것입니다. 그런데 바울은 글을 잘 썼습니다. 반대자들도 바울이 쓴 글이 중하고 힘이 있다는 것을 인정했습니다. 제 자신도 말씀을 전하기만 하면 되고 글을 쓸 필요는 없다고 생각했습니다. 그런데 주님은 어느 날 저를 인도하셔서 글을 쓰게 하셨습니다. 글을 쓰면서 저는 편지 쓰는 것과 말하는 것은 차이가 많이 있다는 것을 발견하고 이것도 배워야 할 한 가지 일이라고 생각했습니다. 글도 한 가지의 일입니다. 저는 글을 쓰면서 어떤 글은 열 번 이상 쓰고 또 고쳤습니다. 또 글을 완성한 후에는 열 번 이상을 읽습니다. 사도 바울도 편지를 썼을 때 자신이 쓴 편지가 얼마나 중하고 힘이 있는지 알았습니다.

그러나 그가 편지를 쓴 것은 성도들을 놀라게 하기 위한 것이 아니었습니다. 자신에게는 성도들을 놀라게 할 의도가 없다고 했습니다. 사도 바울은 매우 순수한 사람입니다.

11절, 이런 사람은 우리가 떠나 있을 때에 편지들로 말하는 자가 어떠한 자이면 함께 있을 때에 행하는 자도 그와 같은 자인 줄 알라

그는 아주 투명한 사람입니다. '너희들은 나를 외모로 말도 시원찮고 몸도 약하다고 해서 낮게 평가하지만, 나의 편지가 중하고 힘이 있다고 너희들이 말했다. 그 편지를 쓴 사람이 바로 이 사람이다' 라고 말하고 있는 것 같습니다. 누가 이런 말을 할 수 있겠습니까? 그는 매우 투명한 사람이었습니다. 또 한 면에서 아무도 바울에 대해 말해줄 사람이 없었습니다. 바울은 스스로 자신에 대해 말해야 했습니다. 다른 사람들이 말해줄 수 있었다면 바울이 이렇게 말하지 않았을 것입니다. 그러나 그는 스스로 말하지 않으면 안 되었습니다. 그는 이렇게 말을 해서라도 성도들을 원래의 위치와 하나님이 기뻐하시는 상태로 돌이키기를 원했습니다. 그래서 우리는 사도 바울이 순수하다고 말하는 것입니다. 11절은 매우 당연한 말입니다. 지금 고린도 성도들은 균형을 잃었습니다. 그들은 공정하지 않았습니다. 사단에게 농락을 당한 믿는이들은 대부분 공정성과 균형성을 잃습니다. 그런 사람들에게 바울은 너무나 당연한 말을 해주고 있는 것입니다. 이렇게 너무나 당연한 말씀(떠나 있을 때 어떤 사람이면 함께 있을 때도 어떤 사람이라는)으로 교정의 말을 들어야 한다는 것은 그들이 미혹되었다는 것을 말해주는 것입니다.

우리 분량 밖의 자랑을 하지 않고

12절, 우리가 어떤 자기를 칭찬하는 자로 더불어 감히 짝하며 비교할 수 없노라 그러나 저희가 자기로서 자기를 헤아리고 자기로서 자기를 비교하니 지혜가 없도다

어떤 사람들이 고린도에 와서 자신들을 칭찬하는 말을 많이 한 것 같습니다. 사도 바울은 자신을 칭찬한 것이 아니라 사실을 말한 것입니다. 그러나 그들은 자신을 칭찬했습니다. 물론 그들은 유대교 교사들이었을 것입니다. 그들이 자신을 칭찬하는 말을 듣고 고린도 교회 성도들은 미혹되었습니다. 그러므로 바울은 이런 고린도 교회 성도들의 마음을 돌이키기 위해 애쓰고 있는 것입니다. 어떤 사람들이 먼저 사도 바울과 비교하면서 자신을 칭찬했을 가능성도 있습니다. 혹 그들이 바울과 자신들을 비교하지 않았더라도 그들이 얼마나 성경을 많이 알고 진리를 잘 전하는지를 말하면서 아주 우쭐대었을 것입니다. 이 말을 들은 사람들은 그들만큼 성경을 잘 가르치는 사람이 없다고 여겨 미혹당했습니다.

그들은 자기로서 자기를 헤아린 것입니다. 즉 자신을 기준 삼아 자신을 헤아리고 비교한 것입니다. 한두 가지 예를 들어 이러한 어리석음을 설명해보겠습니다. 요즘 많은 한국 사람들이 영어를 배웁니다. 일 년 동안 배우고서 일 년 전보다 훨씬 영어를 잘 하게 되니까 자신보다 영어를 잘 하는 사람이 없다고 생각합니다. 그 이유는 더 잘 하는 사람을 본 적이 없고 그 사람과 비교한 적이 없기 때문입니다. 유대교 교사들의 상황은 바로 이런 경우와 같습니다. 그런데 미국에서 살다온 영어를 매우 잘 하는 사람과 이야기하다 보면 자신의 실력이 부끄러워집니다. 우리는 영적으로 얼마든지 이렇게 될 수 있습니다.

13절, 그러나 우리는 분량 밖의 자랑을 하지 않고 오직 하나님이 우리에게 분량으로 나눠주신 그 분량의 한계를 따라 하노니 곧 너희에게까지 이른 것이라

바울은 자랑할 필요가 없지만 유대교 교사들이 자랑하므로 그도 자랑했습니다. 그들은 자신들이 진리를 잘 안다고 자랑했을지도 모릅니다. 그러나 바울은 여기에서 자신의 분량만 자랑하겠다고 말합니다. '내가 없으면 너희들이 어디 있느냐?' 는 말입니다. 고린도 교회는 사도 바울 일행의 사역에 의해 세워진 교회입니다. '우리의 사역이 없다면 너희들이 있을 수 있겠느냐? 그런 뛰어난 지식과 구변이 무슨 소용이 있느냐?' 이것이 바울의 말입니다. 어떤 사람은 사실 분량 밖의 자랑을 하고 있었습니다. 그들은 한 사람도 주 안에 세운 적이 없고 고린도 교회를 세우지도 않았습니다.

"곧 너희에게까지 이른 것이라". 바울은 '나는 실제만 말하겠다. 우리의 수고를 통해 세워진 교회는 바로 너희들이다. 너희들이 우리의 자랑이다. 나는 그 자랑만 하겠다' 라고 말하는 것 같습니다. 바울은 이렇게까지 말하고서도 계속 또 말해야 했습니다. 사람의 관념을 바꾸기는 그렇게 쉽지 않습니다. 고린도 성도들은 예루살렘에서 온 사람들이 정통으로 배운 지식을 고린도에 와서 가르쳐줄 때 타당성 있고 보편성이 있는 합당한 진리라고 생각했습니다. 이 생각을 바꾸기란 쉽지 않았습니다. 쉬웠다면 성경 많은 곳에 유대교 교사들과의 문제가 기록되어 있지 않았을 것입니다.

사도들에게 할당된 구역이 있음

14절, 우리가 너희에게 미치지 못할 자로서 스스로 지나쳐 나아간 것이 아니요 그리스도의 복음으로 너희에게까지 이른 것이라

주님이 허락하지 않으셨는데도 스스로 지나쳐 나아간 것이 아니라 주님이 허락하신 분량의 한계를 따라 고린도까지 갔다는 의미입니다. 즉 고린도 땅은 하나님이 사도 바울 일행에게 할당해주신 땅이라는 말입니다. 스스로 지나쳐 나아가지 않고 하나님에 의해 나아갔습니다. 사도들에게는 관할 구역이 있습니다. 고린도는 하나님께서 바울의 일행이 사역하도록 할당해주신 구역입니다. 그렇지 않다면 14절과 같은 구절이 있을 수 없습니다.

15절, 우리는 남의 수고를 가지고 분량 밖에 자랑하는 것이 아니라 오직 너희 믿음이 더할수록 우리의 한계를 따라 너희 가운데서 더욱 위대하여지기를 바라노라

유대교 교사들은 남이 세운 곳에 와서 자신들의 자랑을 많이 했습니다. 그러나 사도 바울은 그렇게 하지 않습니다. 15절은 고린도 교회 성도들의 믿음이 더하고 자랄수록 사도들의 자랑도 더 증가될 것이라고 말합니다. 어떤 형제의 밭의 소출이 풍성해지면 그 형제의 자랑이 많아지는 것과 같습니다. 바울은 언제나 자신의 분량 안에서 생각하고 자랑했습니다. 그는 분량을 벗어난 생각을 하지 않고 자랑을 하지 않았습니다. 그러나 어떤 사람들, 대적자들은 하나님께서 자신들에게 할당해주지도 않은 곳에까지 와서 자랑한 것입니다. 고린도의 성도들의 믿음이 자라고 좋아지는 것은 바울의 자랑이 되는 것입니다. 그들의 믿음이 더 자라고 그들을 통해 복음이 널리 전파되면 바울이 그만큼 위대해지는 것입니다.

16절, 이는 남의 한계 안에 예비한 것으로 자랑하지 아니하고 너희 지경을 넘어 복음을 전하려 함이라

사도들에게는 한계가 있었습니다. 남의 한계도 있고 '우리'의 한계도 있었습니다. 물론 다 한 사역이고 그리스도의 사역이지만 고린도 후서 10장에서 우리는 분명히 사도들에게 할당된 구역이 있음을 알 수 있습니다. 바울은 어디까지 가야하고 어디는 가지 않아야 하는가를 알았습니다. 만일 하나님이 다른 사도에게 그 구역을 할당하셨다면 바울은 그곳에 가지 않았을 것입니다. 그러나 적어도 고린도, 당시의 유럽, 소아시아에서는 바울에 의해 교회들이 일어났습니다. 그것은 하나님이 사도 바울에게 할당하신 구역이라는 뜻입니다. 그러므로 그 구역에 있는 교회들로 인한 자랑은 바울이 해야 했습니다.

"이는 남의 한계 안에 예비한 것으로 자랑하지 아니하고 너희 지경을 넘어 복음을 전하려 함이라". 바울은 여전히 고린도를 통해서 복음이 더 확장되기를 바랐습니다. 복음이 더 전파되기를 소망한 것입니다. 간단히 말해서 남이 일한 터전에 가서 뭔가 일을 방해하고 그들 가운데 이간을 시키며 자신을 따르는 무리를 만들고 원래의 일군을 평가하고 깎아내리는 일을 하는 사람은 원칙적인 면에서 거짓사도를 따르는 자들입니다. 사람은 자기도 모르는 사이에 자고하고 교만해져서 남이 수고한 것을 조금 일궈 놓고 자기가 다 한 것 인양 자랑하게 되는 것입니다. 이러한 일은 이천년이 지난 오늘날에도 여기저기서 자행되고 있습니다.

주 안에서 자랑하라

17절, 자랑하는 자는 주 안에서 자랑할지니라

사실 바울은 자신을 자랑하고 싶지 않았습니다. 그는 주 안에서 하는 자랑만 자랑이라고 여겼습니다. 바울은 자기에게 주님이 할당하셔서 수고한 범위 내에서 자랑한 것입니다. 유대교 교사들이며 바울의 대적자들인 그들은 주님이 할당해 주시지 않은 영역에 와서 자신들을 자랑했습니다. 주님이 알아주시지 않거나 인정하시지 않는 것을 자랑하는 것은 별 의미가 없습니다. 적어도 고린도 교회와 당시 유럽에 있는 교회들이 세워진 역사에 대한 자랑은 사도 바울과 그 일행에게 돌아가야 합니다.

18절, 옳다 인정함을 받는 자는 자기를 칭찬하는 자가 아니요 오직 주께서 칭찬하시는 자니라

자신을 옳다 하고 칭찬할 필요가 없습니다. 주님이 칭찬하셔야 합니다. 종교 개혁 당시 칼빈은 "하나님 한 분에게 인정받는 것이 온 세계의 칭찬보다 승하다."라고 말했습니다.

고린도후서 11장

2corinthians

사도 바울의 사역—중매하는 사역

1절, 원컨대 너희는 나의 좀 어리석은 것을 용납하라 청컨대 나를 용납하라

이것은 바울의 간곡한 표현입니다. 이제는 솔직하고 참된 말을 하겠다는 뜻으로 생각됩니다. 자신이 사람들에게 어리석게 보일지라도 진실 된 말을 해야만 하는 상황에 이르렀습니다. 10장부터는 사도 바울의 사도 직분에 관한 변명입니다. 고린도 성도들에게는 사도 바울에 대한 오해가 있었습니다. 그러므로 그 부분에 있어서 바울은 무언가를 말해야만 했습니다. 교회에서 최종적으로 해결되어야 할 문제는 하나님의 말씀을 전하는 사역자들과의 문제입니다. 사탄이 가장 많이 공격하는 부분도 그 부분입니다. 그것이 생명선과 같기 때문에 무너뜨리려고 합니다. 사도 바울은 자신을 성도들 앞에 세우기 위해서 혹은 자신을 높이기 위해서 자신의 사도 직분을 변명한 것이 아닙니다. 교회와 사도들 간에 정상적인 관계가 이루어져야 교회가 건강하게 전진하고 자랄 수 있기 때문에 그렇게 한 것입니다. 바울은 이 부분에 와서 정말 어려운 말을 해야 하기 때문에 어리석게 되더라도 용납하라고 성도들에게 재차 말하고 있습니다. 바울은 고린도 교회를 세운 사람입니다. 그들은 바울을 통하여 세운 바 되었는데, 거짓사도들의 미혹을 받아, 이렇게 믿음에 있어서 잘못되자 바울은 자녀 같은 자들에게 아쉬운 사람처럼 된 것입니다. "나를 용납해 달라"는 말이 그 말입니다.

2절, 내가 하나님의 열심으로 너희를 위하여 열심 내노니 내가 너희를 정결한 처녀로 한 남편인 그리스도께 드리려고 중매함이로다

'열심'은 '시기(jealousy)'로 번역되는 것이 좋습니다. 하나님은 시기하는 하나님이십니다. 사람들이 하나님 아닌 다른 것을 믿고 의지하고 사랑할 때 하나님은 시기하십니다. 그분은 질투하는 하나님이십니다. 사도는 바로 그러한 하나님의 시기를 가지고 있는 사람입니다. 사도 바울이 왜 이렇게 어리석게 될 수 있었겠습니까? 그것은 바울의 마음속에 하나님의 시기심이 있었기 때문입니다. "내가 하나님의 시기로 너희를 위하여 시기내노니". 고린도 교회 성도들이 진정으로 사랑해야 할 한 분 그리스도를 사랑하지 않고 다른 것을 향할 때 사도의 마음속에 있는 질투가 사도를 어리석게 만들었습니다. 그는 어리석게 보일 정도로 솔직한 말을 하지 않으면 안 되었습니다. 사도의 마음속에는 하나님의 시기가 있습니다. 성도들을 대할 때 그들이 어떻게 되어도 좋다고 생각한다면 참된 하나님의 종이 아닙니다. 하나님의 종들은 이 땅에서 성도들이 다른 것을 향할 때 그 속에 시기가 일어납니다. 그러한 시기가 바울에게 있었던 것입니다.

"내가 너희를 정결한 처녀로 한 남편인 그리스도께 드리려고 중매함이로다". 여기에서 사도 바울이 하는 사역은 간단하게 말하면 중매하는 사역입니다. 사도 바울은 성도들을 자신에게 중매하지 않았습니다. 그는 성도들을 정결한 처녀라고 말했습니다. 성도들은 정결한 처녀가 되어야 합니다. 사역자들은 성도들이 처녀로서 한 남편이신 그리스도께로 그 마음이 향하고 한 남편이신 그리스도께 매혹되며 한 남편이신 그리스도를 사랑하도록 중매를 해야 합니다. 바울은 성도들을 그리스도께 중매하는 데 전문가였던 것 같습니다. 오늘날도 사도들의 사역은 다른 것이 아닌 성도들이 그 마음속에 다른 것이 없는 순수하고 정결한 처녀로서 그리스도를 사랑하고 그분께 온전히 마음을 다 드릴 수 있도록 하는 것입니다. 이것이 바로 중매하는 사역입니다. 그러나 사역자들 중 어떤 이들은 자신의 자랑을 너무 많이 하여 성도들을 자신에게로 중매하는 일을 하기도 합니다. 입으로는 주 예수를 말하고 주님을 사랑하게 하려고 할지라도 자신을 자주 내세우는 것은 합당치 않습니다. 바울의 사역은 성도들을 그리스도께 중매하는 것이었습니다.

3절, 뱀이 그 간계로 이와를 미혹케 한 것 같이 너희 마음이 그리스도를 향하는 진실함과 깨끗함에서 떠나 부패할까 두려워하노라

동산에서 뱀은 이와를 미혹케 함으로 그리스도를 대표하는 생명나무에서 떠나 지식으로 향하게 했습니다. 고린도 교회 성도들은 그리스도를 향하는 진실함과 깨끗함에서 떠났습니다. 진실함은 단순함(simplicity)입니다. 깨끗함은 순수함(purity)입니다. 원래 고린도 교회 성도들은 단순하고 깨끗하게 주님만을 사랑했습니다. 그런데 유대교 교사들이 와서 고린도 교회 성도들에게 영향을 주어 그들의 마음이 순수하게 주님을 사랑하는 데서 떠나게 되었습니다. 사도 바울의 두려움은 무엇입니까? 이와가 미혹된 것 같이 성도들이 그리스도를 향하는 데에서 떠나게 되는 것입니다. 그렇게 될 때 부패하게 됩니다. 바울은 그것을 두려워했습니다.

사역은 성도들을 다만 한 분 그리스도께 향하게 하고 그분을 사랑하게 하는 것입니다. 그리고 주님을 마음속에 받아들이게 하여 주님과 더 친근하게 만들어주는 것입니다. 그러나 어떤 사람들은 성경을 가지고 이야기하고 진리를 말한다 하지만 결과적으로 얼마든지 주님 한 분을 단순하게 사랑하는 데에서 벗어나 다른 것을 향하게 할 수 있습니다. 어떤 지식이나 교리를 향하게 합니다. 심지어 그리스도에 대한 것들, 그리스도를 위한 것들조차도 그리스도 자신은 아닙니다. 그러한 것들을 향하게 하는 것도 성도들을 미혹케 하는 것입니다. 성경에 대한 지식조차 그리스도를 대치할 수 있다는 것을 알아야 합니다. 또한 어떤 일도 마찬가지입니다. 오늘날 많은 곳에서 주님의 이름을 걸어놓고 성도들을 어떤 의미 있는 일로, 지식으로, 대치하여 인도하는 것을 봅니다. 탁월한 가르침을 만나면 사람들은 모르던 것을 아는 재미가 있기 때문에 자신이 지금 주님 자신에게서 멀어지는 것도 모르고 거기에 빠지는 것입니다.

저도 이러한 열심, 시기가 있습니다. 그러므로 때로 저는 "나는 여러분이 주님 자신을 사랑하는 데에서 떠나는 것이 마음 아프다."라고 말합니다. 어떤 의미 있어 보이는, 소위 주님을 위한다는 많은 일들도 주님 자신을 대치하는 것들이 얼마든지 있습니다. 사람들은 주님을 위해 어떤 것을 해야 한다, 하지 말아야 한다 하지만 나는 성도들이 무엇을 하고 하지 않고의 문제가 아니라 그렇게 주장할 때 과거에 단순하게 주님을 사랑했던 데에서 여러분이 멀어지고 있다는 것에 대하여 마음 아파하는 것입니다. 그래서 그것에 대해 경고하고자 말씀드리는 것입니다.

4절, 만일 누가 가서 우리의 전파하지 아니한 다른 예수를 전파하거나 혹 너희의 받지 아니한 다른 영을 받게 하거나 혹 너희의 받지 아니한 다른 복음을 받게 할 때에는 너희가 잘 용납하는구나

사도들은 그리스도를 전파했습니다. 어떤 이들은 예수를 전하기는 했지만 다른 예수를 전했다고 했습니다. 영을 받게 하긴 하지만 다른 영을 받게 하고 복음을 받게 하지만 다른 복음을 받게 한다고 했습니다. 이들이 전한 다른 예수, 다른 영, 다른 복음은 어떤 것입니까? 그것은 사도 바울이 전한 예수, 사도 바울이 전함으로 성도들이 받은 영, 그가 전한 복음이 아닌 뭔가 다른 것입니다. 예수를 말하기는 하지만 지식에 있는 예수, 문자로 된 예수를 말했을지 모릅니다. 그런 예수를 받았을 때의 영은 예수의 영, 즉 성도를 매우 사랑하고 겸손하고 낮아지고 성도를 섬기는 그리스도의 영이 아닌 교만하고 남을 멸시하고 판단하고 정죄하는 영입니다. 그들은 분명히 예수에 대한 것을 듣고 복음이라는 것을 받았을 터인데 바울은 그것을 다른 영, 다른 예수, 다른 복음이라고 말했습니다. 고린도 교회 성도들은 그것을 잘 용납했습니다. 성도들은 잘 모릅니다. 이천 년 전부터 오늘에 이르기까지 성도들은 무엇이든 잘 용납할 때가 많습니다. 이것을 바라보는 사도들의 마음은 애가 탔습니다.

바울의 사도직의 변명

5절, 내가 지극히 큰 사도들보다 부족한 것이 조금도 없는 줄 생각하노라

지금부터 바울은 어리석은 말을 합니다. 여기에 '지극히 큰 사도들'은 베드로나 요한 같은 원래 주님이 세우셨던 사도들을 지칭하는 것이 아닐 것입니다. 고린도 성도들은 유대교 교사들도 사도들이라고 생각했고 그들이 예루살렘으로부터 왔으므로 아마도 그들에게는 큰 사도들로 보였을 것입니다. 사도 바울은 그들에 대해 지극히 큰 사도들이라고 하면서 자신이 사실 그들보다 조금도 부족하지 않다고 했습니다. 사실을 말한다면 비교할 수 없습니다. 사도 바울은 그들보다 훨씬 뛰어납니다. 그러나 바울은 고린도 성도들을 위해 이러한 말을 부득이 해야 했습니다.

6절, 내가 비록 말에는 졸하나 지식에는 그렇지 아니하니 이것을 우리가 모든 사람 가운데서 모든 일로 너희에게 나타내었노라

바울의 말은 그리 유창하거나 기술적이지 않았습니다. 성경 여기저기에서 볼 때 확실히 사도 바울의 언변은 그렇게 좋지 않은 것을 알 수 있습니다. 어떤 학자들은 사도 바울이 말을 더듬었다고까지 말합니다. 그는 말을 유창하고 아주 유식하게 하지는 못한 것 같습니다. 그러나 바울은 지식에서는 그렇지 않다고 말합니다. 그는 말을 잘 못하기 때문에 사람들로부터 어떤 말을 들었을 가능성이 있습니다. 그러나 바울은 그 말을 인정하면서 지식에는 그렇지 않다고 했습니다. 말에는 다소 부족하나 그가 가진 지식에 있어서는 부족함이 없었을 것이라 여겨집니다.

“이것을 우리가 모든 사람 가운데서 모든 일로 너희에게 나타내었노라”. 바울 자신이 그래도 지식이 있는 사람이라는 것을 고린도 교회 성도들에게 상기시켜 주어야만 그의 사도직을 그들에게 합당하게 변명할 수 있게 되는 그러한 상태까지 이르게 된 것입니다. 성도들은 어리석어서 사도들로 하여금 이러한 말까지 하게 합니다. 성도들은 마땅히 은혜를 받고 잘 자라서 사도들이 이런 말을 하도록 만들지 말아야 할 것입니다.

물질에 대한 오해

7절, 내가 너희를 높이려고 나를 낮추어 하나님의 복음을 값없이 너희에게 전함으로 죄를 지었느냐

사도들의 마음은 복음을 전하고 진리를 가르쳐서 성도들을 높이는

데 있습니다. 사도들의 마음은 부모와 같습니다. 어떤 부모가 자녀가 잘 되는 것을 마음 아파하겠습니까? 모든 부모들은 자녀들이 자신보다 더 잘 되는 것을 좋아합니다. 사도들은 부모와 같이 성도들을 높이려고 자신을 낮추었습니다. 사도가 자신을 낮춘 증거는 하나님의 복음을 값없이 전한 것, 즉 고린도 성도들에게서 물질적인 공급을 받지 않은 것입니다. 바울은 성도들에게 자신을 낮추어 전했습니다. 그는 이것이 그들에게 죄를 지은 것이냐고 물었습니다. 우리는 이 말씀에 근거할 때 하나님의 복음을 전하면서 요를 받지 않아야 합니다. 복음을 전하고 대가를 받는 일은 삼가야 할 한 가지 일입니다. "하나님의 복음을 값없이 너희에게 전하므로". 우리는 복음을 거저 받았으니 거저 주어야 합니다. 우리는 복음을 거저 받아놓고 남에게 복음을 전하고 돈을 받는다면 어긋나도 한참 어긋난 것입니다. 바울은 고린도 성도들에게 복음을 전할 때 자신을 낮추어 값없이 복음을 전한 것입니다. 거짓교사들은 자신들을 높이고 성도들의 뺨을 때리는 식의 사역을 합니다. 그러나 바울은 성도들을 존귀케 하는 사역을 한 것입니다. 이것이 큰 하나의 대비입니다. 이는 말하는 방식으로 구별할 수 있는 것이 아닙니다. 이러한 구별도 역시 영적인 것입니다. 진정으로 성도들을 사랑하는 사람들은 성도들을 영 안에서 존중하는 방식의 사역을 하는 것입니다.

8절, 내가 너희를 섬기기 위하여 다른 여러 교회에서 요를 받은 것이 탈취한 것이라

바울은 고린도 교회에서는 아무 것도 받지 않으면서 전했습니다. 반면에 여러 교회에서 물질의 공급을 받았습니다. "다른 여러 교회에서 요를 받은 것이 탈취한 것이라". 이것은 반어법입니다. 바울이 정말 탈취한 것은 아닙니다. 어찌 보면 어리석은 표현을 쓰고 있는 것입니다. 이러한 말투로 본다면 고린도 성도들은 사도 바울이 물질을 받지 않은 것조차 의문을 갖고 있었다는 것을 알 수 있습니다. 바울은 이 부분에 있어서도 해명을 해야 했습니다. 바울은 사람들의 물질을 받지 않았는데도 물질에 관한 오해를 받았습니다. '아마 지금은 받지 않지만 나중에는 받을 것이다. 자신이 직접 받지는 않아도 동역자들을 통해서 받을 것이다.' 등과 같은 오해입니다. 물질에 있어서 사도 바울을 공격한 것입니다. 그렇지 않다면 여기에서 탈취했다는 표현을 쓸 필요가 없었을 것입니다. '탈취했다(robbed)'는 상당히 강한 표현입니다. 우리는 사도와 성도들 사이에 오해가 있었다는 것을 유추해볼 수 있습니다. 7절의 "하나님의 복음을 값없이 너희에게 전함으로 죄를 지었느냐", 8절의 "다른 여러 교회에서 요를 받은 것이 탈취한 것이라"는 표현은 바울에게 물질에 관한 오해를 풀어야 할 숙제가 있음을 보여줍니다.

여기서 바울은 고린도 교회를 섬길 때 다른 교회에서 받은 물질을 사용하며 섬겼다는 힌트를 말합니다. 바울은 다른 교회에게서 받은 물질로 고린도 교회를 섬겼으니 그것이 탈취한 것이 아니냐고 풍자식으로 말한 것입니다. 고린도 교회는 실상 다른 교회에게 빚을 지고 있는 것입니다. 그들은 당연히 그들의 교회를 사역할 때 그들이 사도의 경제적인 필요를 돌보아야 했을 것입니다. 그러나 그들은 헌금을 하지는 않고 바울을 물질적인 면에서 비평을 가한 것입니다. 고린도 성도들은 물질에 있어서 매우 타산적이고 빠른 감각을 갖고 있었던 것 같습니다. 당시 고린도는 상업도시였으니 그럴 만도 합니다. 그들은 사도들의 재정을 돕지는 않으면서 사도의 금전에 대하여 평론한 것 같습니다. 이 모든 것도 그들 스스로 행동을 했다기보다도 바울의 대적자들의 영향을 받아 미혹되어 그렇게 말하는 것입니다. 대적자들은 바울이 자급생활을 하고 돈을 받지 않는 것이 오히려 사람들을 거짓되이 속이려는 술책이라고 공격하였습니다. 혼자 신령한 체하고 사람들에게 일부러 청렴한 것처럼 비취도록 꾸미는 것이라고 한 것입니다. 오히려 자신들이 정당하게 받을 것 받고 투명하게 사역하는 것이 신사적이고 합당한 것이라는 말입니다. 그들의 말에 의하면 바울은 고린도에서 매우 궤사스런 일을 하는 사람이 되어버린 것입니다. 바울은 고린도에서 사역 할 때 그의 부족한 물질을 다른 교회들이 공급하였습니다. 고린도 교회로부터는 받지 않았습니다. 그런데 그들은 거짓 교사들에 미혹되어 사역자의 금전 문제를 판단한 것입니다.

9a절, 또 내가 너희에게 있어 용도가 부족하되 아무에게도 누를 끼치지 아니함은 마게도냐에서 온 형제들이 나의 부족한 것을 보충하였음이라.

바울은 고린도에 있을 때 물질이 부족했다고 솔직히 말했습니다. 그것은 고린도 교회에서는 아무에게서도 물질을 전혀 받지 않았기 때문입니다. 바울이 고린도 교회 성도들에게서 물질을 받았다면 오해가 더 크게 일어나 문제가 생길 가능성도 있었을 것입니다. 물질을 받지 않았는데도 문제가 생겼는데 물질을 받았다면 더 큰 문제가 생기지 않았겠습니까? 이 말은 바울과 고린도 교회의 관계가 건강치 않았다는 것을 증명합니다. 교회는 물질 문제에 있어서 바울을 오해했고 바울은 성도들로부터 그러한 오해를 받고 있었습니다. 이런 상태는 건강치 않고 매우 슬픈 상태입니다. 교회는 물질 문제에 있어서 사도를 오해했고 사도는 받지 않으려고 했습니다. 이것은 교회의 성도들이 정말 회개하고 슬퍼해야 할 일입니다. 이런 상태에서 사도 바울은 자신의 입장을 설명하고 있습니다.

9b절, 내가 모든 일에 너희에게 폐를 끼치지 않기 위하여 스스로 조심하였거니와 또 조심하리라

바울은 과거에도 이 부분에 있어서 조심했고 앞으로도 조심하겠다고 말합니다. 고린도 성도들에게서는 물질의 공급을 전혀 받지 않겠다는 것입니다. 이 문제에 있어서 고린도 성도들은 바울을 오해했는데, 그것은 바울에게 잘못된 의도가 있다거나 물질에 대한 불순한 생각이 있다는 것입니다. 이 부분의 말씀을 통해서 우리 사역하는 사람들은 성도들에게 금전적인 대가를 바라고 섬겨서는 안 된다는 것을 반드시 배워야 합니다. 심지어 오해를 받는 한이 있다하더라도 성도들을 순수한 심정과 사랑의 마음으로 섬겨야 합니다.

10절, 그리스도의 진리가 내 속에 있으니 아가야 지방에서 나의 이 자랑이 막히지 아니하리라

여기의 '진리'는 참된 것을 의미합니다. 바울은 말합니다. "내 안에 그리스도의 참이 있다. 진실함이 있다." 바울은 오해하는 성도들에게 자신이 얼마나 그리스도의 참된 것과 진실함 안에서 행하는 자인가를 알려주고 있습니다.

"아가야 지방에서 나의 이 자랑이 막히지 아니하리라". 바울은 오히려 그의 참된 것들, 참된 의도와 행동, 진실함이 그의 자랑이라고 말했습니다. 고린도 성도들은 오해하고 의심했지만 바울은 그 부분에 대해 이것이 그의 자랑이라고 말했습니다. 이는 아주 모순적이고 대조적입니다. 고린도 성도들은 그 부분에서 바울에 대하여 큰 불신이 있었는데 바울은 그것이 바로 그의 자랑이라고 말합니다. 진정한 주의 종들에게는 사람들이 오해하고 판단하는 부분에 있어서 그것이 드러나게 될 때 오히려 칭찬과 자랑거리로 드러나는 것이 있습니다. 사람들이 오해하고 판단하는 일에 있어서 더 나쁘게 드러나는 경우가 있다면 그것은 이 세상에서나 있을 수 있는 일이지 진실한 주의 종들 가운데는 있을 수 없는 일입니다. 만일 여기서 고린도 사람들이 바울을 판단하고 오해하지 않았다면 바울의 그러한 선한 동기와 아름다운 심정은 드러나지 않았을 것입니다. 그러나 고린도 성도들의 오해는 바울의 주 안에서의 자랑거리가 드러나게 한 것이 되었습니다.

과거에 사람들로부터 상당히 비판을 많이 받은 주의 종 한 사람 있었습니다. 나는 그 이야기를 자세하게 들은 적이 있습니다. 많은 사람들이 그의 잘못을 지적했고 그것은 주로 주의 종이 사업을 한다는 것과 관련되어서 일어난 일입니다. 그 일로 말미암아 그는 자신이 세운 교회에서 거절당하고 쫓겨난 적이 있습니다. 6년여 세월이 흘렀고 그의 사역이 회복되었을 때 비로소 그는 입을 열어 당시 그가 사업을 하게 된 동기를 말하게 되었는데 그의 동기는 실로 많은 사람의 마음을 감동케 했습니다. 그는 많은 가난한 동역자들을 돕기 위해 친히 일을 하게 된 것입니다. 그는 많은 가난한 동역 자들의 삶을 돌아보아야 했습니다. 그러나 막상 그는 많은 동역자들의 가난한 삶을 돕기 위해 사업을 했지만 그 모든 동역자들을 포함한 많은 성도들이 그를 오해하고 떠났습니다. 그는 자신이 마치 자식이 많은 가난한 집의 과부처럼 자식들을 위해서 재가를 하여 경제적으로는 부유하게 되었지만 자식들이 다 떠났다고 말했습니다. 그는 '가난한 동역자들을 위해서 사업을 했건만 재혼한 여인에게 자식들이 다 떠난 것처럼 동역자들이 다 떠난 꼴이 되었다' 고 한 것입니다. 결국 그는 사업을 통해 번 돈으로 큰 예배처소를 건립하는 일에 절반을 투입하였습니다. 우리는 그런 이야기를 들으면서 사람들의 오해는 얼마나 피상적일 수 있는가와 참된 주의 종들의 동기와 행함에 있어서는 얼마나 진실하고 보배로운가하는 귀함을 보게 되었습니다.

어떤 교회에서는 한 불량한 자매 한 사람으로 말미암아 간음의 오해를 받아 쫓겨난 주의 종의 경우도 들었습니다. 그러나 그 종은 한 마디 변명도 하지 않고 멀리 가서 일을 하며 살았습니다. 나중에 그 자매가 거짓말한 것을 고백하였고 교회는 눈물로 회개하고 다시 쫓아낸 목회자를 찾았다는 말도 들었습니다. 사람들의 오해는 종종 참된 주의 종들의 진실함과 자랑거리가 드러날 기회를 줍니다.

11절, 어떠한 연고뇨 내가 너희를 사랑하지 아니함이냐 하나님이 아시느니라

바울이 돈을 받지 않고 조심하는 것이 고린도 성도들을 사랑하지 않기 때문이 아니라는 것입니다. 그는 성도들을 사랑했습니다. 교회와 사도들과의 관계에 있어서 물질은 아무 것도 아닙니다. 적어도 바울에게는 돈을 받고 받지 않는 것이 큰 일이 아니었습니다. 그러나 성도들에게는 물질이 큰 것이었습니다. 그러므로 물질을 가지고 논란하는 것입니다. 오늘도 주님의 사역자들에 대한 논란은 주로 물질로 인해 일어납니다. 사람들은 물질을 크게 보지만 여기에서 물질은 바울의 안중에도 없습니다. 그는 "물질을 너희에게서 받지 않고 다른 사람에게서 받아 사역했으나 내가 너희를 사랑하는 것에는 전혀 차이가 없다. 하나님이 아신다."라고 말했습니다.

12절, 내가 하는 것을 또 하리니 기회를 찾는 자들의 그 기회를 끊어 저희로 하여금 그 자랑하는 일에 대하여 우리와 같이 되게 하려 함이로라

바울은 항상 이러한 것을 하는데, 바울이 하는 것은 기회를 찾는 자들의 그 기회를 끊어 저희로 하여금 그 자랑하는 일에 대하여 그들과 같이 되게 하는 것입니다. 이 당시에도 기회를 찾는 사람들이 있었습니다. 성도들을 탈취하고 그 마음을 얻어 자기를 따르게 하고 건강한 진리에서 벗어나게 하는 일을 하는 사람들은 기회를 찾는 사람들입니다. 여기서 거짓교사들은 조금 지나면 바울이 결국은 자급전도를 하지 못하고 끝날 것이라고 확신하는 가운데 날을 기다렸던 것이고 그 기회를 찾아 자신들이 참된 교사들임을 선포하려고 한 것입니다. 그들은 바울의 근원이 전능하신 하나님에게 있다는 것을 잊고 있는 것입니다. 자신들이 하나님 앞에서 일하지 않으므로 다른 사람들도 그럴 것이라고 생각합니다. 바울의 공급이 하늘에서 온다는 사실을 그들은 알지 못한 것입니다. 바울은 사람을 의지하여 일하지 않았습니다. 공급이 부족하더라도 헐벗고 굶주리면서도 그는 해 나갔습니다. 오히려 바울은 계속 이 길(자급하여 사역함)을 충실하게 감으로써 그들의 기회를 끊어버리고자 한 것입니다. 다른 사역자들이 사역하려면 바울 일행이 한 것과 같이 하여(자급 전도식으로 하여) 바울 일행이 하나님 앞에서 자랑이 있듯이 그들도 그렇게 되기를 바랐습니다. 지금까지 바울이 하는 말들은 기회를 찾는 자들의 기회를 끊는 말입니다. 바울이 하는 일은 바로 이러한 일이었습니다. 사역자들의 일은 열심을 내서 주님을 소개할 뿐만 아니라 기회를 찾는 사람들의 기회를 끊는 일도 해야 했습니다. 사탄의 일은 기회를 틈타는 일이므로 매우 조심해야 합니다. 우리는 여기서 사역자들이 자급 사역하는 것은 하나님 앞에 기쁨과 자랑이 된다는 귀한 사상을 발견합니다.

거짓 사도들

13절, 저런 사람들은 거짓 사도요 궤휼의 역군이니 자기를 그리스도의 사도로 가장하는 자들이니라

11장에 와서는 바울이 매우 강해졌습니다. 5절에서 그는 유대교 교사들, 지극히 큰 사도라는 사람들보다 자신이 조금도 부족하지 않다고 말했으며, 3절에서는 그런 사람들을 거짓 사도요 궤휼의 역군이요 자신을 그리스도의 사도로 가장하는 자들이라고 했습니다. 이것들(궤휼이라든가 가장한다는 말 등)은 그들을 확실하게 규정을 하는 말입니다. 어떤 사람이 거짓사도를 쉽게 판별할 수 있다고 자만한다면 그는 이미 속임을 당하고 있거나 속임을 당할 가능성이 농후합니다. 일단 거짓 사도에게 미혹되면 너무나 오랜 세월을 낭비하게 됩니다. 거짓 교사도 외모로서는 참 좋을 수 있습니다. 그러므로 우리는 주님의 말씀에 따라 그 열매로 그 나무를 알아야 합니다. 이 일에 있어서 사람은 누구나 주관적이기가 쉽기 때문에 주님은 열매로 그 나무를 알라고 한 것입니다. 열매가 나오기 까지 사람은 그 나무를 정확히 알 수 가 없습니다.

사람은 누구나 자기가 한 번 믿은 사람에 대하여 쉽게 객관적으로 점검하기가 어렵습니다. 그러므로 현 시대에는 이단들도 많고 많은 사람이 잘못 빠져들고 있는 것입니다. 누구나 자기의 판단을 가장 신뢰합니다. 그러므로 교정도 매우 어렵습니다. 심판 때에서야 모든 것이 분명히 드러날 것입니다. 바울은 그들에 대하여 매우 직접적인 방식으로 선언을 했습니다. "그들은 거짓사도요, 궤휼의 역군이니". "그리스도의 사도로 가장하는 자들이라". 이 말을 들은 고린도 교회 사람들은 더 이상 그들에게서 들어서는 안 되었습니다. 바울의 귀한 점이 직선이라는 것입니다. 그는 소위 정치하는 사람들처럼 은근히 돌려서 말하지 않았습니다. 이는 그들이 고린도 교회에 끼친 해악이 너무 크기 때문입니다. 그들은 고린도 교회 성도들이 참된 하나님의 말씀을 받지 못하도록, 따라서 교회가 건축되지 못하도록 많은 악한 말들을 퍼뜨리고 있습니다. 바울이 만일 그들에 대하여 분명히 말하지 않으면 더 많은 사람들이 악한 말들로 인하여 해를 입을 것입니다.

14절, 이것이 이상한 일이 아니라 사탄도 자기를 광명의 천사로 가장하나니

바울은 거짓 사도라고 한 사람들을 사탄과 연결시켰습니다. "사탄도 자기를 광명의 천사로 가장하니". 우리는 쉽게 알 수 없습니다. 겉모양으로는 사람을 잘 알 수 없습니다. 겉으로는 너무나 신령해보이고 인자하며 사랑이 많습니다. 겉으로는 양의 옷을 입고 나아오지만 속에는 노략질 하는 이리인 것입니다. 겉모양이 착하고 인자하신 주님을 닮았으니 사람들이 어떻게 알겠습니까?

15절, 그러므로 사탄의 일꾼들도 자기를 의의 일꾼으로 가장하는 것이 또한 큰 일이 아니라 저희의 결국은 그 행위대로 되리라

많은 사역자들이 주님의 심판대 앞에 설 것인데 그때 그들이 행한 대로 보응을 받을 것입니다. 성도들을 주님 한 분께로, 생명나무로 인도하지 않고 헛된 데로 인도하여 사람들을 미혹하고 잘 자라지 못하게 하는 사역자들은 주님 앞에서 심판을 받을 것입니다. 바울은 이러한 사람들을 그리스도의 사도로 가장하는 자들이라고 했습니다. 그는 이것이 이상한 일이 아니라고 말합니다. 구약시대에도 거짓 선지자들이 있었고 그들은 거짓된 말을 많이 하였습니다. 오늘날도 참된 것을 좋아하지 않고 거짓된 것을 사랑하는 많은 자들이 결국 이러한 거짓 사도들의 농간에 다 넘어가게 됩니다. 사탄은 이와같이 하여 그의 어두움의 왕국을 넓혀가는 것입니다. 그러나 결국 하나님 앞에 갈 때 모든 거짓된 일꾼들은 그들의 거짓된 일들의 결국이 만천하에 드러날 것입니다.

바울의 참된 자랑

16절, 내가 다시 말하노니 누구든지 나를 어리석은 자로 여기지 말라 만일 그러하더라도 나로 조금 자랑하게 어리석은 자로 받으라

이 말에는 조금의 교리도 없고 이해하는 데 어려움도 없습니다. 그러나 이 말은 사도 바울이 어떤 말을 해야겠다는 강한 부담이 있는 표현입니다. 1절에서 그는 어리석은 것을 용납하라고 말하고서 16절에서는 자신을 어리석은 자로 여기지 말라고 했습니다. 그리고서 또 '만일 그러하더라도 나로 조금 자랑하게 어리석은 자로 받으라' 고 했습니다.

바울은 자신의 말을 한다는 것이 어리석은 일이라고 말하고 그러나 어리석은 말을 하지 않을 수 없는 고충을 말하고 있는 것입니다. 간단히 말하면 또 다시 어리석은 말을 하더라도 업신여기지 말고 받으라고 하며 혹 어리석게 들리더라도 좀 잘 들어보라는 말입니다.

17절, 내가 말하는 것은 주를 따라 하는 말이 아니요 오직 어리석은 자와 같이 기탄없이 자랑하노라

"내가 말하는 것은 주를 따라 하는 말이 아니요". 그는 주님으로부터 자신을 자랑하라는 명을 받았다고 말하지 않습니다. 교만하고 자랑하는 것은 육체의 일입니다. 사람은 그리스도를 자랑해야지 사람을, 그것도 자신을 자랑하지 말아야 합니다. 주님이 일반적으로 그런 일을 허락하지 않으십니다. 그러니 바울이 자신을 자랑하는 말을 주를 따라 하는 말인 것처럼 할 수 없습니다. 바울은 그리스도인들이 자기를 칭찬하는 것이나 자랑하는 것을 주님의 명령으로 삼아 할 수 없고 항상 필요한 것이 되지 않도록 하기 위하여, 분명히 '이는 주를 따라 하는 말이 아니라' 고 합니다. 그러나 그가 하는 이러한 자랑은 자신을 세우기 위해서나 자랑하기 위한 것이 아니었습니다. 그런 경우(그의 중심과 의도가 오직 주님의 교회와 성도들을 위한 것임)라 하더라도 바울은 그러한 말이 끼칠 악영향을 생각하지 않을 수 없었던 것입니다.

18절, 여러 사람이 육체를 따라 자랑하니 나도 자랑하겠노라

이런 말은 우리가 듣기에 전혀 영적인 것 같지 않습니다. 누가 이렇게 말한다면 '하나님의 종이 어찌 남이 육체를 따라 자랑한다고 따라서 자랑할 수 있겠습니까?' 라고 말할 것입니다. 그러나 이러한 말씀이 성경에 기록되어 있습니다. 이러한 말을 한 바울을 통해서 우리는 소위 십자가라는 것이 반드시 어떤 형편이든지 아무 말도 하지 않고 모든 것을 주님과 시간에만 맡기는 것이 아님을 봅니다. 여기서 우리는 바울이라는 사람이 기탄없이 말한다고 하며 어리석은 자랑을 한다고 말하지만 매우 절제되고 온전한 영으로 말하고 있음을 느낄 수 있습니다. 그는 십자가를 진다고 하면서 침묵을 지키는 것으로 사탄에게 기회를 내어주지 않았습니다. 그는 자신이 할 수 있는 모든 것을 다하여 사탄의 공격을 막았습니다. 우리는 갈렙이나 바울처럼 하나님의 일에 적극적인 영을 가질 필요가 있습니다. 오늘날 하나님은 그분과 하나 되어 동역할 사람이 필요합니다. 그분의 역사와 간증을 위해 필요한 것입니다. 그러나 유감스럽게도 많은 사람들이 소위 영적인 세계와 십자가를 깊이 체험한다하여 마땅히 우리 편에서 감당해야 할 일들을 보류하거나 팽개쳐 버립니다. 모든 일을 그저 막연히 하나님께 맡겨놓는 것입니다. 그럴 때 많은 주의 일들이 사탄의 수중에 떨어져 버리는 것입니다.

19절, 너희는 지혜로운 자로서 어리석은 자들을 기쁘게 용납하는구나

여기서 그는 고린도 교회 성도들을 지혜로운 자라고 말하고 유대교 교사들을 어리석은 자라고 말했습니다. 또한 자신도 어리석은 자라고 했습니다. 이 말씀에서 누가 어리석은 자인지 누가 지혜로운 자인지 이해하기 어렵습니다. 고린도 사람들은 헬라인들이니 지혜를 찾는 사람들이지만 주 안에서는 어린 아이들이었고 그다지 지혜롭지 않았습니다. 그러나 바울은 그들이 지혜롭다고 했습니다. 물론 지혜로운 면도 없지 않아 있었을 것입니다. 바울은 고린도 성도들의 총명한 마음과 지혜로운 영을 일깨워주고 싶었을 것입니다. 바울은 자기들을 자랑한 거짓교사들을 어리석은 사람들이라고 했습니다. 참으로 그들은 꽉 막혔으며 어리석은 사람들입니다. 곧 바울의 가르침을 받고 깨닫고 순종하게 될 고린도 성도들은 지혜롭습니다. 거짓교사들처럼 꽉 막힌 사람들이 아닙니다. 그러나 현재 고린도 교회 성도들이 행한 일은 지혜롭지 않았습니다. 그들이 지혜로웠다면 어리석은 사람들을 용납할 리가 없습니다. 바울은 지혜로운 고린도 성도들을 신뢰하면서 여러 말로 잠시 속임 당한 부분을 일깨워주고 있는 것입니다. 이 말씀들은 반어적인 뜻이 많이 들어 있으므로 말씀을 잘 이해해야 합니다.

20절, 누가 너희로 종을 삼거나 잡아먹거나 사로잡거나 자고하다 하거나 뺨을 칠지라도 너희가 용납하는도다

예로부터 오늘날까지 성도들은 분별력이 없을 때가 많습니다. 그들은 누가 누군지 잘 알지 못함으로 겉으로 보기에 좋다하면 그저 아무나 용납합니다. 심지어 유대교 교사들이 와서 그들을 종으로 삼고 잡아먹고 사로잡고 그들을 자고하다 하고 뺨을 칠지라도 잘 용납했습니다. 참된 사도들은 그들을 자라게 하여 하나님 앞에 세우고자 합니다. 그들에게 자유를 주고 그들로 하여금 스스로 판단하여 길을 잘 가도록 가르칩니다. 이런 사역은 고난을 수반합니다. 그러나 거짓 교사들은 가르치고 또 가르친 결과 그들에게 종속되게 만들고 그들의 종이 되게 하는 것입니다. 이는 자신도 잘 모르는 것입니다. 종속된 사실을 모릅니다. 속임을 당하기 때문입니다. 잡아먹는다는 표현도 매우 강하지만 실제적인 것이고 뺨을 친다는 것도 그러합니다. 어떤 성도들은 이미 어떤 거짓된 교사들에게 먹히어 그들의 뱃속에 들어가 있는데도 알지 못합니다. 그들은 자신들이 가장 행복하다고 간증하기도 합니다. 많은 사람들이 입만 열면 스스로를 자랑하고 높이는 설교를 계속해서 좋아하며 듣고 있습니다. 여기서 '자고하다 하거나'는 '자고하거나(if a man exalt himself)입니다. 많은 성도들이 어떤 때 자신들이 뺨을 맞고 있는데도 웃으면서 매우 즐거워합니다. 그들은 무엇이 천박하게 여김을 받는 것인지, 존귀히 여김을 받는 것인지를 알지 못합니다. 경험이 없기 때문이기도 할 것입니다. 사도는 성도들이 어찌 거짓된 교사들이 와서 뺨을 치는데도 잘 용납하느냐고 묻고 있습니다. 우리는 거짓교사들이 어떤 사람들인지 알지만 성도들의 분별력은 약합니다. 거짓 교사들일수록 성도들을 무시하는 것입니다. 그들은 자신들만이 잘 알고 있을 뿐 성도들은 아무것도 모르는 것처럼 가르칩니다. 사도바울은 그러한 식으로 가르치지 않았습니다. "너희가 알지 못하느냐"라든지 "너희가 이미 알고 있으나"라든지, "너희가 알거니와" 등은 그들을 아무 것도 모르는 자들로 여기지 않습니다. 그리고 얼마동안 배우면, 즉 어느 단계까지 배우면, 더 이상 배울 필요가 없다는 식으로 가르치게 됩니다. 그것은 생명의 양육이므로 그러합니다. 마치 아이들이 초등학교를 다니면, 중학교, 고등학교, 대학교, 그 다음은 졸업하고 스스로 직업을 갖고 무언가 할 수 있도록 해줍니다. 그러나 어떤 사람들은 졸업이 없고, 승급이 없습니다. 언제나 어린 아이 상태에 두고 듣기만 잘하라고 합니다. 이 모든 상태가 정상이 아닌 것입니다. 그들에 대한 진정한 사랑이 없는 것입니다. 만일 성도들에 대한 진정한 사랑이 있다면 그들이 온전케 되어 그들도 자신이 하는 일을 하도록 봉사나 은사에 있어서 온전함을 주도록 최선을 다 할 것입니다.

21절, 우리가 약한 것 같이 내가 욕되게 말하노라 그러나 누가 무슨 일에 담대하면 어리석은 말이나마 나도 담대하리라

바울은 자신을 약하다고 했으며 욕되게, 부끄럽게 말한다고 했습니다. 전혀 영적인 것 같지 않은 표현들입니다. 바울은 자신이 이제부터 자랑하려고 하는 말을 영적이고 고상한 말이 아니라 약하고 욕된 말이라고 하면서, 또 사람들이 보기에 다른 사람들이 공격하는 것을 맞받아치는 것 같이 보이고 육으로 반응하는 것처럼 보일지라도 부득이 말하겠다는 뜻입니다. 많은 사람들, 특히 유대인들은 고린도 인들에게 이미 담대하게 많이 자랑을 했습니다. 바울은 이점에 있어서 자신 또한 담대하겠다고 말합니다.

22절, 저희가 히브리인이냐 나도 그러하며 저희가 이스라엘인이냐 나도 그러하며 저희가 아브라함의 씨냐 나도 그러하며

바울은 히브리인이고 이스라엘인이며 아브라함의 씨입니다. 모든 면에서 그는 부족함이 없었습니다. 유대교도들이 자신들이 히브리인임을 자랑했다면 바울도 히브리인입니다. 그들이 이스라엘인이고 아브라함의 씨이면 바울도 그러합니다.

참된 그리스도의 일꾼

23절, 저희가 그리스도의 일꾼이냐 정신 없는 말을 하거니와 나도 더욱 그러하도다 내가 수고를 넘치도록 하고 옥에 갇히기도 더 많이 하고 매도 수없이 맞고 여러 번 죽을 뻔하였으니

이런 말을 할 때 바울이 정신이 나간 사람(바보)처럼 말을 했다는 뜻입니다(I speak as a fool). 바울은 이런 말은 정상적인 사람이 하는 종류의 말이 아니라고 말합니다. 그런 말을 자신이 하고 있습니다. 우리는 이해하기 어렵지만 주님의 충성되고 영적인 깊이가 그지없는 종이 이렇게 말하고 있습니다. 여기서 우리는 교회를 위해서 자신이 영적인 깊이를 버리고 기꺼이 바보처럼 되어버리고 유치한 사람처럼 되어버린 한 종을 대합니다. 우리는 여기서 하나님의 역사가 성육신적임을 다시 한 번 생각하게 됩니다. 우리는 바울이 이렇게 교회를 위해서 이같이 낮아지고 비천해 질 수 있음이 너무나 친근합니다. 바울은 거기 영적인 높은 자리에 앉아서 고급의 지식적인 말로 몇 마디씩 무게 있게 그리고 천천히 가르침이나 주는 그런 사람이 아닙니다. 그는 지금 거의 바보 수준에 왔습니다. 우리는 그가 그렇게 탁월한 지식을 가진 대 사도라고 믿어지지 않습니다. 그는 대 학자이고 박사이지만 우리의 가장 친근한 형님처럼, 담임선생님처럼 친밀하게 다가와서 가르쳐 줍니다. 이는 우리 주님이 사람으로 오셔서 그분의 대화는 죄인들이 알아들을 수 있는 수준의 말로 우리를 가르치신 것과 흡사합니다.

그는 맨 먼저 수고를 가지고 말합니다. 수고를 가지고 비교한다면 누가 바울을 당하겠습니까? 말 뿐인 사람들과 수고하는 사람과는 그 사역의 본질부터가 다릅니다. 그러나 많은 사람들이 수고하는 사람보다 그럴 듯하고 부드럽게 말하는 사람에게 향합니다. 마음이 넘어가버립니다. 바울은 그렇게 말뿐인 사람들에 대하여, 넘치는 수고와 옥에 갇힌 것과 수없이 매 맞은 것과 여러 번 죽을 뻔한 것으로 그들에게 참된 종임을 증명하고 있습니다. 그들은 스스로에 대하여 외적인 신분이나 경력 등으로 인하여 자랑하며 바울을 깎아 내렸겠지만 바울은 자신이 걸어온 길과 수고와 고난으로 사도직을 증명하고 있습니다. 이런 기준표는 오늘날도 동일하게 적용되어져야 하건만 오늘날도 많은 경우 하나님의 일꾼들의 수고와 고난과 눈물보다 외적인 신분을 더 중히 여기는 현실이 많이 있습니다.

24절, 유대인들에게 사십에 하나 감한 매를 다섯 번 맞았으며

유대인들의 형벌 중에는 사십에서 하나 감한 매를 맞는 것이 있습니다. 소위 율법에서 정한 태형법입니다(신 25:1-3). 태형을 집행하다가 때리는 자가 실수하여 40대를 넘길까하여 한 대를 줄여 39대를 때리는 풍습이 있었습니다. 바울은 그런 식으로 다섯 차례나 맞았습니다.

25-26절, 세 번 태장으로 맞고 한 번 돌로 맞고 세 번 파선하는데 일주

야를 깊음에서 지냈으며 여러 번 여행에 강의 위험과 강도의 위험과 동족의 위험과 이방인의 위험과 시내의 위험과 광야의 위험과 바다의 위험과 거짓 형제 중의 위험을 당하고

세 번의 태장은 로마의 태형을 염두에 둔 말입니다. 그는 유대인들에게 맞고 로마인들에게 맞았습니다. 바울은 이곳저곳에 가서 많이 맞았다고 진술하고 있습니다. 세 번 태장 중에 한 번은 빌립보에서 맞은 일일 것입니다(행 16:22, 37). 돌로 맞은 것은 루스드라에서 맞아 거의 죽게 되었던 때를 말합니다(행 16:19). 세 번 파선은 언제인지 알지 못하지만 사도행전 27장에 있는 사건은 포함되지 않습니다. 이 편지를 쓴 때가 그 이전이기 때문입니다. 여기서 '깊음' (deep)이란 말은 육지에서 멀리 떨어진 해상을 의미한다는 해석이 있습니다. 깊은 해상에서 유리하며 지냈다는 뜻입니다. 그 외에도 여행에서 위험을 당한 일들이 있습니다. 강의 위험이 있고 동족의 위험이 있고 이방인의 위험이 있었으며 도시에서 받은 위험이 있었고 광야에서 받은 위험이 있었으며 바다와 거짓 형제 중의 위험을 당한 것입니다. 그가 고린도 성도들에게 자신의 사도직을 증명하는 방식이 이러합니다. 많은 고난을 당하고 매를 맞고 죽음을 당할 뻔한 많은 위험을 당하였다고 말합니다. 주님으로부터 참되게 보내심을 받고 하늘로부터의 사명을 받은 종이 아니라면 어떻게 이렇게 할 수 있겠는가 하는 점입니다.

27절, 또 수고하며 애쓰고 여러 번 자지 못하고 주리며 목마르고 여러 번 굶고 춥고 헐벗었노라

바울은 이렇게 수고했습니다. 그가 참된 하나님의 종인 것은 그의 삶을 통해 나타납니다. 다른 것은 속일 수 있을지 몰라도 삶은 속일 수가 없습니다. 바울같이 당시에 많이 배우고 덕망을 가진 사람이 무엇을 위하여 굶고 추위에 떨며 헐벗는 삶을 살았겠습니까? 여기에 비교가 되고 있습니다. 유대교 교사들은 이렇게 하지 않았다는 뜻입니다. 누가 과연 참된 그리스도의 일꾼인가를 생각해보라는 말입니다.

28절, 이외의 일은 고사하고 오히려 날마다 내 속에 눌리는 일이 있으니 곧 모든 교회를 위하여 염려하는 것이라

참된 사도라면 교회를 위하여 염려하는 것이 있다는 말입니다. '이외의 일은 고사하고'는 이상의 일들이 고생스럽지만 더 어렵고 힘든 일이 있다는 뜻도 됩니다. 바울 속에는 항상 교회를 위한 염려 때문에 압력이 있었습니다. 이것이 차라리 육신적인 고난보다 더 힘들고 견디기 어려운 일이라는 말입니다. 이 땅에 교회와 성도에 대하여 객관적인 입장을 취하는 사도는 없습니다. 어떤 농부가 논밭과 객관적인 관계를 갖는다면 그가 참다운 농부이겠습니까? 선생님이 학생과 주관적으로 깊게 관계를 갖지 않는다면 그가 과연 좋은 선생님이겠습니까? 자식에 대한 끊임없는 사랑과 염려가 없는 자가 과연 참 부모이겠습니까? 자녀를 대하는 것을 보면 그가 과연 참 부모인가를 알 수 있습니다. 속일 수 없는 것이 바로 이것입니다. 그가 참 부모인 것을 알려 한다면 그가 자녀를 위해 어떤 인생을 사는가를 보면 압니다. 이와같이 사도가 교회와 주관적인 관계를 맺지 않는다면 그가 사도이겠습니까? 교회를 위하여 참 마음으로 염려와 근심을 가지고 있는 사도들이 참된 사도들입니다. 11장을 보면 우리는 참된 사도들이 과연 어떠한 사람들인지 알 수 있습니다. 참된 사도들은 성도들이 주님을 사랑하도록 주님께 중매하는 사람들입니다. 그러면서 수고하고 고난을 받고 위험을 당하며 어려운 길을 걸어가고 교회를 위한 염려와 눌림이 있는 사람들입니다. 또한 사도들의 또 하나의 특징은 하나님을 위한 시기가 있는 것입니다. 바울은 여기에서 영적이지 않은 것 같은 표현을 썼는데 그것이 바로 사도의 기질입니다. 의심할 여지없이 바울은 매우 영적인 사람입니다. 그런데 교회를 대할 때 그는 미쳐서 남들이 어리석다고 하든 말든 거기에 주의하지 않고 할 말을 했습니다. 자신을 증명해야 할 때에는 증명하는 말을 하고 어리석은 방식으로 다른 사람들과 자신을 비교하기도 하고 자신이 체험했던 밝히고 싶지 않은 것도 그들을 위해 말했습니다. 나는 이것을 사도의 기질이라고 표현하겠습니다.

참된 사도 직분을 증명함

29절, 누가 약하면 내가 약하지 아니하며 누가 실족하게 되면 내가 애타하지 않더냐

이 또한 사도직에 대한 증명입니다. 그는 성도들의 상태와 자신의 상태가 연결되어 있다고 말합니다. 이것이 바로 사도의 생명입니다. 그들은 성도들이 실족하여 넘어지면 자기가 친히 넘어졌듯이 애타게 생각한다는 것입니다. 성도들이 잘못되고 좋아지지 않을 때 사도에게 아무 느낌이 없다면 이것은 사도의 생명이 아닙니다. 사도의 생명은 성도들이 약할 때 이유를 막론하고 그 마음이 약해집니다. 사도는 하나님의 마음을 갖고 있기 때문입니다. 성도들이 약해지는 것은 죄나 세상에 대하여 약해서 넘어지는 것이겠지만 사도의 약함은 성도들의 약한 상태 때문에 약해지는 것입니다. 이는 부모와 같은 것입니다. 여기의 애타한다는 말은 속에서 애가 끓어 불이 탄다는 뜻입니다. 어떤 성도가 실족할 때 그는 속에서 불이 타듯이 애태웠다고 말합니다.

30절, 내가 부득불 자랑할진대 나의 약한 것을 자랑하리라

바울은 여러 가지를 부득불 자랑했는데 그가 자랑한 것은 자신의 약함입니다. '부득불' 이라는 말은 강요를 받아 말했다는 것입니다. 여기에서 사도 바울은 자신이 주를 위해 여러 핍박과 고난과 위험을 당한 것을 말했습니다. "이것은 내가 하고자 한 말들이 아니라 너희들이 나에게 강요한 것이다"라는 의미로 바울은 부득불이라는 말을 썼습니다. 그는 자랑할지라도 자신의 강한 것이 아닌 약한 것을 자랑했습니다. 그가 자랑한다는 것은 다른 사람들에게는 별로 자랑거리가 아닙니다. 사람의 약한 것이 무슨 자랑거리가 됩니까? 성도들의 약함 때문에 극도로 약해지는 것이 그의 자랑이라는 말입니다. 이로 보건대 주님의 종이 되고자 하는 사람은 항상 강함을 유지하며 태평성대로 살 수 없습니다. 성도들의 상태에 따라서 항상 약해지고 애타하고 염려하는 심정이 있습니다. 바울은 부득불 자랑한다고 했는데 그의 자랑거리는 이런 것들이었습니다. 남에게는 전혀 자랑거리가 아닌 것이 그에게는 자랑거리가 되었습니다.

31절, 주 예수의 아버지 영원히 찬송할 하나님이 나의 거짓말 아니 하는 줄을 아시느니라

여기까지 말한 다음 그는 이 모든 것이 거짓이 아니라고 말합니다. 자신의 말을 진실하다고 강조하는 것입니다. 물론 바울은 진실한 마음을 가진 사람임에 분명하지만 거짓되고 의심 많은 사람들을 위하여 이렇게 강조하여 말할 필요가 있었던 것입니다.

32-33절, 다메섹에서 아레다 왕의 방백이 나를 잡으려고 다메섹 성을 지킬새 내가 광주리를 타고 들창문으로 성벽을 내려가 그 손에서 벗어났노라

이것은 사도행전 9장 19절부터 25절까지의 내용입니다. 이것도 약함의 표시입니다. 바울이 약함 가운데서 사역했던 것에 대한 증명입니다. 사도 바울은 여기에서 자신의 강함이나 하나님이 자신에게 베푸신 능력이나 기적을 이야기하지 않고, 오히려 많은 위험과 고난 속에 있었던 것을 말하면서 자신이 참 사도, 참된 그리스도의 일꾼임을 드러냅니다. 그가 약하기에 핍박과 고난을 받는 것입니다. 도망도 다니는 것입니다. 당시 유대인들이 바울을 죽이려고 하였고, 여기는 아레다 왕이 그러했다고 했습니다. 어쩌면 아레다 왕의 방백들은 유대인들과 결탁되었습니다. 그러므로 당시의 정치 세력과 종교 세력에게 바울은 매우 약한 존재였던 것입니다. 오늘 우리가 사도의 길을 가려면 이렇게 가야 합니다. 사도들은 정말 미말에 두기로 작정된 자입니다. 주님은 그들을 만물의 찌끼와 같이 두십니다. 이들이 바로 사도들입니다. 때로는 하나님이 기적을 베푸셔서 감옥에서 나오게도 하셨지만 바울은 여기서 그런 일을 전혀 말하지 않았습니다. 오늘날 어떤 사람들과는 전혀 반대의 사고입니다. 사람들은 그가 기적적인 역사로 엘리야처럼 회리바람으로 성을 벗어났다하면 주의 종으로 인정할 것입니다. 그러나 바울은 사도의 표시를 말하는 데 있어서, 자신을 참된 그리스도의 일꾼으로 천거하는 데 있어서 고난을 많이 받은 것만을 기록하고 있습니다. 자지 못하고 주리고 목마를 때 기적적으로 주님이 자신을 돌보았다는 것을 기록하지 않았습니다. 여러 번 굶고 춥고 헐벗었다는 이야기들이 많이 있습니다. 돌로 맞을 때 천사가 와서 지켜준 것이 아니라 그냥 맞았습니다. 이것이 무엇입니까? 이것이 참된 그리스도의 종의 표시라는 것입니다. 주님은 사도들을 이러한 곳에 두길 기뻐하셨습니다. 이것이 하나님의 긍휼과 은혜를 얻은 표입니다. 아마 거짓된 유대교 교사들은 바울이 겪은 환경에 대해 바울은 주님의 축복을 받지 못하고 하나님의 인정을 받지 못하고 있다고 말했을 것입니다. 그러나 바울은 자신의 약한 것들을 열거함으로 자신의 참된 사도 직분을 증명하고 있습니다.

우리의 주와 상전 되신 분이 먼저 이러한 길을 가셨습니다. 그러므로 종 된 자가 그와 같은 길을 가는 것이 마땅합니다. 주 예수님은 사람들에게서 조롱과 핍박을 그대로 당하셨습니다. 제자들은 기적이 일어나길 바랐지만 기적은 일어나지 않고 십자가의 형틀에 묶여 돌아가셨습니다. 주 예수님은 약하심으로 돌아가신 것입니다. 바울이 돌로 맞아 죽을 뻔했을 때 주님이 극적으로 지켜주신 것이 아닙니다. 대적을 피해서 광주리를 타고 들창문으로 성벽을 내려갈 때 그 모습은 그렇게 영광스럽고 놀랍지 않습니다. 아주 수치스럽기까지 했을 것입니다. 그러나 주님을 위해 바울은 이 부끄럽고 약한 부분을 이야기했습니다. "나는 약한 사람이다. 주님을 위해 겪은 약한 일들을 자랑하겠다." 고린도 후서 11장을 읽을 때 우리는 바울이 어떤 길을 걸어간 사람인지 볼 수 있습니다. 오늘도 우리가 참된 사역자의 길을 걸어가려면 고린도 후서 11장에 있는 이런 길을 걸어가야 합니다.

나도 부끄럽고 어리석으나마 자랑을 해보겠습니다. 외국을 다니면서 동역자들과 많은 시간을 보냈습니다. 캄보디아에서 현지 형제들의 오토바이 뒤에 타고 가방을 등에 메고 먼지 길을 위험하게 달리던 일들이 생각납니다. 그들의 오토바이 타는 실력은 매우 부족하여 위험하기 짝이 없습니다. 제대로 배운 실력들이 아닙니다. 차를 피하는 것이 항상 부딪힐 것만 같이 운전하면서 달립니다. 간이 작은 사람은 그런 오토바이를 탈 수가 없습니다. 먼지 때문에 마스크를 하지 않으면 호흡하기가 어려울 정도입니다. 인도에서 그 먼 길을 중앙선도 없이 푹푹 패인 비포장 도로를 위험스럽게 달리던 때를 생각합니다. 앞에서 오는 차와 부딪힐 뻔한 적이 한 두 번이 아닙니다. 에디오피아에서 시골에 복음 전하러 갈 때도 마찬가지입니다. 10시간 이상 숨을 쉴 수 없을 정도의 먼지 길을 달리며 더위에 힘들어 하던 일도 기억합니다. 식사를 할 수 없어 가져간 미숫가루로 연명하던 시절들도 생각납니다. 불결한 현지 식당에서 식사하고 배탈이 나서 오던 차 속에서 내내 설사하던 동역자 형제의 고통을 기억합니다. 얼굴이 하얘져서 '차 좀 세워주세요' 하고 나서 차가 서면, 막상 밖에는 변변한 화장실도 없습니다. 시커먼 사람들이 동양 사람인 우리를 계속 쳐다봅니다. 참 어렵습니다. 인도 델리에서 밤에 넘어져 죽을 뻔했던 위험한 날을 기억하게 됩니다. 뒤로 넘어져 머리를 크게 다칠 뻔하였습니다. 주님이 기적적으로 살려주셨음을 기억합니다. 불가리아에서 하마터면 지나가는 택시에 치어 죽을뻔 하였습니다. 간발의 차이라는 것이 그것입니다. 0.01초 차이입니다. 가슴을 쓸어내렸습니다. 너무나 많은 일들이 주마등처럼 지나갑니다. 몽골의 겨울은 유난히 춥습니다. 기온이 영하 40도까지 내려갑니다. 어느 날 시골에 다녀오다가 그 추운데 고장난 차 속에서 밤새 떨던 일도 생각납니다. 중국에서 작은 학교를 빌려 집회하다가 공안들에게 쫓겨 도망다니던 때를 기억합니다. 그들은 우리의 숙소에서 우리의 짐을 이미 수색하고 우리 명단을 가지고 찾으러 다녔습니다. 잡히면 참 난감한 일이 벌어질 뻔하였습니다. 그러나 주님이 지켜주셨습니다. 아프리카 잠비아와 콩고 국경에서 있었던 일은 내 일생 가장 힘들었던 추억입니다. 그 때 나는 인내력의 한계를 체험했습니다.

외국 여행을 마치고 한국의 공항에 도착하면 기억력조차 희미해지고 진이 다 빠져서 허우적대던 때도 있었습니다. 그렇지만 동역자들과 헤어질 때마다 한 마디씩 듣는 말, 그 말을 저는 정말 좋아했습니다. "이번에 오심으로 주님을 더 사랑하게 되었습니다." 여러분들은 이 말을 예사로 들을지 모르지만 나는 예사로 들을 수 없습니다. 이 말은 나에게 너무 고맙고 기쁘고 좋습니다. 형제들이 주님을 사랑하게 되는 것보다 더 기쁜 것이 없습니다. 물론 나는 바울과 비교할 수 없는 사람이지만 우리의 마음이 더 낮추어지고 비워져 어려운 길일지라도 주님의 은혜로 갈 수 있기를 바라고 있습니다. 우리가 배우면서 한 발 한 발 주님을 따르고 그분의 기뻐하심을 얻기 원합니다.

고린도후서 12장

2corinthians

주의 환상과 계시—셋째 하늘과 낙원에 이끌려 간 자

1절, 무익하나마 내가 부득불 자랑하노니 주의 환상과 계시를 말하리라

이것은 부득불하는 자랑이라고 했습니다. 부득불 자랑한다는 것은 본래 본인의 의도로서는 자랑하고자 하는 뜻이 없다는 의미입니다. 이러한 상황에서 바울은 대적들의 영향으로 인하여 성도들과 교회의 유익을 위해 부득불 자랑하게 되었습니다. 그가 자랑하게 된 것은 주의 환상과 계시입니다. 벵겔은 '환상은 보는 것과 관계있고 계시는 듣는 것과 관계가 있다' 고 정의했습니다. 환상(visions)은 하나님이 그에게 영적인 실체의 뭔가를 보여 주는 것이며, 계시(revelations)는 말씀을 통해 가려져 있던 영적인 진리에 대해 하나님이 뭔가를 보여 주는 것입니다. 환상이나 계시나 보는 것인데, 하나는 영적 세계의 사물적인 것이라면 다른 하나는 영적 세계의 진리에 관한 것입니다.

2절, 내가 그리스도 안에 있는 한 사람을 아노니 십사 년 전에 그가 셋째 하늘에 이끌려 간 자라(그가 몸 안에 있었는지 몸 밖에 있었는지 나는 모르거니와 하나님은 아시느니라)

여기에서 바울은 자신을 객관적인 제 삼자처럼 묘사했습니다. 바울은 자신을 직접적으로 자랑하기를 원치 않은 것 같습니다. 그는 자신을 그리스도 안에 있는 한 사람이라고 표현했습니다. 그는 최선을 다해서 자신을 객관적으로 표현한 것입니다. 그는 자랑하는 일에 있어서 가급적이면 그가 자신이 아닌 사람을 자랑하기를 원하는 태도로 자랑한 것입니다. 그는 주님 안에 있기 전에는 사울이었지만 지금 그는 그리스도 안에 있는 사람이 되었습니다. 그는 지금 십사 년 전에 있었던 체험을 말하고 있습니다. 바울은 삼층천에 이끌려간 적이 있었습니다. 그때 그가 몸 안에 있었는지 몸 밖에 있었는지 모르지만 삼층천에 이끌려갔다고 말했습니다. 2절을 볼 때 그리스도인은 두 사람으로 이루어져 있음을 알 수 있습니다. 한 사람은 그리스도 밖에 있을 때의 사람이며, 그리스도 안에 있을 때의 사람은 또 다른 사람입니다. 그는 그리스도와 하나 된 사람이며 그리스도께 속한 사람이요 그리스도에 의해 통제받는 사람입니다. 그런 사람의 삶은 다릅니다. 그리스도가 그런 사람의 삶을 결정짓는 요소이십니다. 그러한 사람에게는 체험이 있습니다. 그리스도께서는 필요할 때 그분 안에 있는 사람에게 계시와 이상을 주십니다. 또한 이끌어가시기도 하고 보여주시기도 합니다. 그것은 전적으로 그가 그리스도 안에 있기 때문에 있을 수 있는 일들입니다.

바울은 십사 년 전의 일을 말하고 있습니다. 이것으로 우리는 바울이 자신의 체험을 쉽게 말하지 않는다는 것을 알 수 있습니다. 우리는 어떤 놀라운 체험이 있으면 즉시 입을 벌려 다른 사람에게 자랑할 것입니다. 그러나 바울은 그때에도 자신을 드러내기 위해서가 아니라 사도직의 문제를 해결하기 위해 부득불 자랑하고 있습니다. 이를 위해 십사 년 전의 일을 지금에서야 비로소 말하고 있는 것입니다. 이것은 그가 깊이 있음과 인내와 주님과의 비밀한 교통에 있어서 얼마나 좋은 본인가를 나타내줍니다.

그는 셋째 하늘에 이끌려갔습니다. 성경에는 분명히 삼층천이 있다고 말합니다. 첫째 하늘은 구름이요 둘째 하늘은 궁창이며 그 다음은 셋째 하늘이 있습니다. 삼층천은 가장 높은 하늘로서 하나님과 그 아들 그리스도와 그를 호위하는 많은 천사들이 있는 곳입니다.

'(그가 몸 안에 있었는지 몸 밖에 있었는지 나는 모르거니와 하나님은 아시느니라)'. 그가 몸 안에 있을 때 환상과 계시를 보았는지 아니면 영으로 이끌려가서 보았는지 그는 잘 모른다고 했습니다. 성령의 능력은 사람의 몸을 이끌어서 멀리 가게 할 수도 있고 오게 할 수도 있습니다(빌립이 주의 사자의 말씀대로 사마리아에서 광야로 가서 에디오피아 내시에게 복음을 전하고 침례를 준 다음 주의 영이 그를 다시 아소도라는 곳으로 이끌어 복음을 전하게 했다고 말합니다). 성령은 믿는이를 어느 곳으로 이끌어갈 수 있는 능력이 있습니다. 이를 통해 우리가 알 수 있는 것은 휴거의 사건이 그리 놀랄 만한 일이 아니라는 것입니다. 주님의 재림이 가까울 때 휴거의 일이 발생할 것인데, 성령은 반드시 그러한 일을 행하실 것입니다.

3절, 내가 이런 사람을 아노니(그가 몸 안에 있었는지 몸 밖에 있었는지 나는 모르거니와 하나님은 아시느니라)

3절의 처음에 접속사(and)가 있고 3절의 뒷부분에서는 2절과 같은 말이 반복되었습니다. 이것은 바울이 두 번 이끌려갔음을 보여줍니다. 2절에서 이끌려갔고 3절과 4절에서 이끌려 간 것입니다. 어떤 이는 2절의 삼층천에 이끌려감과 3절의 낙원에 이끌려감이 같은 것이라고 말합니다. 그러므로 삼층천이 낙원이라고 말하는 사람들이 많이 있습니다. 그러나 문맥을 볼 때 같은 한 곳이라면 괄호 속에 똑같은 문장을 두 번씩이나 넣어 반복할 필요가 없었을 것이며 접속사를 넣어 '아노니'라는 말을 두 번 사용할 필요도 없었을 것입니다.

4절, 그가 낙원으로 이끌려가서 말할 수 없는 말을 들었으니 사람이 가히 이르지 못할 말이로다

낙원은 삼층천에 있는 것이 아니라 음부에 있는 것이라고 말해야 맞습니다. 누가복음 16장에 나온 바와 같이 음부에는 고통 받는 구역이 있고 즐거운 구역이 있습니다. 부자는 죽어서 고통 받는 곳에 갔고 나사로는 죽은 다음에 즐거운 구역에 갔습니다. 그 사이에는 큰 구렁이 있어서 서로 건너가고자 해도 건너갈 수 없다고 했습니다. 이와같이 음부에는 두 구역이 있습니다. 주님이 십자가에서 죽으신 후 사흘 동안 가셨던 곳이 음부입니다.

사도행전 2장 31절은, "미리 보는 고로 그리스도의 부활하심을 말하되 저가 음부에 버림이 되지 않고 육신이 썩음을 당하지 아니하시리라 하더니"라고 말합니다. 이 구절은 주님이 부활하시지 않았다면 음부에 버림이 되었을 것이라고 말합니다. 누가복음 23장에서 주님이 십자가에 달리셨을 때 한 강도가 주님께 회개했습니다. 42-43절, "가로되 예수여 당신의 나라에 임하실 때에 나를 생각하소서 하니 예수께서 이르시되 내가 진실로 네게 이르노니 오늘 네가 나와 함께 낙원에 있으리라 하시니라". 강도에게 주님은 그가 주님과 함께 삼층천이 아닌 낙원에 있으리라고 하셨습니다.

누가복음 16장 22-26절, "이에 그 거지가 죽어 천사들에게 받들려 아브라함의 품에 들어가고 부자도 죽어 장사되매 저가 음부에서 고통 중에 눈을 들어 멀리 아브라함과 그의 품에 있는 나사로를 보고 불러

가로되 아버지 아브라함이여 나를 긍휼히 여기사 나사로를 보내어 그 손가락 끝에 물을 찍어 내 혀를 서늘하게 하소서 내가 이 불꽃 가운데서 고민하나이다 아브라함이 가로되 얘 너는 살았을 때에 네 좋은 것을 받았고 나사로는 고난을 받았으니 이것을 기억하라 이제 저는 여기서 위로를 받고 너는 고민을 받느니라 이뿐 아니라 너희와 우리 사이에 큰 구렁이 끼어 있어 여기서 너희에게 건너가고자 하되 할 수 없고 거기서 우리에게 건너올 수도 없게 하였느니라".

여기의 말씀으로 음부에 두 구역이 있음을 볼 수 있습니다. 음부의 한 구역은 고통 받는 곳이고 다른 한 구역은 위로를 받고 즐거움을 누리는 곳, 즉 아브라함의 품입니다. 믿는이들이 죽었을 때 일단 낙원에 있게 됩니다. 여기서 우리는 낙원이 음부에 있는 것임을 알 수 있고 일단 사람이 죽으면 이르게 되는 곳임을 알 수 있습니다. 물론 신자들은 낙원에 이르게 됩니다. 또한 낙원은 즐거운 곳이고 천국의 모든 아름다운 것들이 존재하는 듯합니다(계 2:7). 물론 계시록 2장 7절의 낙원은 음부에서의 낙원의 상황은 아닐 것이고 천년 왕국에서 누릴 축복으로서 낙원의 상황을 말할 것입니다. 구약의 족장들의 관념과 성경의 사상은 음부가 믿는 자들이 죽은 후에 부활까지를 기다리는 장소입니다. 이를 신학에서는 '중간기-intermediate state' 라고 하며 죽은 영혼들의 대기 장소입니다. 어거스틴(Augustine) 이후 신학자들은 죽음과 부활 사이의 기간 동안에 인간의 영혼들은 구원의 완성이나 파멸의 절정을 기다리면서 안식을 취하거나 고통을 겪고 있다고 가르쳤습니다. 중세 시대에도 이런 견해가 계속되어왔으며 이로서 특히 천주교의 연옥의 교리가 생겨났는데 이는 성경에서 벗어난 사상입니다. 칼빈은 루터보다 이 중간상태를 의식할 수 있는 존재 상태라고 보려는 경향이 강했어도 일반적으로 개혁자들은 연옥설은 반대하면서도 중간기의 교리는 계속 지지했던 것입니다(안토니 A. 후쿠마). 이에 대하여는 많은 사람의 주장이 있습니다.

창세기 37장 35절, "그 모든 자녀가 위로하되 그가 그 위로를 받지 아니하여 가로되 내가 슬퍼하며 음부에 내려 아들에게로 가리라 하고 그 아비가 그를 위하여 울었더라"의 말씀에 의하면 야곱이 죽어 음부에 가는 것을 '내려간다' 고 하였고 민수기 16장 33절은 고라 일당이 산채로 음부에 빠졌다고 하였으니 분명 음부는 내려가는 곳이고, 세 째 하늘은 올라가는 곳이니 동일한 곳이라고 말할 수 없습니다. 학자에 따라서는 이 두 장소를 같은 곳으로 보는 사람들도 있습니다(Bengel, Alford). 우리와 같이 다른 곳으로 보는 견해는 'Meyer' 박사 같은 분이 있습니다. 가장 분명히 말할 수 있는 성경구절은 에베소서 4장 9절로서 주님의 죽으심과 부활을 언급할 때 '올라가셨다 하였은즉 땅 아랫 곳으로 내리셨던 것이 아니면 무엇이냐' 고 했습니다. 의심할 여지없이 그분이 올라가신 것은 승천을 말하는 것이고 내리신 것은 죽으셔서 잠시 가셨던 음부를 말합니다. 여기서 우리는 그리스도께서 십자가에 죽으시고 일단 들르신 곳이 낙원임에 틀림없다는 것이고(눅 23:43-오늘 밤에 나와 함께 낙원에 있으리라), 에베소서 4장에 의하면 그것에 대한 설명으로서, 땅 아랫 곳으로 내리신 것이라고 하였으니 땅 아랫 곳(the lower part of the earth)이란 음부의 낙원임이 분명한 것입니다.

"그가 낙원으로 이끌려가서 말할 수 없는 말을 들었으니 사람이 가히 이르지 못할 말이로다". 사람들은 이 구절에 있는 '말할 수 없는 말' 이 말할 수 없이 놀라운 말이라고 합니다. 정확히 이 말은 '말할 수 없는 말(unspeakable words)' 입니다. 즉 사람이 말하도록 허락되지 않은 말입니다. 성경에는 나사로와 같이 죽었다가 주님에 의해 살아난 사람들이 있습니다. 그들은 살아난 후에 "죽어보니 이러하더라."는 말을 하지 않았습니다. 하나님은 낙원의 즐겁고 아름다운 상황을 비밀로 두길 원하시는 것 같습니다. 하나님은 바울이 그런 말을 하지 않는다는 조건으로 그 상황을 보여주신 것 같습니다. 하나님은 우리 믿는이들이 어떤 사람이 말하는 것으로 추측하지 않고 말할 수 없는 즐거움으로 그 상황을 소망하게 만드신 듯합니다. 오늘날 어떤 사람이 천당에 갔다 왔다고 하면서 많은 추리적인 말을 하는데 이는 성경적으로 맞지 않는 것입니다. 성경에 말하지 않는 신기한 것을 믿는 것도 일종의 누룩인 것입니다. 아무튼 우리는 이 부분에서 낙원이 상당히 즐거운 장소요 성도들이 말할 수 없는 안식과 쾌락을 누리는 장소요 너무 놀라워서 그곳에서 들은 말은 사람이 말할 수 없도록 되어 있다는 것을 알 수 있을 따름입니다.

약한 것들 외에 자랑치 아니하리라

5절, 내가 이런 사람을 위하여 자랑하겠으나 나를 위하여는 약한 것들 외에 자랑치 아니하리라

그는 삼층천과 가장 깊은 음부의 낙원에 이끌려갔던 사람입니다. 즉 땅 위의 가장 높은 곳과 땅 아래의 가장 낮은 곳에 이끌려갔습니다. 그는 이 땅의 모든 만물들을 알 수 있는 탁월한 계시와 하늘에 속한 이상을 가지고 있었던 사도였습니다. 빌립보서 2장 10절에 의하면 온 우주의 영역을 말하고 있는데, 그 영역이 '하늘에 있는 자들과 땅에 있는 자들과 땅 아래 있는 자들' 입니다. 세 종류의 영역을 말하고 있습니다. 이 구절에서 바울은 자기가 받은 계시의 탁월함을 말하고자 하는데(부득불 하는 것임), 그는 하늘에 있는 것의 비밀을 보았고 땅 아래 있는 비밀까지도 알게 되었다는 말입니다. 그렇다면 그는 모든 비밀을 다 알게 되었다는 말입니다. 이렇게 탁월한 계시를 받은 고로 자랑하겠다는 말입니다. 그런데 그는 여기서 자신을 그리스도 안에 있는 한 사람으로 표현하면서 삼인칭으로 '그' 라고 하여 마치 자신이 아닌 것처럼 말했습니다. 왜냐하면 자신을 자랑하기를 원치 않고 어쩌면 그 사람이 자신이 아니길 바란 것 같습니다. 그러나 어쨌든 그 사람은 바울 자신이었습니다.

그는 자신의 약한 것들 이외에는 자랑치 않겠다고 했습니다. 그러므로 그 자랑은 그가 부득불 하는 자랑인 것입니다. 이것은 11장에서 이야기한 바와 같은 약한 것들을 자랑하겠다는 뜻입니다. 바울은 11장에서 약한 것을 자랑했습니다. "누가 약하면 내가 약하지 아니하며 누가 실족하게 되면 내가 애타하지 않더냐 내가 부득불 자랑할진대 나의 약한 것을 자랑하리라"(29-30절). 그가 약함으로 받았던 많은 핍박과 고난들, 많은 위험을 당하면서 겪어야 했던 약함 들을 자랑했습니다. 12장에서 그는 약한 형제인 바울을 자랑하고 싶어 했을 뿐 뛰어난 이상을 가진 바울을 말하고 싶어 하지 않았던 것입니다. 그러나 고린도 성도들의 오해와 무지 때문에 바울은 강요되어져서 부득불 자랑을 하지 않으면 안 되었던 것입니다.

6절, 내가 만일 자랑하고자 하여도 어리석은 자가 되지 아니할 것은 내가 참말을 함이라 그러나 누가 나를 보는 바와 내게 듣는 바에 지나치게 생각할까 두려워하여 그만두노라

어떤 사람은 자랑할 때 참되지 않은 어떤 것을 꺼내어 과장하여 자랑합니다. 그러나 바울은 이렇게 자랑을 해도 어리석은 자가 되지 아니할 것은 그가 참말을 하기 때문이라고 했습니다. 그러나 그는 여기에서 적절하게 절제를 하여 자랑하는 것을 그만 두었습니다. 이것은 그가 더 이상 장황한 자랑을 늘어놓고 싶지 않았다는 의미입니다. 여기서 우리가 배울 수 있는 교훈은, 이렇게 자신에 대한 말, 특히 자랑에 관한 부분은 길게 하지 않는 것이 좋습니다. 그가 자랑하는 것을 그만둔 이유는 누가 자신을 보는 바와 듣는 바에 지나치게 생각할까 두려워했기 때문입니다. 사도들은 반드시 이러한 마음을 가져야 합니다.

사람들로 하여금 너무 자신에 대하여 놀라워하게 해서는 안 됩니다. 자신을 놀라운 사람으로 만들어서는 안 된다는 것입니다. 그렇게 하면 믿는이들 가운데 사람을 위대하게 보고 사람을 지나치게 높이는 결과를 가져오게 됩니다. 어떤 사람은 자기를 높여주는 종류의 말을 듣고 매우 좋아하는데 이것은 어리석은 것입니다. 인간은 근본적으로 높일 만한 가치가 없는 존재입니다. 사역자들은 주님만을 높여야지 자신을 높여서는 안 됩니다. 자신을 높이는 것과 주님을 높이는 것을 공존하게 할 수 없습니다. 한 가지를 포기해야 합니다. 자기를 높이는 자는 참된 사역자가 아닙니다.

내 능력이 약한 데서 온전하여짐이라

7-8절, 여러 계시를 받은 것이 지극히 크므로 너무 자고하지 않게 하시려고 내 육체에 가시 곧 사단의 사자를 주셨으니 이는 나를 쳐서 너무 자고하지 않게 하려 하심이니라 이것이 내게서 떠나기 위하여 내가 세 번 주께 간구하였더니

그는 자신이 계시를 많이 받았음을 감추지 않았습니다. 바울에게는 육체에 가시가 있었습니다. 육체의 가시는 아마 그의 육신에 있는 질병이었을 것입니다. 그것이 무엇인지는 모릅니다. 어떤 사람들은 눈병이라고도 하고 다른 사람들은 다른 질병이라고도 합니다. 어쨌든 사도 바울이 사역하면서 병약한 상태에 있었다는 것은 성경학자들이 다 인정합니다. 어떤 부위가 특별히 아팠는지는 모르지만 바울에게는 그것이 육체의 가시였습니다. 바울은 하나님이 그에게 가시를 주신 이유를 알았습니다. 그 이유는 그가 계시를 받은 것이 지극히 크므로 너무 자고하지 않게 하시기 위한 것이었습니다. 하나님이 이런 육신의 약함을 주신 것은 자고하지 않게 하기 위한 것입니다. 이것은 하나님이 사도들과 믿는이들을 지키는 보호 장치와 같습니다. 사도 바울은 이것을 알았습니다. 그런데도 바울은 그것이 너무 괴로웠기 때문에 그것이 떠나기를 주께 세 번 간구했습니다. 기도는 매우 필요한 것입니다. 우리에게 약함이 있을 때 우리는 우리의 약함을 그대로 두어서는 안 됩니다. 약함이 있을 때 하나님께 간구하는 것을 배워야 합니다. 바울도 세 번이나 기도했습니다.

9절, 내게 이르시기를 내 은혜가 네게 족하도다 이는 내 능력이 약한 데서 온전하여짐이라 하신지라 이러므로 도리어 크게 기뻐함으로 나의 여러 약한 것들에 대하여 자랑하리니 이는 그리스도의 능력으로 내게 머물게 하려 함이라

주님은 바울의 기도를 그대로 응답하지 않으셨습니다. 오늘 많은 사람들이 기도를 하기만 하면 주님이 다 들어주신다는 믿음을 가지고 있습니다. 그러나 주님은 우리가 기도하는 것에 따르지 않고 다른 방식으로 우리의 기도를 들어주십니다. 어린 성도들은 자신들이 기도한 대로 들어주시지 않을 때 주님께 향해 마음이 상합니다. 그러나 주님의 뜻은 더 멀고 더 깊은 데 있을 수 있습니다. 우리 편에서는 기도를 해야 합니다. 주님의 응답이 있을 때까지 지속적으로 기도를 해야 합니다. 그럴 때 주님은 "내 은혜가 네게 족하도다"라고 말씀하실지도 모릅니다. 주님이 기도를 들어주셔서 은혜를 주시는 것이 아니라 이미 바울에게 족한 은혜가 있다고 했습니다. 다시 말하면 주님은 바울에게 가시와 함께 이미 족한 은혜를 주신 것입니다. 기도했기 때문에 그때 은혜를 새롭게 주신 것이 아니라 이미 가시도 주시고 은혜도 주신 것입니다. 그 말을 들었을 때 바울은 매우 기뻐했습니다. 여기에서 바울은 주님에게서 배우고 가르침을 받았습니다. 기도를 통해 체험 가운데서 배우는 배움이야말로 참된 배움이요 가치 있는 공과입니다.

오늘 우리는 이 말씀을 믿음으로 취할 수 있습니다. 많은 성도들에게서 "요즘 나는 은혜가 많이 부족하다"는 말을 듣습니다. 이는 믿음을 좇아 하는 말이 아니라 대부분 자신의 느낌과 감정을 좇아 하는 말입니다. 믿음이 무엇인지 아는 사람들은 그렇게 말하지 않습니다. 우리의 느낌이 어떠하든지 우리는 하나님의 말씀에 따라 말하기를 배워야 합니다. 과거에 어떤 주님의 종은 주일 날 가장 은혜가 없다고 느껴지는 날이었는데, 우연히 벽에 써 붙인 이 구절의 말씀을 보고 "내 은혜가 네게 족하도다"의 말씀을 그대로 믿게 되어 이 말씀으로 설교를 하여 많은 사람들에게 참된 은혜를 끼쳤다는 간증을 읽었습니다. 내 느낌이 어떻든지 "은혜가 이미 족한 것"입니다.

"이는 내 능력이 약한 데서 온전하여짐이라 하신지라". 이 말은 바울에게서 주님의 능력이 나타나려면 바울에게 약함이 있어야 한다는 의미입니다. 바울은 주님께 기도하는 가운데 그 약함이 자신을 해롭게 하고 자신에게 제한을 주는 것이 아니라 주님의 능력이 자신에게서 더 온전케 되도록 그분이 허락하실 것임을 깨달았습니다. 과거에 어떤 책을 읽은 적이 있습니다. 어떤 성도는 자신의 고통을 강물 바닥의 암초에 비유하였습니다. 그러므로 배가 갈 수 없는 것입니다. 그때 하나님은 강물 바닥의 암초를 치워주시는 것이 아니라 물의 수위를 높아지게 하여 배를 지나가게 한다는 것입니다. 하나님은 때로 우리의 어려움이나 질병이나 고난을 그대로 두시지만 은혜를 더하셔서 무난히 지나가게 하십니다. 이것이 "내 은혜가 네게 족하도다"의 뜻입니다.

'이러므로 도리어 크게 기뻐함으로 나의 여러 약한 것들에 대하여 자랑하리니 이는 그리스도의 능력으로 내게 머물게 하려 함이라'. 바울은 자신이 약할 때 그리스도의 능력이 그에게 머물게 된다고 말합니다. 새 언약의 사역자들은 자신 안에서는 약한 자이어야 합니다. 약함이 없는 사람에게는 하나님의 능력이 머물 자리가 없습니다. 우리는 체험 가운데서 어떤 사람에게 있는 약함은 하나님을 섬기는 데 있어서 방해가 되지 않고 하나님의 능력을 힘입게 하는 길이라는 것을 압니다. 바울은 그 말씀을 주님에게서 듣고 그 약함이 자신에게 정말 필요하다는 것을 알았습니다. 그러므로 여러 약한 것들에 대해 도리어 크게 기뻐했습니다. 주님으로부터 이 말씀을 듣기 전에 그는 자신의 약함으로 인해 그리 큰 기쁨이 없었습니다. 왜냐하면 주님의 뜻과 원리를 몰랐기 때문입니다. 그러나 간구와 기도를 통해서 주님의 뜻을 확실하게 알고 난 후에는 도리어 기뻐함으로 그의 여러 약한 것들에 대해 자랑했는데 그것은 그리스도의 능력으로 그에게 머물게 하기 위한 것이었습니다.

나의 체험에 의하면 주 안에서 우리의 약함을 아는 데에도 빛이 필요합니다. 주 안에서 많은 세월과 체험이 필요합니다. 그럴 때 주님은 우리의 약함을 하나씩 하나씩 보여주십니다. 우리가 어릴 때에는 자신이 그렇게 약한 자임을 모릅니다. 많은 면에 부족한 면이 없고 흠도 결점도 없는 사람 같습니다. 좋고 완전한 것 같습니다. 그러나 주님 안에서 세월을 보낼 때 주님이 직접 보여주실 것입니다. "너의 이 점은 어떠냐?" "형편없습니다." "너의 이 점은 어떠냐?" "좋지 않습니다." "너의 이 점은 어떠냐?" "구제 불능입니다." 주님이 이것을 보여주십니다. 주님이 이렇게 보여주신 성도는 하나님 앞에서 고개를 들지 못합니다. 자신이 할 수 있는 것이 없고 스스로 설 수 있는 사람이 아니라는 것을 점차적으로 알게 됩니다.

바울이 자신을 약하다고 말하기 때문에 여러분도 쉽게 자신이 약하다고 말할 수 있겠지만 여기의 약함은 우리가 쉽게 말할 수 있는 것이 아닙니다. 주 안에서의 아름다운 약함은 귀한 자랑입니다. 이러한 약함은 주님이 사용하실 수 있는, 주님의 다루심과 손길을 통과한 것입니다. 그때서야 사람은 자신이 약한 존재임을 인정하고 알게 되어 자신을 신뢰하지 않게 됩니다. 그런 사람에게 하나님의 능력이 머물게 됩니다. 그런 사람은 자신의 약함을 자랑해도 좋습니다. 여러분에게는 약함이 있습니까? 여러분들은 주 안에서 자신의 약함을 자랑해 본 적이 있습니까? 여러분 스스로 자문자답을 해 보십시오. 주님의 말씀은 매우 역설적입니다. 주님은 우리가 약할 그때 강하다고 말씀하십니다. 저도 이러한 사람이 되고 싶습니다. 자신에게 약함이 가득하여 하나님의 능력이 우리에게 머물 수 있도록 역사 해주시길 바랍니다.

10절, 그러므로 내가 그리스도를 위하여 약한 것들과 능욕과 궁핍과 핍박과 곤란을 기뻐하노니 이는 내가 약할 그 때에 곧 강함이니라

바울의 기쁨은 목적이 있는 기쁨입니다. 그는 자신의 약함을 통해서 그리스도의 강함이 나타날 수 있다는 것을 알았던 고로 기뻐한 것입니다. 그는 자신의 약한 것들 때문에, 능욕과 궁핍과 핍박과 곤란 때문에 주님이 더 역사하실 수 있다는 것을 알았기에 기뻐하였습니다. 우리는 때로 우리에게 일어나는 많은 어려운 일들로 인하여 괴로워합니다. 그러나 시간이 지나면서 깨닫는 것은 '그러한 어려움과 곤란한 일들이 없었던들 나에게 많은 능력과 체험과 배움이 있었겠는가' 라는 점입니다. 이러한 점들을 미리 안 복된 사도는 기뻐할 수 있었다고 고백합니다.

사도의 표

11절, 내가 어리석은 자가 되었으나 너희가 억지로 시킨 것이니 내가 너희에게 칭찬을 받아야 마땅하도다 내가 아무것도 아니나 지극히 큰 사도들보다 조금도 부족하지 아니하니라

바울이 지금까지 말한 것은 다 자랑입니다. 11절에서 그는 이렇게 한 것이 다 어리석은 자가 한 것과 같다고 말합니다. "너희가 억지로 시킨 것이니" 그들의 필요를 위해 바울은 부득불 그런 말을 하지 않으면 안 되었습니다. 당시 고린도 성도들은 거짓 스승들을 용납하고 참 사도인 바울은 멀리하는 경향이 있었습니다. 그러므로 바울은 그들에게 이렇게 어리석게 보이는 말을 하지 않으면 안 되었다고 말합니다. 그들이 바울로 하여금 이런 말을 하지 않으면 안 되게 만들었다는 말입니다. 그는 공연히 자신의 영적 체험 등을 사람들에게 자랑하는 본을 남기고 싶지 않았습니다. 다만 정말 필요할 때 성도들의 유익을 위해 매우 제한된 방식으로 조금 자랑한 것 뿐입니다.

"내가 너희에게 칭찬을 받아야 마땅하도다". 이 말은 고린도 성도들이 바울을 어리석게 만들었지만 사실 그가 칭찬을 받는 것이 당연하다는 뜻입니다. 바울은 고린도 교회에게 잘못한 적이 없습니다. 그는 고린도에 복음을 전해 교회를 세우고 양육했고 헌신적으로 섬겼습니다. 그런 아비와 같은 사도의 직분에 대해 의문을 가졌다는 것은 그들의 수치입니다. 사실상 고린도 교회 성도들은 사도 바울을 칭찬했어야 마땅합니다. 그러나 이런 칭찬의 말도 바울이 스스로 해야 했습니다. 상당히 순수한 사람이 아니면 이런 말을 담대히 할 수 없습니다. 여기의 칭찬이라는 말은 천거의 뜻도 있습니다(commended).

"내가 아무 것도 아니나 지극히 큰 사도들보다 조금도 부족하지 아니하니라". 이것은 바울이 11장에서도 한 말입니다(5절). 그는 여기에서 다시 한 번 이 말을 했습니다. 그는 자신을 대단한 사람이라고 말하지 않고 아무 것도 아니라고 말했습니다. 참된 사도라면 그는 자신에 대하여 아무 것도 아니라는 느낌이 있어야 합니다. 자신을 항상 대단하다고 느끼는 사람들은 참된 사역자가 아닐 것입니다. 그는 아무 것도 아니라고 느꼈지만 지극히 큰 사도들, 즉 유대교 교사들보다 조금도 부족하지 않다고 했습니다. 그가 당대에 참되게 하나님의 교회를 세우도록 세워진 사역자라면 모든 면에서 다른 소위 주의 종들에 비하여 부족한 것이 없어야 하는 것도 사실입니다. 참된 사역자라면 어찌 거짓된 사도들이나 거짓 교사들만 못할 것인가!

12절, 사도의 표 된 것은 내가 너희 가운데서 모든 참음과 표적과 기사와 능력을 행한 것이라

여기에서 바울은 사도의 표에 대해 이야기합니다. 참 사도의 첫 번째 표는 모든 참음입니다. 나는 과거에 참는 것이 그렇게 큰 능력을 요구하는 것인지 몰랐습니다. 그저 참겠다고 결심하면 참을 수 있는 줄 알았습니다. 그런데 제가 세월을 보내면서 참음은 어떤 능력보다도 큰 것임을 알았습니다. 특히 바울은 고린도 교회로부터 많은 오해를 받고 많은 악한 말들을 들었을 것입니다. 그런 말들을 들으면서도 참을 수 있고 관용할 수 있는 것은 큰 능력입니다. 성도들에 대한 진정한 사랑과 연민은 그들에 대하여 오래 참을 수 있게 합니다. 바울이 고린도에서 복음을 전하여 교회를 세운 후 천연적인 지혜로 가득한 사람들을 다룰 때 쉽지 않았을 것입니다. 그들 가운데서 바울은 참음을 실행했습니다. 그것은 고린도 성도들에게 분명하게 나타났을 것입니다. 그러한 상황에서 바울과 같이 참을 수 있는 사람은 아무도 없었을 것입니다. 그러나 그는 그렇게 했습니다. 그것이 참 사도의 표입니다.

어떤 사람이 배신하고 거역하며 악한 말을 퍼부을 때 배은망덕하고 떠날 때, 참기란 쉬운 것이 아닙니다. 바울에게는 사랑이 있기 때문에 그 일이 가능했습니다. 우리 하나님은 우리에 대하여 오래 참아주셨습니다. 우리를 사랑하시기에 그렇게 하실 수 있습니다. 그러기에 우리가 구원받고 돌아올 수 있었습니다. 하나님을 배반하고 멀리 떠난 우리에 대하여 오래 기다려 주셨습니다. 그런데 우리는 우리의 형제들에 대하여 오래 참지를 못합니다. 우리가 만일 참을 수 있었다면 사람들을 더욱 온전케 할 수 있었을 것이며 주님께 더 많은 사람을 인도할 수 있었을 것입니다.

또한 그가 참 사도라는 표는 그가 표적과 기사와 능력을 행한 것에 있었습니다. 사도라면 표적과 기사와 능력을 행하는 것이 있습니다. 주님이 보내신 사람에게는 그 표시가 따릅니다. 기도할 때 질병이 낫고 그를 통해 무언가가 역사될 때 하나님께서 그의 말을 증명하시는 것과 같은 많은 표적이 있게 됩니다. 그것은 다 사도의 표입니다. 특히 생명의 능력, 즉 사람들이 그들의 복음 전파로 구원을 받고 그들을 통해 변화되며 생명이 성장하고 날로 새로워지는 이 모든 것들은 그야말로 능력입니다. 지식이 많은 그리스도인들은 표적과 기사와 능력을 소홀히 하는 경향이 없지 않습니다. 중국에서 간경화로 죽을 지경에 이른 한 형제가 우리 중 한 형제의 사역으로 인해 완전히 치료받은 경우가 있습니다. 암 환자였던 한 자매는 우리 형제의 기도와 섬김을 통해 나았습니다. 사도의 표에는 이런 표적과 기사가 있습니다. 모든 참음과 표적과 기사와 능력 등이 있다면 그는 참 사도라고 할 수 있을 것입니다.

13절, 내 자신이 너희에게 폐를 끼치지 아니한 일밖에 다른 교회보다 부족하게 한 것이 무엇이 있느냐 너희는 나의 이 공평치 못한 것을 용서하라

참 사도라면 모든 교회를 공평하게 사랑해야 합니다. 그러나 바울이 13절에서 공평치 않았다고 한 것은 고린도 교회에서는 물질을 공급받지 않고 다른 교회에서는 받은 것을 말합니다. 그러므로 이 부분에서 공평치 않은 것은 큰 문제가 되지 않습니다. 바울은 이 부분에서 용서해달라고 했습니다. 그는 이외에는 다른 교회보다 고린도 교회에게 부족하게 한 것이 없었습니다. 사역자들은 물질적인 공급을 준다고 해서 어떤 교회를 더 많이 사랑하여 더 많이 가면 안 됩니다. 사도 바울은 교회 상태 때문에 물질을 공급받고 받지 않은 것 외에는 모든 교회들을 공평하게 사랑하고 대했습니다. 실상 바울이 물질을 그들에게서 받지 않은 것은 고린도 성도들의 상태에 따른 것이었지만 바울은 그 책임을 그들에게 돌리지 않았습니다. 바울은 그것도 자신의 탓으로 돌립니다. 그러므로 그는 '나를 용서하라' 고 한 것입니다. 실상 그들이 바울을 공급할 수 있었다면 그것은 그들의 축복이며 은혜인 것입니다. 이 점에 있어서 바울은 '자기의 공평치 못하게 한 것을 용서하라' 고 말합니다. 이는 참으로 자기의 과실만을 인정하고 남을 보지 않는 은혜로운 말이요 부족한 사람의 결점을 감싸주는 아비의 말입니다. 나는 과거에 여러 교회들을 공평치 않게 대하는 사역자를 본 적이 있습니다. 결국 그러한 사람들은 사역자의 위치에 서 있었지만 참된 사도가 아니라는 말입니다. 참된 사도라면 모든 교회에 대하여 공평한 사랑을 줄 수 있어야 합니다. 유대인이라고 해서 유대인을 편애한다든지, 이방인이라고 해서 이방인을 편애하는 사역을 한다면 이는 합당한 처사가 아닙니다.

나의 구하는 것은 오직 너희니라

14절, 보라 이제 세 번째 너희에게 가기를 예비하였으나 너희에게 폐를 끼치지 아니하리라 나의 구하는 것은 너희 재물이 아니요 오직 너희니라 어린아이가 부모를 위하여 재물을 저축하는 것이 아니요 이에 부모가 어린아이를 위하여 하느니라

바울은 고린도 교회에 다시 가고 싶어 했습니다. 그러나 그는 고린도 교회에 갔을 때 물질을 받아 그곳에 폐를 끼치기를 원치 않았습니다. "나의 구하는 것은 너희 재물이 아니요 오직 너희니라". 고린도 교회가 바울에게서 이 말을 듣는 것은 사실 바울에게 회초리를 한 대 맞는 것과 같습니다. 얼마나 마음이 아프겠습니까? 그들의 영적인 상태가 건강하지 않기 때문에 그들에게서 일체 돈을 받지 않겠다는 것입니다. 그가 관심하는 것은 고린도 교회 성도들이지 물질이 아니었습니다. 만일 주님의 종이 물질 때문에 마음이 흔들리고 물질로 인해 사람을 덜 사랑하고 더 사랑한다면 그는 참 그리스도의 종이 아닙니다. 사도들이 관심하는 것은 무엇입니까? 재물이 아니라 사람입니다. 성도들이 사도들의 관심거리입니다.

여기에서 사도들은 자신들을 성도들의 부모라고 했습니다. 교회는 사도들의 사랑스런 자녀와 같습니다. 교회는 어린아이와 같기 때문에 항상 오해하고 속고 엉뚱한 사람들을 잘 용납합니다. 그러나 그러한 어린아이에 대해서 사도들은 오히려 재물을 그들을 위해 저축한다고 했습니다. 나의 체험 가운데도 어려운 성도들을 볼 때마다 도와주고 싶지 재물을 원하는 마음이 없습니다. 재물이 많이 있는 사람들도 마찬가지입니다. 어떤 사람들도 다 우리를 통하여 유익을 얻게 되기를 바랄 뿐입니다. 진정 우리는 성도들의 재물을 위하여 섬기지 않을 수 있음을 주님께 감사합니다.

때로 사람들은 나에게 교회를 섬기는 사역자가 교회로부터 급료를 받을 수 있느냐 없느냐를 질문합니다. 나는 이런 질문을 대답하기를 좋아하지 않습니다. 이러한 질문을 '예', '아니오'로 대답하는 것은 그 자체가 의미가 없습니다. 과연 참된 사역자라면 성도들에게서 받고자 하는 것이 아니라 줄 마음을 갖게 된다는 것입니다. 그들에게서 받을 마음을 갖는 자체가 부모의 마음과 다른 것입니다. 부모가 자녀에게 때에 따라서는 받을 수도 있지만 본질은 그들에게 주고자하는 심리여야 한다는 것입니다. 부모의 마음은 자식에게 아무 것도 받지 않을지라도 그저 사랑스럽고 또 무엇이든지 주고자 하는 마음이 있다는 것입니다.

나는 여기서 젊은 사역자 훈련생들을 위하여 한 마디 하고자 합니다. 주님을 섬기면서 결코 고정적인 월급을 의지하여 생활하는 길을 걸어가지 말라는 것입니다. 지난 세기에 중국에서 그리스도를 가장 귀하게 간증한 한 그리스도인은 "기왕에 주님의 길을 가는 바에야 고정적인 월급을 의지하지 않고 오직 주님만을 의지하며 살고 싶었다"고 말했습니다. 그가 당시 그런 마음을 먹었을 때 그들 주변에는 그런 사람을 거의 찾아 볼 수 없었고 대개가 고정적인 월급을 받아가면서 주님을 섬기고 있었습니다. 그때 많은 전도자들이나 목사들은 고정적인 월급을 받지 못하면 생활을 하지 못할까봐 감히 주님만을 의지하는 믿음 생활을 하지 못하고 있었다고 했습니다. 그러나 한 형제가 그렇게 전적으로 헌신하고 믿음으로 살자 주위에서부터 50여 명의 사람들이 믿음으로 주님을 섬기기 위해 일어났다고 간증합니다. 나는 앞으로 한국에도 이러한 간증이 강하게 일어나기를 바랍니다. 실상 이 문제는 그리스도인 사역자들을 순수하게 하는데 가장 기초가 되는 문제입니다.

15절, 내가 너희 영혼을 위하여 크게 기뻐함으로 재물을 허비하고 또 내 자신까지 허비하리니 너희를 더욱 사랑할수록 나는 덜 사랑을 받겠느냐

사도들이 기뻐하는 것은 성도들, 사람 자체입니다. 사람 자체, 성도들이 사도들의 기쁨입니다. 사람들은 나에게 때로 질문하기를 어떻게 그렇게 많은 나라를 다닐 수 있느냐고 합니다. 사람들은 나의 비밀을 모릅니다. 나는 한 나라 한 나라를 갈 때마다 사랑하는 성도들을 만납니다. 백첩의 보약보다 성도들과의 한 번의 만남이 나에게 힘과 용기와 격려를 줍니다. 그러므로 나는 이 구절을 잘 이해할 수 있습니다. 사도들에게 재물이 있어 성도들을 위해 허비하는 것은 전혀 아깝지 않고 크게 기쁜 것입니다. 자식을 위해 물질을 허비하는 것이 아까운 부모가 있겠습니까? 없습니다. 마찬가지로 나도 내 수중에 있는 물질을 교회들이나 사역을 위해 공급할 때 15년 이상 사역해오면서 아깝다고 느낀 적이 없었습니다. 아마도 이것은 나와 일하는 동역자들이 잘 알 것입니다. 그 이유를 물어 볼 필요가 없습니다. 그것은 부모가 자식을 생각하는 것과 같은 것입니다. 그러므로 고린도 성도들이 이것을 안다면 물질 문제에 대해 바울을 오해할 필요가 조금도 없었을 것입니다. 그는 자신의 재물만이 아니라 자신까지도 허비하겠다고 했습니다. 참 사도들은 성도들을 위해서 죽을 마음도 가지고 있습니다. 이것이 참 목자와 삯군의 다른 점입니다. 이리가 오면 삯군은 양을 두고 도망갑니다. 그러나 선한 목자는 양들을 위해 목숨을 버립니다. 그 참된 목자는 주님이십니다. 오늘날 참된 사도들은 주님과 같아야 합니다. 성도들을 위해 자신까지도 허비할 수 있는 마음이 있어야 합니다.

"너희를 더욱 사랑할수록 나는 덜 사랑을 받겠느냐". 마치 바울은 지금 짝사랑하는 것 같습니다. 바울은 더욱더 성도들을 사랑하게 되는데 바울이 사랑할수록 그들의 마음은 점점 더 멀어집니다. 그 이유는 고린도 교회 성도들이 유대교도들의 거짓된 가르침에 속았기 때문입니다. 여기에서 그는 자신의 사도직을 변호하여 그들의 마음을 사도에게 돌이키기 위해 여러 말로 말하고 있습니다.

우리가 그리스도 안에서 하나님 앞에서 말하노라

16절, 하여간 어떤 이의 말이 내가 너희에게 짐을 지우지는 아니하였을지라도 공교한 자가 되어 궤계로 너희를 취하였다 하니

이것은 고린도 성도들 중 어떤 사람들이 바울을 오해하여 한 말입니다. 바울이 사람들에게 직접적으로 물질적인 부담을 주지는 않았을지라도 매우 공교해서 궤계로 물질을 취한다고 말했습니다. 즉 바울은 무보수로 고린도에서 사역을 했는데 사람들은 그를 공교하게 다른 방식으로 물질을 취하려는 수작이라고 혹평한 것 같습니다. 거짓교사들은 특히 바울의 인격 자체를 공격하였습니다. 바울이라는 사람은 공교한 자(crafty fellow)라고 한 것입니다. 그가 그만큼 공교한 자이니 겉으로는 돈을 안 받는 척하지만 공교한 방식으로 얼마든지 돈을 취할 것이라는 말입니다. 성도들의 생각으로 바울에 대하여 인격적인 의심을 품게 만들면 대적의 전술은 성공한 것입니다. 바울의 가르침은 그들에게 더 이상 통하지 않게 되는 것입니다. 오늘날도 많은 곳에서 대적은 옛 방식을 그대로 쓰고 있습니다.

17절, 내가 너희에게 보낸 자 중에 누구로 너희의 이를 취하더냐

바울이 직접적으로 성도들에게 부담을 주지는 않지만 다른 사람을 보내어 그들을 통해 물질을 나오게 만들었다는 말입니다. 바울은 이에 대해 변명하고 있습니다. 이러한 말들은 다 사탄의 거짓으로서 사실과 다릅니다. 그러나 말이라는 것은 어떻게 말하면 그럴듯하게 들립니다. 이 부분에 있어서 바울은 자신이 그렇지 않다는 것을 적극적으로 증명하고 있습니다. 나는 근본적으로 사역자 된 사람이 성도들을 통해서 이를 취하려고 하는 것은 옳지 않다는 한 가지 말을 하고 싶습니다. 바울은 디모데 전서 6장에서 "마음이 부패하여지고 진리를 잃어버려 경건을 이익의 재료로 생각하는 자들의 다툼이 일어나느니라"고 말합니다. 경건을 이익의 재료로 생각한다는 것이 무엇입니까? 이것이 바로 주님을 섬기는 일을 직업이나 이익을 얻는 수단으로 생각하는 것입니다. 이런 일로 사역자들 간에 다툼이 일어난다는 말입니다. 이는 이천 년 전이나 지금이나 동일한 것입니다.

18절, 내가 디도를 권하고 함께 한 형제를 보내었으니 디도가 너희의 이를 취하더냐 우리가 동일한 성령으로 행하지 아니하더냐 동일한 보조로 하지 아니하더냐

바울은 동역자들을 혼자 보내지 않고 둘씩 혹은 몇 명씩 보냈습니다. 고린도 성도들은 바울이 직접 짐을 지우지는 않았지만 동역자들을 보내어 궤휼로 이를 취하려 한다는 말을 퍼뜨렸습니다. 고린도 교회 성도들은 물질에 관심이 많았던 것 같습니다. 어떤 것에 관심이 많은 사람들은 다른 이들을 다 그렇게 바라봅니다. 자신들이 물질에 관심이 있으므로 사도들도 그렇다고 생각했습니다. '우리가 동일한 성령으로 행하지 아니하더냐 동일한 보조로 하지 아니하더냐'. 사도와 동역자들에게는 동일한 영과 동일한 보조가 있어야 합니다. 저는 우리 가운데 약 삼사십 명의 동역자들을 주신 것을 주님께 감사합니다. 제가 간증할 수 있는 것은 진정으로 우리는 한 영, 한 보조라는 것입니다. 누가 많은 사람들을 이렇게 만들 수 있겠습니까? 사람은 이렇게 할 수 없습니다. 바울은 같은 성령을 디도의 마음에도 주시는 하나님께 감사했습니다. 사역은 함께 하는 사람들의 동일한 영과 동일한 보조가 있어야 가능한 것입니다. 우리는 바울의 시대에 한 무리의 사람들이 바울과 같은 영과 보조로 사역한 것을 볼 수 있습니다. 우리는 이 마지막 시대에 다시 한번 동일한 영으로 사역하는 한 무리를 주셔서 그분의 교회를 세우시기를 사모합니다.

19절, 이때까지 우리가 우리를 너희에게 변명하는 줄로 생각하는구나 우리가 그리스도 안에서 하나님 앞에 말하노라 사랑하는 자들아 이 모든 것은 너희의 덕을 세우기 위함이니라

바울이 앞에서 언급된 말들을 할 때 천연적인 지혜를 사용하는 사람들은 바울이 이런저런 말을 하여 자신을 변명한다고 생각할 수 있습니다. 영적인 말을 깊이 있게 해주어도 얼마든지 사람들은 본의 그대로 받지 않을 수 있습니다. 바울이 한 말들은 다 순수한 말이며 영적인 참다운 교통입니다. 그러나 사람들은 그가 자기의 처지를 변명한다면서 이런 말씀을 낮게 평가하고 오해할 수가 있습니다. 우리는 사람들이 바울같이 진실한 말들을 같은 마음으로 이해할 것이라고 생각하지만 그렇지 않습니다. 사탄에게 오염된 생각들은 얼마든지 나쁜 쪽으로 이해합니다.

"우리가 그리스도 안에서 하나님 앞에 말하노라". 우리는 사도 바울의 어법을 이해하기 어렵습니다. '나는 기탄없이 말한다', '정신없는 말을 한다', '이것은 주님이 하는 말이 아니다', '나는 어리석게 말한다'는 등 많은 말을 하고 이 부분에 와서는 자신이 변명하는 것이 아니라 그리스도 안에서 하나님 앞에 말하고 있다고 합니다. "사랑하는 자들아 이 모든 것은 너희의 덕을 세우기 위함이니라". 신약의 사역자들은 절대로 자신을 변명하는 원칙으로 살지 말아야 합니다. 그들은 자신을 변명하는 사람들이 아닙니다. 어떤 것이든 하나님 앞에서 그리스도 안에서 말해야 하며 또한 성도들을 세우는 것이 아니면 아무 말도 말하지 말아야 합니다. 적어도 바울이 이 지점에서 확신하는 것은 그가 이렇게 말함이 성도들을 세우기 위함이라는 것입니다.

고린도 교회의 상태를 염려함

20절, 내가 갈 때에 너희를 나의 원하는 것과 같이 보지 못하고 또 내가 너희에게 너희의 원치 않는 것과 같이 보일까 두려워하며 또 다툼과 시기와 분냄과 당짓는 것과 중상함과 수군수군하는 것과 거만함과 어지러운 것이 있을까 두려워하고

바울이 세 번째로 고린도에 갈 때 그가 원하는 것은 기쁨 가운데, 즐거움으로 사랑 안에서 그들을 만나는 것입니다. 성도들이 원치 않는 것은 바울의 강함과 책망하는 어조와 담대한 태도로 자신들을 대하는 것이었습니다. 바울은 그렇게 만나기를 원치 않았다고 했습니다. 교회 안에도 다툼과 시기와 분냄과 당짓는 것과 중상함과 수군수군하는 것과 거만함과 어지러운 것이 있을 수 있다는 것을 알아야 합니다. 이러한 것들은 적극적인 것들이 아닙니다. 이러한 모든 표현들은 교회가 어리고 약하며 건강하지 못하다는 표시입니다. 다툼과 시기와 분냄과 당짓는 것과 중상함과 수군수군하는 것과 거만함과 어지러운 것은 사도들이 보기를 두려워하는 것이요 하나님이 기뻐하시는 상태가 아닙니다.

21절, 또 내가 다시 갈 때에 내 하나님이 나를 너희 앞에서 낮추실까 두려워하고 또 내가 전에 죄를 지은 여러 사람의 그 행한바 더러움과 음란함과 호색함을 회개치 아니함을 인하여 근심할까 두려워하노라

바울이 그 마음속에 있는 많은 두려워함을 말하고 있습니다. 우리는 여기서도 사도란 약한 자임을 보게 됩니다. 이 세상에서 가장 어려운 직업이 사도입니다. 저는 여기까지 말한 다음에 이렇게 물을 수밖에 없습니다. 우리는 이렇게 많은 두려움을 가지고 살 수 있습니까? "또 내가 다시 갈 때에 내 하나님이 나를 너희 앞에서 낮추실까 두려워하고". 바울이 갈 때에 바울이 말한 많은 소극적인 것들이 교회에 있다면 그것은 하나님이 바울을 그들 앞에서 낮추시는 것이라 생각한 것입니다. 성도들의 아름답고 건강한 상황은 하나님이 사도들을 높이는 것입니다.

고린도 교회에 있었던 가장 큰 문제는 고린도 전서에 나온 음행의 문제입니다. 고린도 후서에서 바울은 그 문제에 대해 쓸 때 가장 슬프고 마음이 애통했습니다. 그는 마지막 부분에 와서 다시 한 번 그 일을 거론하면서 그런 사람들이 회개치 아니할 것을 두려워했습니다. 물론 디도를 통해 바울은 그들이 회개했다는 말을 듣고(7장) 용서하라고 했습니다. 그러나 바울은 사람이 그리 간단하지 않다는 것을 알고 있습니다. 바울은 시간이 지나도 그들이 여전히 회개의 태도를 유지한 상태에서 그들을 만나기를 희망했던 것입니다. 바울은 자신이 두려워하는 것을 성도들에게 피력하면서 교회 안에 이러한 상황이 없기를 바랐습니다.

고린도후서 13장

2corinthians

그리스도께서 말씀하시는 증거를 구함이니

1절, 내가 이제 세 번째 너희에게 갈 터이니 두세 증인의 입으로 말마다 확정하리라

사도는 아마도 고린도 교회에게 두 번 갔었던 것 같습니다. 이제 세 번째 그들에게 가겠다고 말하고 있습니다. 사도는 번거롭다고 하지 않고 이렇게 두 번, 세 번, 몇 번이든지 필요가 있을 때 교회를 방문해야 합니다. 주님의 보내심이 있을 때 언제든지 가서 교회를 섬기고 필요를 채우며 어려움을 제하고 교회로 하여금 건강하게 자라고 건축되도록 도와주어야 합니다. 이제 마지막 장에서 바울은 그들에게 세 번째 가겠다고 말합니다. 사도의 방문의 중요성이 나타나고 있습니다. 편지가 효력이 있고 동역자를 보내는 것이 필요하지만 직접 가는 것의 용도가 따로 있습니다. 그러기에 바울은 편지를 써서 각 방면의 일을 철저히 다루었지만 이제 직접 가겠다는 뜻을 피력하고 있습니다.

"두세 증인의 입으로 말마다 확정하리라". 이것은 바울이 세 번 째 그들에게 갈 때 분명하게 일들을 처리하겠다는 확고한 의지를 표명하는 말입니다. 어떤 사람들은 한 사람이 말할 때 잘 듣지 않습니다. 모든 것을 분명하게 해두기 위해서는 두세 증인의 입으로 확정함이 필요합니다. 그럴 때 가르침을 받고 책망을 받는 사람들이 분명하게 될 수 있습니다. 바울은 고린도에 가서 이런 일을 직접 처리할 수 있는 위치를 갖고 있었습니다. 사도란 교회가 세워질 때 떠나지만 문제가 생길 때 언제든지 돌아와서 문제를 해결할 수 있습니다. 교회가 이런 권위적인 위치에 있는 사역자를 갖는 것은 축복이요 은혜입니다.

2절, 내가 이미 말하였거니와 지금 떠나 있으나 두 번째 대면하였을 때와 같이 전에 죄 지은 자들과 그 남은 모든 사람에게 미리 말하노니 내가 다시 가면 용서하지 아니하리라

사도는 교회에게 말하고 또 말하는 사람입니다. 1절에서 사도는 가는 사람이요 2절에서 사도는 말하는 사람입니다. 교회를 향해서 이미 말했고 또 말하는 것입니다. 사도는 주님이 교회를 향하여 주시는 말씀을 말하는 사람입니다. 사도는 떠나 있어도 말하고 가도 말합니다. 필요할 때는 언제든지 말합니다. 지금 사도는 멀리 떠나 있지만 여전히 편지로 그들에게 말하고 있습니다. 교회가 이런 사도의 말을 받으면 축복이요 은혜이지만 받지 않고 순종하지 않는다면 어둠에 빠져버립니다.

"내가 다시 가면 용서하지 아니하리라". 바울은 다시 가면 용서하지 않겠다고 말합니다. 하나님은 죄를 회개할 때 용서하시고 받아주시지만 회개하지 않고 곧은 목을 세울 때 죄에 대하여 단호한 태도를 가지십니다. 고린도 전서 10장에서 바울은 우상의 제물을 고집하며 귀신의 잔에 계속 참여하는 사람들에게 "우리가 주를 노여워하게 하겠느냐 우리가 주보다 강한자냐"고 말합니다. 이는 하나님의 죄에 대한 심판과 단호하신 태도를 두고 하는 경고입니다. 고린도 성도들이 죄를 짓고 회개하였다면 좋은 것이고 주님이 용서하시겠지만 계속 그런 죄를 미워하지 않고 회개치 않을 때 하나님은 그런 사람을 용서하시지 않을 것입니다.

죄를 지은 사람들은 2장과 7장에서 보는 바와 같이 이미 회개했습니다. 바울은 이에 대해 상당히 기뻐했습니다. 그렇지만 사도 바울은 13장 마지막 부분에서 다시 한 번 성도들을 일깨우는 말을 주고 있습니다. 사람이 회개했다고 하지만 다시금 경종을 울리는 말이 필요할 때가 있습니다. 왜냐하면 죄의 본성이 다시 머리를 들 수 있기 때문입니다. 우리는 육체를 잘 압니다. 우리는 구약의 모세 시대에 바로에게서 육체를 볼 수 있는데, 재앙을 심하게 만난 다음에는 돌이키지만 조금 숨이 트이면 다시 생각이 돌아갑니다. 우리는 사울에게서도 같은 육체를 보게 됩니다. 사울은 다윗을 죽이려고 계속 좇아다녔습니다. 그러다가 다윗이 사울에게 하는 것이 성실하고 원수를 선으로 갚는 상황을 만날 때 사울은 감동을 받고 돌이키지만 그것은 그리 오래 가지 않습니다. 잠시 후에는 마음이 돌아서서 다시 다윗을 죽이려고 좇아다니는 것을 볼 수 있습니다. 그러므로 믿을 수 없는 것이 사람의 육체입니다. 물론 바울은 고린도 성도들이 회개한 것을 매우 기뻐했지만 그가 다시 갈 때 죄를 멀리 버린 좋은 상태를 보기 원했습니다. 이를 위해 죄를 지은 사람들과 그 남은 사람들을 용서하지 않고 두세 증인의 입으로 말마다 확정하겠다고 말함으로 회개한 사람들이 다시 죄에 떨어지지 않도록 경고하고 있습니다.

3절, 이는 그리스도께서 내 안에서 말씀하시는 증거를 너희가 구함이니 저가 너희를 향하여 약하지 않고 도리어 너희 안에서 강하시니라

고린도 성도들은 사도 바울에 대해서 의심이 있었습니다. 그것은 물론 유대교 교사들에 의한 것이었습니다. 유대교 교사들이 고린도에 와서 다른 가르침을 가르치고 다른 예수를 전하고 다른 복음을 전했습니다. 이것을 듣고 고린도 성도들의 생각이 바뀌어 바울에 대해 의심을 갖게 되었습니다. 그 중 한 가지가 그리스도께서 바울 안에서 말씀하시는 증거가 무엇인가라는 것이었습니다. 다시 말하면 과연 그리스도께서 바울 안에서 말씀하시는가라는 소극적인 생각을 가졌던 것입니다. 유대교 교사들은 바울의 전파와 증거를 멸시하고 과소 평가했을 것입니다. 그러므로 고린도 성도들은 '주님이 과연 바울 안에서 말씀하시는가' 라는 의심을 가졌던 것입니다. 이런 의심을 가진 사람들은 2절에서 말한 죄를 지은 자와 그 남은 자들 속에 포함될 것입니다. 이러한 사람들은 회개를 하고 돌이켜야 합니다. 이것은 죄를 지은 것입니다. 이것이 사도에 대한 판단과 의심이 아니겠습니까? 그런데 바울이 말하기를 "저가 너희를 향하여 약하지 않고 도리어 너희 안에서 강하시니라" 고 했습니다.

고린도 성도들은 주님이 바울 안에서 말씀하시는 증거를 구했습니다. 그러나 바울은 "그리스도께서 내 안에서 말씀하시는 증거는 그분이 너희를 향하여 약하지 않고 도리어 너희 안에서 강하신 것이다."라고 말했습니다. 이는 바울 사도의 주님으로 인하여 강하게 된 말씀을 의미합니다. 바울은 지금 순종치 않는 고린도 성도들에 대하여 강하게 된 말씀을 갖고 있습니다. 지금 말하고 있는 톤이 그것을 증명하고 있습니다. 바울은 이것이 그 증거라고 말하는 것입니다. 고린도 성도들은 지금 바울의 말을 들을 때 그들 속에 강한 주님의 말씀을 체험할 것이라는 의미도 됩니다. 이것이 바울의 말하는 방식입니다. '너희들은 나에게서 주님이 말씀하시는 증거를 구하느냐, 자 내가 지금 너희에게 하는 말을 들어보라, 나는 너희가 회개치 않을 때 용서치 않을 것이고 두 세 사람의 말마다 확증시키면서라도 일을 처리할 것이다. 이렇게 너희에게 말씀하시는 것이 너희 안에서 강하게 역사하시는 주님이 아니냐?' 하는 것입니다. 즉 바울이 하는 말의 강하고 진리에 합한 말들이 주님이 그 안에서 말씀하시는 증거요(너희를 향하여 약하지 않고), 그 말이 그들 안에서 강한 역사를 산출함이 또한 증거라는 말입니다(너희 안에서 강하시니라).

우리가 저의 안에서 약하나

4절, 그리스도께서 약하심으로 십자가에 못박히셨으나 오직 하나님의 능력으로 살으셨으니 우리도 저의 안에서 약하나 너희를 향하여 하나님의 능력으로 저와 함께 살리라

바울은 그리스도께서 약하심으로 십자가에 못박히셨다고 말합니다. 그분은 우리를 사랑하심으로 약하게 되셨습니다. 누구든지 강한 사람은 사람들에게 잡히지 않습니다. 잡혀서 십자가에 못박힐 수밖에 없는 사람은 약한 사람입니다. 주님은 원래 그렇게 약한 분이 아닙니다. 그분이 약하게 되신 이유는 바로 우리를 위한 것입니다. 그분은 우리를 너무나 사랑하셔서 지옥과 영원한 형벌에서 구원하기를 원하셨습니다. 그러므로 그분은 우리에 대한 사랑을 인하여 약하게 되셨습니다. 그분은 십자가에 죽으시고 또한 부활하셨습니다. 부활하실 때 그분은 더 이상 약함 안에 사로잡히지 않고 하나님의 능력으로 다시 살아나셨습니다.

같은 원칙으로 바울도 고린도 교회에서 사역할 때 약하게 되었습니다. 고린도 교회 성도들은 약함 안에 있었던 사도 바울을 보고 과연 그리스도께서 바울 안에서 역사하시고 말씀하시는 증거가 있는지에 대해 의심을 품었습니다. 왜냐하면 그리스도께서 그 안에서 말씀하신다면 그가 그렇게 약할 수 있을까하고 생각했기 때문입니다. 바울의 몸에도, 말에도 어떤 강한 표현이 없었던 것 같습니다. 그것을 보고 고린도 교회 성도들은 유대교 교사들, 소위 지극히 큰 사도들이 풍채와 언변 등 모든 것에서 바울보다 더 뛰어나다고 생각했을 것입니다. 그들은 '바울이 과연 능력 있는 말씀을 전하는 사도인가? 그가 참 사도인가? 그리스도께서 그 안에서 말씀하시는가?' 라는 의심을 품었습니다. 그들에게는 그리스도께서 바울 안에서 말씀하신다는 것에 대한 신뢰가 없었습니다. 그런데 기묘하게도 바울이 그런 약함 안에서 사역했는데도 그에게서 흘러나간 말씀은 고린도 성도들 안에서 강한 역사를 산출했습니다. 바울은 그것이 바로 그리스도께서 그 안에서 역사하신 증거라고 말하고 있습니다.

한 면에서 그리스도는 약하심으로 십자가에 못박히셨지만 하나님의 능력으로 다시 사셨습니다. "우리도 저의 안에서 약하나 너희를 향하여 하나님의 능력으로 저와 함께 살리라". 사도 바울은 고린도 교회에서 사역할 때 주님 안에서 약하게 되었다고 말했습니다. 진정으로 교회를 사랑하는 자들은 주님이 우리를 사랑하심으로 약하게 되어 십자가에 죽으신 것처럼 약하게 될 것입니다. 주님을 사랑하는 자, 생명 안에 거하는 자는 누구든지 약할 것입니다. 그는 약함 안에서 사역을 하는 것입니다. 사람들은 그들의 외모나 말이나 모든 것들에서 약함을 보고 판단하고 멸시합니다. 그러나 바울은 하나님의 능력으로 저와 함께 살리라고 말합니다. 사도 바울의 사역은 성도들 앞에서 심히 약했습니다. 약함 가운데 사역을 했지만 그의 약함을 통하여 수행된 사역은 믿는이들 속에 하나님의 능력을 산출했습니다.

그러므로 참다운 사역은 인간의 능력과 강함을 가지고 하는 사역이 아닙니다. 아주 우렁차고 큰 목소리, 강한 표현들이 능력 있는 사역을 가져올 것 같지만 그렇지 않습니다. 주와 함께 약한 자가 되어 약할 그때 강함이 되어주시는 하나님의 능력을 의지해 사역하는 것이 새 언약의 사역입니다. 그러므로 우리는 반드시 이 말씀을 기억해야 합니다. "우리가 저의 안에서 약하나". 우리가 주님과 함께 약하게 될 줄 모르면 하나님의 능력이 흘러가게 하는 사역은 할 수 없습니다. 저는 이런 구절에서 보여주시는 주님의 지혜를 인해 감사드립니다.

그런데 이것은 또한 믿는이들에게 시험이 되었습니다. 왜냐하면 바울이 약함 안에 머물면서 사역했기 때문입니다. 성도들은 바울의 약함을 보고 그를 통해 그리스도가 역사하시는가를 의심하면서 그리스도께서 그 안에서 말씀하시는 증거를 구했습니다. 또한 약하게 보이는 바울의 사역은 그들이 범한 죄에 대하여 미온적인 태도를 취하게 된 것이라고 봅니다. 그렇게 사역자의 약해보이는 면이 그들로 범한 죄에 대해 두려워하는 마음을 감소시켰다는 말입니다. 이것은 그럴 정도로 고린도 성도들이 바울에게서 약함을 보고 큰 능력과 강함을 보지 못했다는 이야기가 됩니다. 그러나 바울은 "이미 주님은 우리의 사역을 통해 역사하심으로 너희 안에서 강하시다. 이것이 우리 안에서 그리스도께서 말씀하시는 증거이다. 그리스도께서 약하심으로 십자가에 못박히신 것을 기억하라. 그가 하나님의 능력으로 다시 살지 않으셨는가? 우리가 약함 안에서 너희들에게 사역했지만 하나님께서 능력으로 너희 안에서 강하게 역사하시지 않는가?"라고 말했습니다. 여기에서 우리는 우리의 사역의 길이 어떠한 길인가를 볼 수 있습니다. 사도 바울은 자신의 약함을 매우 자랑한 사람이었습니다. 우리는 신약의 사역을 하기 원하지만 정상적인 신약의 사역의 길이 무엇인지 잘 모릅니다. 정상적인 신약의 사역의 길은 우리가 주님과 함께 약하게 되는 것을 배우는 것입니다. 그럴 때 강한 능력이 우리와 같은 질그릇 속에서 역사합니다.

너희 자신을 확증하라

5절, 너희가 믿음에 있는가 너희 자신을 시험하고 너희 자신을 확증하라 예수 그리스도께서 너희 안에 계신 줄을 너희가 스스로 알지 못하느냐 그렇지 않으면 너희가 버리운 자니라

이제 바울은 고린도 믿는이들에게 그들 자신을 확증하라고 했습니다. 고린도 믿는이들은 사도를 의심하고 염려했습니다. 자신에 대해 말해준 다음 이제 바울은 믿는이들에게로 향했습니다. 여기의 믿음은 예수 그리스도께서 믿는이들 안에 계시는 것을 말합니다. 바울은 고린도 믿는이들에게 그들 자신을 시험해 보기를 요청하고 그들 안으로 돌이키라고 말했습니다. 많은 사람들이 고린도 교회 성도들과 같은 실수를 범합니다. 믿는이들이 자신의 영적인 상태는 걱정하지 않고 주님 앞에 충성된 종들을 염려하고 판단합니다. 참 사도인지 거짓 사도인지를 논제로 삼습니다. 그러나 여기에서 바울은 그들 자신이 믿음에 있는가를 시험해 보라고 했습니다. 그렇지 않으면 그들이 버리운 자라고 했습니다.

이제 믿는이들은 당연히 그들의 주의를 사도로부터 자신들 안으로 돌이켜야 했습니다. 많은 믿는이들이 그들의 주의를 밖으로, 다른 사람에게로 향합니다. 그러나 바울은 그들의 주의를 자신들 안으로 향할 것을 말하고 있습니다. 많은 사람이 그들의 믿음을 자신 안에 계신 그리스도께 두지 않고 밖의 많은 외적인 것들에 두고서 이것은 옳고 저것은 틀렸다고 말합니다. 그런 사람들은 마치 다른 사람들의 옳지 않음과 틀린 것을 잘 판단하는 것이 자신들이 영적인 것이며 올바른 것을 증명해 주는 것 같이 생각합니다. 따라서 그들은 판단합니다. '바울은 참 사도가 아니다. 그리스도가 그 속에서 말씀하시느냐?' 등 많은 다른 것들을 주의합니다. 그러나 사도 바울은 믿는이들에게 "너희 자신이 믿음에 있는가 시험하고 확증하라. 그리스도께서 너희 안에 계시는가가 중요하다."라고 말했습니다. 우리 안에서 그리스도와 관계를 맺는 것이 중요합니다. 결코 믿음을 밖에 두어서는 안 됩니다. 밖에 있는 사물이나 사람이나 사람들의 여론이나 여러분이 들은 말에 믿음의 근거를 두지 말고 우리 안에 두어야 합니다. 왜냐하면 그리스도께서 우리 안에 계시기 때문입니다.

예수 그리스도는 믿음의 주이십니다. 우리가 그분을 믿을 때 우리는 그분과 연합하여 그분과 하나 됩니다. 그럴 때 그분이 우리를 인도하시고 가르치시고 지도하시고 도와주십니다. 오늘 너무나 많은 성도들이 자신이 믿음 안에 있는가, 자신 안에 그리스도께서 계시는가를 생각하기보다 밖의 다른 것들을 관심합니다. 다른 이들이 옳은지 그른지, 잘 가고 있는지 잘못 가고 있는지 등과 같은 외적인 것들에 자신들의 믿음을 두고 있습니다.

"예수 그리스도께서 너희 안에 계신 줄을 너희가 스스로 알지 못하느냐 그렇지 않으면 너희가 버리운 자니라". '버리운 자' 라는 말은 헬라어로 '아도키모이(αδοκιμοι)' 로서 '확증되지 못한 자', '증명되지 못한 자', '자격이 없는 자' 라는 뜻입니다. 그러므로 만일 우리가 자신이 믿음에 있는지 시험하지 않고 그리스도께서 우리 안에 계신 것을 스스로 알지 못한 채 함부로 밖의 것들에 이끌려 미혹되면 확증되지 못한 사람이 됩니다. 그러한 사람들은 시험을 통과할 수 없습니다. 그러한 사람들은 자격이 상실되고 버려진 사람들입니다.

6절, 우리가 버리운 자 되지 아니한 것을 너희가 알기를 내가 바라고

사도는 '우리는 버리운 자가 아니다' 라고 말했습니다. 사도들은 확증된 자들이었습니다. 다시 말하면 사도들은 이미 자신이 믿음에 있는가를 항상 시험하고 확증한 사람들이고 안에 계신 그리스도와 더불어서 생활하는 사람들입니다. 그들은 주님과의 교통과 하나 됨에서, 주님의 임재에서 문제가 없었습니다. 그들은 늘 주님의 성령과 그분의 기쁘심을 따라 행하고 역사했고 이것을 시험하고 확증하는 방식으로 산 사람들이었습니다. 그들은 그들이 거친 많은 환경과 시험 속에서 그들의 어떠함이 시험되고 확증되었습니다. 그러므로 사도 바울은 '우리는 버리운 자가 아니다' 라고 담대하게 말할 수 있었습니다. 그러나 고린도 성도들은 아직 자신들을 확증한 상태에 있지 못했습니다. 그럼에도 불구하고 그들은 사도 바울의 약함과 그에 대한 많은 말을 듣고 바울이 확증되지 못한 사람이라고 여겼던 것입니다. 그러나 바울은 '너희는 자신을 시험하고 확증하라. 우리가 버리운 자가 되지 아니한 것을 너희가 알기를 바란다' 라고 말했습니다.

사도는 오직 진리를 위하는 사람임

7절, 우리가 하나님께서 너희로 악을 조금도 행하지 않게 하시기를 구하노니 이는 우리가 옳은 자임을 나타내고자 함이 아니라 오직 우리는 버리운 자 같을지라도 너희로 선을 행하게 하고자 함이라

바울은 성도들이 악을 행하기를 원치 않는다고 말했습니다. 그는 성도들이 틀리거나 그릇되기를 원치 않았습니다. 성도들의 그릇된 상태는 사도를 의심하는 것입니다. 사도를 의심하는 것은 악을 행하는 것이요 크게 잘못된 것입니다. 그러므로 바울은 "우리가 하나님께서 너희로 악을 조금도 행하지 않게 하시기를 구하노니"라고 했습니다.

여기에서 바울은 이 말을 하는 것이 자신이 옳은 자임을 나타내고자 하는 것이 아니라 그들의 눈에 사도가 버리운 자 같을지라도 그들이 선을 행하기 원한다고 한 것입니다. 그는 그렇게 여김이 되더라도 자신을 위해서는 괜찮다고 했습니다. 바울이 앞에서 그러한 말을 한 이유는 성도들이 악을 행하지 않고 선을 행하게 하려는 것이었습니다. 건강하고 충성된 사도들에 대해 합당한 인식을 가지고 그들을 존경하고 사랑하는 것은 그들이 선을 행하는 것입니다. 그러나 사도들에 대해 의심하고 심지어 그들이 버리운 자라고 생각하는 것은 잘못을 범하는 것입니다. 그것은 악을 행하는 것입니다. 바울은 하나님께서 성도들로 하여금 악을 행치 않게 해주시기를 기도했습니다. 자신에 대해서는 자신의 옳음을 나타내려 하지 않고, 자신들은 비록 성도들의 눈에 버리운 자 같아 보이더라도(심지어 자신들이 성도들로부터 사도로 확증을 받지 못한다하더라도) 성도들은 선을 행하기를 바란다는 것입니다.

8절, 우리는 진리를 거스려 아무 것도 할 수 없고 오직 진리를 위할 뿐이니

만일 사도들이 자신들의 옳음을 나타내고자 하는 말과 행동을 한다면 그것은 진리를 거스리는 것입니다. 진리는 참(헬라어로 '알레쎄이아, αληθεια')입니다. 신약에서는 진리가 그리스도 자신을 가리키는 말이 되었습니다(요 14:6). 실상 진리를 거스른다는 말은 그리스도를 거스린다는 말이 됩니다. 즉 오늘 우리 안에 살아계시고 내주하시며 인도하시는 주님을 거스린다는 말입니다. 사도들은 진리를 위하는 사람들입니다. 사도들은 진리를 거스려서는 아무 것도 하기를 원치 않는 사람들입니다. 오해를 받는 상황에서도 그들은 진리를 위할 수밖에 없습니다. 그들은 진리를 위하기 때문에 '우리는 자신의 옳음을 변명하고 싶지 않다'는 태도를 취한 것입니다. 그가 진리를 위한다는 것은 자신을 위하지 않고 성도들이 선을 행하는 것을 위하는 것입니다. 이것이 바로 그들 안에 사시는 그리스도를 살아내는 사도들의 행함이요 진리를 위하는 사도들의 삶입니다.

여기에서 바울은 그들에게 이 상황을 변명함에 있어서 이것이 자신들을 위한 것이 아니라 성도들의 유익을 위한 것임을 말하고 있습니다. 성도들이 악을 행하지 않고 선을 행할 수 있도록 도와주는 것입니다. 믿는이들이 사도를 오해하고 의심하는 것은 적은 일이 아닙니다. 그것은 큰 착오이며 죄를 짓는 것입니다. 바울은 성도들이 이러한 것에서 돌이켜서 선을 행할 수 있도록 돕기 위해 이런 말을 한 것입니다. 이것은 자신을 변명하고 자신의 옳음을 나타내기 위한 것이 아닙니다. 우리가 주님을 섬길 때 우리를 통제하는 기준이 있어야 합니다. 이 기준은 바로 진리입니다. 우리가 어떠한 말을 할 수 없는 이유는 진리를 인해서입니다. 또한 어떠한 말은 해야만 하는 것도 진리 때문입니다. 이 모든 것은 우리 안에 내주하시는 주님에 대한 깊은 인식에서 비롯되는 행동들입니다.

9절, 우리가 약할 때에 너희의 강한 것을 기뻐하고 또 이것을 위하여 구하니 곧 너희의 온전하게 되는 것이라

여기서 바울이 위하는 진리는 무엇입니까? 어찌하든 성도들이 선을 행하기를 구하는 것입니다. 자신들은 버리운 자같이 될지라도 성도들은 선을 행하고 강하게 되는 것을 기뻐한 것입니다. 이것이 사도들이 살았던 방식의 삶이요 살아낸 진리입니다. 사도는 그들이 이 편지를 받고 회개한다면 가서 만날 때 강한 태도로 그들을 만나지 않으리라는 기대입니다. 그는 차라리 그들이 회개하고 상태가 좋아져서 자신은 여전히 약함 속에 머물러 있더라도 그들이 강하게 되는 것을 원한 것입니다. 11장부터 우리는 약함과 강함에 관한 말씀을 많이 듣습니다. 바울은 자신이 성도들 눈에 약하게 보이는 것이나 실제로 자신이 약하게 된 것에 대해서도 개의치 않겠다고 말합니다. 다만 그들이 강하게 되기를 바랄 뿐입니다. 이는 바울의 말하는 자신의 약함과 고린도 성도들의 약함이 다른 것이기 때문입니다. 바울은 언제나 성도들의 약함으로 인한 약함입니다. 자신이 성도들에게 참 믿음과 은혜를 줄 수 있기 위하여 하나님 앞에서 한없이 낮아지고 비워지며 두려워 떨기에 갖게 되는 약함입니다. 그렇지만 그는 자신이 약할 때 성도들이 강하게 되는 것을 기뻐했습니다. 사도 바울이 기도하고 구하는 것은 어찌하든 성도들이 강하게 되고 온전케 되는 것입니다. 자신들은 약하게 되고 버림받은 자된 것 같이 보일지라도 성도들의 강함과 온전케 됨을 위한 것입니다.

10절, 이를 인하여 내가 떠나 있을 때에 이렇게 쓰는 것은 대면할 때에 주께서 너희를 파하려 하지 않고 세우려 하여 내게 주신 그 권세를 따라 엄하지 않게 하려 함이니라

바울은 매우 근면하고 성실한 사역자입니다. 떠나 있을 때에는 성도들에게 편지를 쓰고 대면할 때에는 권면하였습니다. 사도 바울은 우리의 좋은 본입니다. 그가 떠나 있을 때에 이렇게 쓰는 것은 대면할 때에 성도들과 좋은 만남을 가질 수 있도록 하기 위한 것입니다. 가기 전에 좋은 만남을 위해 쓰는 글입니다. 만일 성도들이 이 편지를 받지 않는다면, 그들이 합당하게 이 편지를 읽고 대비하지 않는다면 바울의 엄한 얼굴을 대하게 되기 때문입니다. 사도 바울은 미리 편지를 써서 그들이 돌이키고 회개하여 마음을 준비한 다음 간절한 마음으로 바울을 영접하게 되기를 기대했습니다. 이런 이유로 이 두 번째 편지를 고린도에 보내게 된 것입니다. 우리는 이러한 글을 보면서 사도들이 교회를 얼마나 섬세한 섬김으로 보살폈는지 볼 수 있습니다. 사도 바울은 마치 부모가 자녀를 양육하듯이 거칠지 않게 대했습니다. 그는 사전에 긴 편지를 미리 써서 보냄으로 자신에게 주신 권세를 따라 성도들을 엄하게 대하여 그들을 파하지 않고 그가 갔을 때 더욱더 세워질 수 있게 했습니다.

끝인사

11절, 마지막으로 말하노니 형제들아 기뻐하라 온전케 되며 위로를 받으며 마음을 같이 하며 평안할지어다 또 사랑과 평강의 하나님이 너희와 함께 계시리라 거룩하게 입맞춤으로 서로 문안하라

바울의 눈물과 애정이 가득 담긴 고린도 후서의 마지막 부분입니다.

그는 10장에서부터 그가 잘 부르는 형제의 호칭을 여기서 비로소 사용합니다. '형제들아 기뻐하라!' 고 합니다. 기뻐하라는 당시 많이 사용하던 인사였습니다. 헬라어로 '카이레테' 입니다. 바울은 성도들에게 끝으로 '아델포이, 카이레테' 하며 '형제들아, 기뻐하라' 고 말합니다. 너무나 사랑스럽고 다정합니다. 고린도 성도들이 지금까지 말한 바울의 말을 받아들였다면 바울이 기뻐하라고 했을 때 기뻐할 수 있을 것입니다. 성도들 속에 기쁨이 있다는 것은 그들이 건강하다는 표시입니다. 사도들이 교회를 대할 때 가장 바라는 것은 성도들이 기뻐하는 것입니다. 건강한 영적 상태에 있는 정상적인 믿는이들의 특징은 기뻐함에 있습니다. 기쁨이란 다만 만족하는 상태가 아닙니다. 믿는이가 항상 기뻐한다는 것은 믿는이가 매우 승리함 가운데 있으며 건강함을 나타내는 것입니다. 그리스도인의 승리와 온전함은 기쁨의 분위기 속에서 얻어지는 열매입니다.

사람은 하나님을 담는 그릇이므로 그분을 생명으로 담아야 합니다. 하나님을 담으면 만족이 있습니다. 사람의 내용은 하나님이시기 때문입니다. 우리가 다른 모든 것을 잃더라도 우리 속에 주님 자신이 충만하면 기쁩니다. 우리에게서 기쁨이 사라졌다면 그것은 우리가 무언가를 잘못 담았기 때문입니다. 말씀읽기와 기도도 주님을 우리 속에 채우는 하나의 길입니다. 성도들과의 성령안의 교제도 우리 속에 주님을 채우는 길이 될 수 있습니다. 때로 기쁨이 사라지기도 하는데, 이것은 우리가 그리스도를 먹지 못하고 잘못된 것을 먹었기 때문입니다. 사람 속에는 주님 자신이 들어오셔야 참 만족이 있습니다. 우리가 기쁜 이유는 무엇입니까? 우리 속에 들어올 것이 들어왔기 때문입니다. 사람의 내용은 하나님이십니다.

에덴동산에서 아담과 하와가 선악과를 먹기 전에는 즐거웠습니다. 만일 그들이 생명나무의 실과를 먹었다면 하나님과 즐겁게 살았을 것입니다. 그러나 그들은 생명나무 실과를 먹지 않고 선악과를 먹었습니다. 그들이 잘못 먹은 것입니다. 하나님이 먹지 말라고 명한 열매를 먹은 것입니다. 잘못 먹은 사람의 특징은 기쁨이 사라지는 것입니다. 그들이 동산에서 거닐 때 바람이 서늘하게 불었고 그들은 나무 그늘에 가서 숨었습니다. 이것은 기쁨이 없는 광경입니다. 기쁨이 있는 사람은 그렇게 숨지 않습니다. 거기에 심한 두려움과 불안함이 있었으므로 가서 숨는 것입니다. 하나님으로 채워진 결과는 기쁨입니다. 바울은 고린도 전 후서를 통해 고린도의 성도들에게서 잘못 먹은 음식의 독소들을 다 제하고 주님 자신에게 속한 건강한 것을 넣어준 다음에 성도들에게 기뻐하라고 말했습니다.

온전케 된다는 말은 헬라어로 '카탈티제스데, καταρτιζεσθε' 로서 수선한다는 뜻이 있습니다. 고장난 기계가 원상으로 복구 되어 기능을 제대로 발휘하도록 수선된다는 뜻입니다. 그들은 원래 주님을 사랑했고 교회에서 훌륭하게 성령의 은사들을 발휘했습니다. 여러 면에서 매우 좋았습니다. 그러나 다른 가르침과 사탄적인 것들과 죄악 등이 들어왔습니다. 그럴 때 그들에게서 기쁨이 사라졌을 뿐 아니라 온전케 됨이 없었습니다. 원래 있던 훌륭한 잠재력과 귀한 기능들을 잃었습니다. 그러나 주님께 감사하는 것은 바울의 이런 말씀과 가르침을 통해서 온전히 복구되고 수선될 수 있었습니다. 건강한 사도의 사역과 가르침은 사람들의 원래의 기능을 온전히 회복시켜 주는 축복이 있고 거짓 사도의 사역은 성도들의 귀한 점들을 말살시켜 못쓰게 만들어 버리는 특징이 있는 것입니다. 그러므로 교회에는 건강한 사역의 가르침이 절실히 필요한 것입니다(마 7:15-18, 요 10:10, 딤후 2:14-18).

"위로를 받으며". 그들은 바울의 첫 번째 편지를 통하여 책망을 받았습니다. 그래서 그들은 회개했고 사도에 대한 간절함이 회복되었으며 이 서신을 통해 위로를 받고 있습니다. 사도의 이러한 위로야말로 성도들에게 힘을 주는 것입니다.

"마음을 같이하며". 마음을 같이한다는 것은 같은 것을 생각한다는 뜻입니다. 성도들은 같은 것을 생각해야 합니다. 고린도 교회 성도들은 복잡해졌습니다. 그들은 각각 '나는 게바에게, 나는 바울에게, 나는 아볼로에게' 속했다고 말했습니다. 그럴 때 사도 바울은 그들에게 십자가를 이야기하면서 같은 것을 생각하고 같은 마음과 같은 뜻으로 온전히 합하라고 했습니다. 성도들이 같은 생각을 갖지 않을 때 기쁨이 없습니다. 참으로 교회의 축복된 상태는 성도들이 모두 같은 것을 생각하는 것입니다.

"평안할지어다". 교회의 건강한 상태는 기쁨이 있고 서로를 향해 평강이 있는 것입니다.

"또 사랑과 평강의 하나님이 너희와 함께 계시리라". 하나님은 사랑의 하나님이시요 평강의 하나님이십니다. 이 지구상에 하나님과 함께 하는 무리가 있는데, 바로 교회입니다. 교회는 사랑과 평강의 하나님이 함께하시는 무리입니다.

"거룩하게 입맞춤으로 서로 문안하라". 영어 성경에는 이 구절이 12절로 되어 있지만 한글 성경에는 11절에 포함되어 있습니다.

12절, 모든 성도가 너희에게 문안하느니라

여기에 성도들이 서로 문안하는 것이 있습니다. 'all the saints greet you' 바울은 현재 마게도냐에 있고 마게도냐의 모든 성도들은 바울의 서신에 참여하여 사도와 마음을 함께하며 고린도 교회에 문안을 하고 있습니다. 여러 교회들이 서로 분리되어 있지 않고 사랑 안에서 한 마음으로 주님 앞에 서 있습니다. 따라서 사도의 사역과 관심하는 일에 참여할 수 있습니다. 참으로 아름다운 광경입니다. 어떤 사람들은 영적인 일에 이렇게 다정하고 자상한 문안이 필요 없다고 말합니다. 그렇지 않습니다. 그리스도인은 지극히 다정하고 인간적이고 사랑스러운 사람들입니다.

13절, 주 예수 그리스도의 은혜와 하나님의 사랑과 성령의 교통하심이 너희 무리와 함께 있을지어다

바울의 축복의 말입니다. 사랑은 근원이요 그 사랑의 나타남은 은혜입니다. 하나님의 사랑은 영원 전부터 있는 보이지 않는 모든 것의 근원입니다. 예수 그리스도의 은혜는 하나님의 사랑이 구체적으로 나타나신 것입니다. 그리스도의 이 땅에 오심, 인생을 거치심, 죽음, 부활과 같은 모든 과정은 우리를 구속하기 위해 실제적으로 성취하신 것으로서, 죄인인 우리를 구원하기 위한 역사였습니다. 이것은 우리에게 하나님이 거저 주시는 은혜입니다. 이 모든 은혜를 믿는 우리에게 실제로 전달해주는 것이 성령의 교통입니다. 성령은 하나님이 그리스도 안에서 이루신 모든 역사를 우리에게 전달하시고 실시해 주십니다. 그러므로 주 예수 그리스도의 은혜가 있고 하나님의 사랑이 있으며 성령의 교통하심이 있습니다. 이와 같은 성 삼일 하나님(triune God), 아버지 하나님, 아들 하나님, 성령 하나님의 모든 축복은 교회를 위한 것임을 감사합니다. 주 예수 그리스도의 은혜를 가장 먼저 기록한 것은 그리스도의 은혜가 있으면 어떤 성도들의 어려움이든지 다 해결 될 수 있으며 성도들을 온전케 할 수 있으며 하나님께 인도할 수 있기 때문입니다. 그는 사랑하는 고린도 성도들이 그리스도의 은혜로 진정으로 주 안에서 서로 하나 되며 전진하기를 바랐던 것입니다. 아멘.

국제선교신학원(IMC-International Mission College)은 모든 민족 복음전파의 선교 사명을 감당하기 위해 제자들을 훈련시키는 기관으로써, 그 목표는 많은 일꾼들을 온전케하여 그 사역의 일을 하게 하여 각지에 그리스도의 몸인 교회를 세우기 위함이다(엡 4:11-12).

고린도 후서 강해

초판 발행 | 2000년 7월 31일
2 판 1쇄 | 2006년 7월 25일

저자 | 유동근

발행처 | IMC(국제선교신학원 출판부)
등록번호 | 제 15-335 호
420-031| 경기도 부천시 원미구 상동 617-5 2F
벧엘서원 영업부 : TEL. 032) 326-3096 FAX. 032) 324-3097
IMC, 벧엘서원 편집부 : TEL. 032) 322-3095
http : www.bethelbook.com
E-mail: bethelbook@bethelbook.com

값 15,000원

ISBN 89-92014-34-2 03230
ISBN 89-92014-01-5 (세트)